本书由大连理工大学全国重点马克思主义学院建设经费资助出版，系大连市党内法规研究基地研究成果。

文明行为促进立法研究

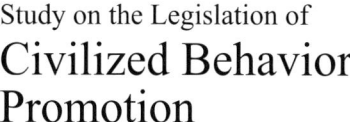
Study on the Legislation of
Civilized Behavior
Promotion

邵慧峰 著

中国社会科学出版社

图书在版编目（CIP）数据

文明行为促进立法研究 / 邵慧峰著 . —北京：中国社会科学出版社，2023.4
ISBN 978 - 7 - 5227 - 1498 - 1

Ⅰ.①文… Ⅱ.①邵… Ⅲ.①社会主义—精神文明建设—立法—研究—盘锦　Ⅳ.①D927.313

中国国家版本馆 CIP 数据核字（2023）第 035301 号

出 版 人	赵剑英
责任编辑	许　琳
责任校对	李　硕
责任印制	郝美娜

出　　版	中国社会科学出版社
社　　址	北京鼓楼西大街甲 158 号
邮　　编	100720
网　　址	http://www.csspw.cn
发 行 部	010 - 84083685
门 市 部	010 - 84029450
经　　销	新华书店及其他书店
印刷装订	北京市十月印刷有限公司
版　　次	2023 年 4 月第 1 版
印　　次	2023 年 4 月第 1 次印刷
开　　本	710×1000　1/16
印　　张	16.25
插　　页	2
字　　数	248 千字
定　　价	98.00 元

凡购买中国社会科学出版社图书，如有质量问题请与本社营销中心联系调换
电话：010 - 84083683
版权所有　侵权必究

前　　言

　　文明行为促进立法的宗旨在于促进文明行为，并以提升社会成员的文明素质和社会整体的文明程度为其立法目的。为此，文明行为促进立法对文明行为进行倡导与鼓励，对不文明行为予以禁止和制裁，同时，明确相关法律主体在文明行为促进工作中的职责，并设定见义勇为、志愿服务、慈善活动等文明行为的保障制度体系。文明行为是人或人的集合体在意志支配下的外在行为，它合乎法律秩序与社会公德，尽管在不同的时空范畴其外延与内涵会体现出一定差异性，但总体上符合人类共通的道德标准与价值观。在我国的文明行为促进立法中，文明行为应符合社会主义道德要求，体现社会主义核心价值观，能够维护公序良俗，引领社会风尚，进而推动社会的文明进步。文明行为促进立法的一个重要使命是将一部分道德规范加以法律化，但它并不追求在立法中将一切道德的责任尽行化为法律的责任，而是就社会发展中所出现的典型道德失范问题（大量涌现的同类别不文明行为）一一进行法律规制。也因此，文明行为促进立法需要格外倡导和鼓励一部分文明行为，甚至通过激励和保障制度对其予以法律保护，以引导良好社会风气，压制不良社会文化，营造文明社会氛围。2018 年，中共中央印发《社会主义核心价值观融入法治建设立法修法规划》，其中明确指出：加强道德领域突出问题专项立法，把一些基本道德要求及时上升为法律规范，探索制定公民文明行为促进方面法律制度，引导和推动全民树立文明观念，推进移风易俗，倡导文明新风。文明行为促进立法正是培育和践行社会主义核心价值观，落实依法治国，实现德治与法治有机统一的重要体现。

　　2018 年 12 月，受盘锦市精神文明建设指导委员会办公室（盘锦市文明办）委托，笔者组建立法项目团队，会聚国内各领域法律专家，由笔者担任总负责人和执笔人，着手起草《盘锦市文明行为促进条例》（专家意见稿）。历时近一年时间，立法项目团队组织了近百场研讨会，考察了数省市的文明行为促进立法，征询了盘锦市一县三区及驻盘单位各界十余万条意见，前后逾百次大小修改，十五易其稿，反复推敲、论证，逐字逐词讨论打磨，最终形成了条例草案送审稿。在进入正式立法程序后，笔者率领立法项目团队又全程参与了法案的修改、补充及论证工作。2019年11月27日，盘锦市第八届人民代表大会常务委员会第十六次会议正式表决通过《盘锦市文明行为促进条例》。2020年3月30日，辽宁省第十三届人民代表大会常务委员会第十七次会议批准《盘锦市文明行为促进条例》实施，于2020年5月1日起施行。自此，《盘锦市文明行为促进条例》成为百万盘锦市民共同的文明行为规范。笔者在参与《盘锦市文明行为促进条例》立法工作的过程中，查阅了逾千万字的资料，获取了海量的调研数据，掌握了国内文明行为促进立法的最新动态与成果，深切地感受到了文明行为促进立法的意义与研究前景，这成为本书写作的最初动因。

当前，国内各地的文明行为促进法规已达到210部（其中两部因立法更新和行政区域调整已失效）。这些法规中，省级的（自治区、直辖市）文明行为促进立法共10部，经济特区的文明行为促进立法5部，较大的市、设区的市、自治州一级的文明行为促进立法194部，自治县文明行为促进立法1部，立法主体以市级立法机关为主，法规的名称以"行政区划＋文明行为促进条例"模式为主。开展了文明行为促进立法的城市遍及全国29个省、自治区、直辖市，除港澳台地区外，内地（大陆）仅上海市未制定文明行为促进条例。文明行为促进条例立法最多的省级行政区是河南和山东，均为16部。从时间分布上来看，各地的文明行为促进立法，2013年生效1部，2016年生效2部，2017年生效10部，2018年生效13部，2019年生效30部，2020年生效71部，2021年生效61部，2022年生效22部。文明行为促进法规的数量之所以在2016年后逐年成倍增长，与2015年《中华人民共和国立法法》修订普遍赋予设区的市地方立法权有着直接的因果关系。这些立法实践给文明行为立法研究提供了丰富的文本资料。

  由于目前尚无全国性的文明行为促进立法，这意味着各地的文明行为促进法规没有直接上位法，因此在立法技术上，地方文明行为促进立法从立法的体例结构到相关术语标准，均无法从上位法获得直接的指导。这给各地的文明行为促进立法增加了难度，笔者对此深有感触。但是，这也为地方立法施展创新留下了空间，在秉持"不抵触""有特色""可操作"等原则的前提下，文明行为促进法规作为一部"百科全书"式的立法，需要立法者掌握各相关部门法的精深法理，广泛调研当地社情民意，并在立法中践行全过程人民民主理念，从而实现文明行为促进立法的科学立法、民主立法、依法立法。

目 录

第一章 道德法律化视角下的文明行为促进立法 …………… (1)
 第一节 道德法律化之辩 ……………………………………… (1)
  一 道德法律化的法理分析 ………………………………… (2)
  二 道德法律化的历史考察 ………………………………… (6)
  三 道德法律化的现代实践 ………………………………… (13)
 第二节 文明行为立法的必要性 …………………………… (15)
  一 文明行为的界定 ………………………………………… (15)
  二 文明行为立法的法理基础 ……………………………… (19)
  三 文明行为立法的必要性与现实意义 …………………… (26)
 第三节 文明行为立法的调整范围 ………………………… (31)
  一 宏观公共领域中的文明行为与不文明行为 …………… (32)
  二 微观公共领域中的文明行为与不文明行为 …………… (36)
  三 网络空间公共领域中的文明行为与不文明行为 ……… (39)
  四 公共领域与私人领域交织的生态文明行为 …………… (41)
  五 私人领域中的文明行为与不文明行为 ………………… (43)

第二章 文明行为立法的模式选择与立法原则 ………………… (48)
 第一节 文明行为立法的法律依据 ………………………… (48)
  一 文明行为立法的宪法依据 ……………………………… (48)
  二 文明行为立法的立法法依据 …………………………… (51)
  三 文明行为立法的其他法律依据 ………………………… (54)
 第二节 文明行为立法的模式选择——促进型立法 ……… (57)

一　促进型立法的界定 …………………………………………（57）
　　二　文明行为立法与促进型立法结合的进路 …………………（62）
第三节　文明行为促进立法的基本原则 ……………………………（67）
　　一　不抵触上位法原则 …………………………………………（67）
　　二　可操作性原则 ………………………………………………（68）
　　三　倡导、鼓励与禁止性规范相结合原则 ……………………（70）
　　四　界限原则 ……………………………………………………（72）

第三章　文明行为促进立法的本土资源 ……………………………（74）
第一节　文明行为促进立法与德治的现代传承 ……………………（74）
　　一　传统德治的基本内涵 ………………………………………（74）
　　二　德治与法治的融合 …………………………………………（77）
　　三　德治在文明行为促进立法中的展现 ………………………（84）
第二节　儒、道、法思想对文明行为促进立法的启示 ……………（89）
　　一　早期儒家礼法观的深远影响 ………………………………（90）
　　二　老子道德观带来的启示 ……………………………………（97）
　　三　法家思想的现代性解读 …………………………………（102）
第三节　民俗习惯的双向作用 ………………………………………（109）
　　一　民俗习惯的规范性功能 …………………………………（109）
　　二　法律与民俗习惯的博弈 …………………………………（114）
　　三　民俗对文明行为促进立法的影响 ………………………（119）

第四章　文明行为促进立法的地方立法实践 ……………………（123）
第一节　文明行为促进立法拓展了地方立法的广度与深度 ……（123）
　　一　对地方立法主题的扩充 …………………………………（123）
　　二　对地方立法治理效应的扩展 ……………………………（128）
　　三　突破"景观式立法"的困境 ………………………………（130）
第二节　文明行为促进立法对地方立法质量提升的助推 ………（132）
　　一　提高立法中的公众参与水平 ……………………………（132）
　　二　在立法中落实全过程人民民主 …………………………（137）
　　三　推动地方立法评估制度的完善 …………………………（142）

第三节　二十部文明行为地方法规的文本分析 …………… (147)
　　一　样本的选取 ……………………………………………… (147)
　　二　法规文本的体例结构分析 ……………………………… (150)
　　三　法规文本的内容分析 …………………………………… (152)
第四节　文明行为促进立法现存的主要问题 ………………… (156)
　　一　形式主义困境 …………………………………………… (156)
　　二　创新性不足 ……………………………………………… (160)
　　三　"不抵触"原则带来的影响 …………………………… (163)

第五章　盘锦市文明行为促进立法的个案考察 ……………… (167)
第一节　盘锦市文明行为促进立法的背景 …………………… (167)
　　一　盘锦市情 ………………………………………………… (167)
　　二　盘锦市文明行为促进立法的实践基础 ………………… (168)
　　三　立法起草团队的组建和第三方立法的优势 …………… (171)
第二节　盘锦市文明行为促进立法的经过 …………………… (173)
　　一　考察与调研 ……………………………………………… (173)
　　二　意见征求与研讨论证 …………………………………… (178)
　　三　数易其稿 ………………………………………………… (179)
第三节　盘锦市文明行为促进立法工作的创新之处 ………… (186)
　　一　《盘锦市文明行为促进条例》的特色与亮点 ………… (186)
　　二　立法经验的总结 ………………………………………… (189)

附录一　《盘锦市文明行为促进条例（草案）》送审稿 ……… (193)

附录二　《盘锦市文明行为促进条例》（省人大批准稿） …… (222)

附录三　已出台的各地文明行为促进立法名录 ……………… (232)

参考文献 …………………………………………………………… (245)

后　　记 …………………………………………………………… (249)

第一章　道德法律化视角下的文明行为促进立法

第一节　道德法律化之辩

道德较之法律，虽时间上产生得更早，但自法律作为人类文明史上最重要的一种社会规范而诞生，道德与法律的关系便成为社会科学领域中一个讨论至今的主题。每当社会经济发展进入快车道之际，社会转型所滋生出的大量道德失范行为总是强烈地冲击着公众的观感，进而在社会舆论中引发出以制度提振道德的呼声。这样的情形在中外历史上不止一次地发生过。诸项社会规范之中，法律往往被人们视为是对时代道德观重塑最具有影响力的。然而，面对道德多样化的生活实践，借由立法而使道德法律化，即将一部分由道德规范调整的社会行为通过法律手段施以更严厉的规制，是否就能实现人们所期待的扭转社会风气的效果？任何仅凭感性认知而直接予以肯定的回答，由于缺乏实践的检验，都不免显得草率。显然，只有在尊重价值多元的前提下，对道德法律化的分析才有意义，对道德的法律规制才不会走向道德专制或者暴政。

文明行为是人或人的集合体在意志支配下的外在行为，它合乎法律秩序与社会公德，尽管在不同的时空范畴其外延与内涵会体现出一定差异性，但总体上符合人类共通的道德标准与价值观。对文明行为进行立法调整并非是对道德规范的覆盖。道德强调自律，若求得个体道德水平的提升，重在其思想意识的改变，但法律对文明行为的肯定、对不文明行为的否定以及赋予其不同的法律后果，均以行为的外在表现为判定标准。因此，文明行为促进立法虽属道德法律化的范畴，却能够避免那种将一切道德的责任尽行化为法律的责任以至于毁灭道德的危险。

2018 年，中共中央印发《社会主义核心价值观融入法治建设立法修法规划》，其中，明确指出：加强道德领域突出问题专项立法，把一些基本道德要求及时上升为法律规范，探索制定公民文明行为促进方面法律制度，引导和推动全民树立文明观念，推进移风易俗，倡导文明新风。文明行为促进立法正是培育和践行社会主义核心价值观，落实依法治国，实现德治与法治有机统一的重要体现。

一 道德法律化的法理分析

（一）何谓道德法律化

道德法律化的另一种常见表述是道德立法，它是指通过立法程序而将一定范畴的道德规范转化为法律规范，并使之具备不同力度上的法律效力。道德法律化是文明行为促进立法首要面对的课题，也是文明行为促进立法活动的实质内涵之一。

在人类社会的制度发展史上，道德法律化的学说、舆论场与实践总是周期性地在一定时期内呈现出河出伏流的局面。其实此种局面背后的逻辑并不复杂，这样的时期往往处在社会转型的关键阶段，而且道德通常已经陷入困境并持续一段时间了。这种困境从感性层面推动着人们寄望于道德的法律化，在道德普遍失范的情况下，要求道德让渡出一部分功能给法律，并依靠法律的强制力，建立起一种新的整合方式来恢复社会生活中的道德秩序。正如约翰·罗尔斯所言："法律与道德的主题提出了许多不同的问题，而道德的法律强制则是其中的重要问题。"[1]

道德的法律化从表现上来看，是将道德判断转化为法律判断，将道德义务转化为法义务，将道德原则转化为法律原则，最终将道德规范转化为法律规范；而究其实质，则是对道德从软约束代之以硬约束。由于道德和法律均有着监督社会行为、保障社会秩序的作用，因此这种相似性为道德问题的法律化提供了可能。

道德法律化沟通着法律与道德间的联系，其桥梁则是二者皆有的义

---

[1] ［美］约翰·罗尔斯：《法律义务与公平游戏责任》，毛兴贵译，江苏人民出版社 2007 年版，第 55 页。

务规范。不过，道德中的义务规范在与社会制度结合前，几乎不具有可见的强制力。一般而言，如果某种行为是基于强制力而履行的，那便意味着此行为受到的是一种外在的强制而非出于行为主体的自愿。强制之所以是外在的，是因为强制只可能发生在两个不同的意志之间，即一个意志强迫另一个意志做出某种行为。反过来讲，如果不存在着另外一个的意志的影响，则行为主体就会认同自己的行为是出于自愿的。然而，自人类从原始的蒙昧步入文明以来，社会成员总是在不同程度上接受着来自道德的约束，之所以道德一直在起着作用，源自道德自身所具有的无形的强制力。康德认为，这种强制并非来自另外一个外在于个体之人的意志，而是来自个体自己的意志。也就是说，在履行道德行为时，人们是自己在强制自己。那么，为什么会出现自己强制自己这种奇怪的状况呢？因为在康德看来，人是一种双重存在的主体。一方面，人是理性存在者，理性规定了他行动的原则，他的意志就是按照原则去行动的能力。这样一来，所谓强制，就是理性对于意志的强制。另一方面，人又是感性存在者，感性偏好是影响意志的另一种因素。对此，康德认为意志还受到那些并不总与客观条件相一致的主观条件的支配，这些主观条件就是欲求能力对感觉的依赖性，即感性偏好。正是由于这些主观条件的存在，才使得人的意志并不能毫不费力地服从理性原则的规定，人也因此仅仅是一种有限的理性存在者。[①]

毕竟，人作为高等智慧的生命有机体，具有与生俱来的各种欲望和偏好，具有欲求的冲动性、生命的趋利避害性和行为的自利性等生物特性，这就决定了人具有按着个人的意志和利益去行动的倾向性，即利己的冲动性。人的这种感性的冲动性和自保自利的倾向性，天然威胁着建构在理性基础之上的道德秩序。所以，人的这种有限理性导致了一旦在社会转型的冲击之下，道德的这种自我强制就会大范围地失效，进而由千千万万个体的私德沦丧汇聚成洪流滚滚的公德危机。而此时，成熟法治文明所拥有的法律规范系统，往往成为公众和公共治理者试图从社会性的道德危机中解困的寄望所在。

[①] [德]康德：《道德形而上学奠基》，杨云飞译，人民出版社2013年版，第40—43页。

法律规范的确定性,能够给予社会成员明确、具体的价值信息,能够为社会成员划定可为与不可为的界限。庞德指出:"法律这个概念,蕴含统一性、规则性和可预测性诸理念"①。与道德原则的抽象性、模糊性相比,法律规范分解了道德的一般指导性,便于社会成员遵守。同时,法律规范的外在强制性及法律后果的显见性所形成的稳定行为预期,对人们行为的任性也具有直接的抑制作用。哈贝马斯即认为,要想使人们的策略选择行为不危害他人或社会的利益,促成社会合作,必须建立一种归拢社会行动的共同有效性标准,而这种权威性行为规则的树立就只有依靠实在法(Positive Law)。法律必须提供一个稳定的社会环境,在里面每一个人可以形成对不同传统的归属,并有策略地追求自我利益。② 因此,借由道德法律化,法律重行为表现且配置以显性强制力的特质,就会在人们的行为选项中产生抑制过度自利的制衡性,从而促进社会文明秩序的重构。

(二) 道德法律化引发的争议

近年来,随着信息传播形式的革新,大量具有公共意义的道德纷争成为社会公众热议的话题甚至是舆论焦点。然而这些道德纷争无论在公众中掀起何等的争议,有一个问题是谁也绕不过去的,即如果某个行为只是违反了社会道德观念,甚至突破了多数人的心理底线,比如残忍地虐杀流浪动物,但是却无法界定该行为实证化的损害,那么,这样的行为是否应当给予其法律评价或者对其以法律之手段施以干预?有人认为虐杀动物的行为破坏了公共秩序,具体表现为令公众观感不适,可是这种不适感本质上仍然是源于道德的。显然,过度解读和扩大公共秩序的范畴,无益于对私权的保护。

也因此,一直以来,在是否应对道德进行硬约束的问题上,学术界乃至社会各界存有不同的声音。赞同者认为,通过立法的形式,将一部分道德法律化,能够借助法律的强制力,实现社会价值观的重构,能从整体上提升社会道德的水平。然而反对者则顾虑,道德的法律化会导致

---

① [美]罗斯科·庞德:《法律与道德》,陈林林译,中国政法大学出版社2003年版,第114页。

② Habermas: Between Facts and Norms, Translated by W. Rehg, Polity Press, p. 30.

道德标准的绝对化；法律追求严谨，道德的边界却更为模糊，其内容体系亦是开放的，若以道德入法，会使道德发生异化，陷入刻板、僵化乃至虚伪。同时，反对者还担忧，道德的法律化会使道德约束陷入强权化的死循环。道德的基本约束手段是自律，即内在约束，尽管道德有时也依赖诸如舆论等外界因素的影响，但终究要靠主体自律方能起作用；而法律的约束手段是以他律也即外在强制为主，主体若无守法的自觉，执法和司法机关便会以强制力保障法律的执行与遵守。因此，不赞同道德法律化者认为，若以法律覆盖道德，不仅有取消道德的危险，甚至会催生道德强权，又若这样的法实施效果不佳，则会更加导向对道德施以更严厉的法律约束，如此反复，将陷入恶性循环而无法解脱。

但是，道德的法律化并非只是简单地在调整的社会关系上扩大法律或缩小道德调整的范围。任何时代，立法者都会基于社会情势的变化，对道德领域的突出问题予以回应。在社会转型之时，道德变迁往往滞后于社会的变迁，重塑顺应时代的道德观、价值观需要社会个体成员日积月累的道德建设，道德的改变远比立法修法要复杂得多。如果对具有社会性的道德问题置之不理，难免会在道德规范与法律规范间留下空白地带，即道德已失却对此类失德行为的制约力，而试图依公权力对其治理又于法无据。将这部分空白地带以明确的法律规范之，对向善的社会行为加以倡导和促进，对作恶的社会行为施以禁止和惩罚，正是在维护道德的权威性，树立公众对道德的信心。更何况，道德以善恶为判断标准，法律则以权利义务为核心，恶的界限是相对模糊的，而对权利的侵犯，对义务的违反，法律能作出更清晰的判定并给出明确的法律后果。一种能成为当世舆论所关注的失德行为或现象，一定是违反社会公共利益的，道德法律化的实质是法律的自我纠正与完善，是法律规范了法律本应规范而过去没有规范的法律行为，而不是单纯意义上的道德行为。

(三) 道德法律化的限度

将法律与道德完全分开，是无视法律内容的道德属性以及道德精神与原则贯穿于立法、司法、执法诸环节中的客观事实；而将法律与道德完全等同，则抹杀了法律与道德两种规范体系各自具有的独特本质特征，忽视了道德法律化的限度。

正如前所述，规模性的道德法律化通常发生在社会转型期，一些针对性较强的、指向道德失范中典型不文明行为的禁止性立法，甚至能博得公众的激赏，令人们拍手称快。然而，特定时空内的道德问题终会因社会的发展进步而得以解决，当社会转型完成，先前的问题已不成问题了，可是经由道德法律化而形成的相关法律制度系统，尽管可以通过修订、修订、废除等立法手段加以调适，却很难再将法律逆转为纯粹意义上的道德，立法史上也几无这样的先例。所以，道德法律化中，道德将一部分功能让渡给法律只能是阶段性的、有限的，法律无法取代道德的角色，法律也无法承接道德的全部功能。立法者在推行道德法律化的过程中，应当恪守必要的限度，保持道德与法律的适度张力。

具体而言，法律只应对道德中具有普遍性的可描述和可预测的行为方式加以规定，而对体现人的较高精神追求的道德要求则不能加以法律化，因为这样的道德要求是逾越了人类基本秩序需要的自为行为，它仅是社会上一部分人的道德欲求，无法普遍化。这一层次的道德存在恰恰在于它的内在体验性和个体性，它无法由法律来表达，更不能由法律来强制。同时，即便是针对人的行为的道德法律化制度设计，法律所规范的也只能是一些基本的行为要求，现代法不认同"法不责众"，但一项社会绝大多数成员无法企及或无法遵守的行为规范，其作用恐怕不是在以法树德，而是在消解法律的权威和道德的价值。立法者始终应保持清醒，道德法律化的终极目的在于维护"道德"，法律调节社会关系的成本是远高于道德的，将一切社会问题的解决都诉诸法律，实则是在拒绝解决问题。

二 道德法律化的历史考察

(一) 古代中国的道德法律化

尽管中国先秦以来的法家思想并非近现代意义上的"法治思想"，细究起来，法家的理念更似一种以"法"实现统治的权术，其具体主张依据其施政的国情而各异。但法家代表人物们有一点倒是如此的一致，即主张法律是高于道德（包括传统）的更好的社会治理手段及制约机制，一言以蔽之，便是：凡是能以法律解决的问题，绝不依靠道德。

不过，以秦制为代表的法家并没有完全排斥儒家的道德观，相反，秦法以制度的形式将诸如"孝悌"等儒家伦理纳入其"法制"系统，并订有严酷的刑罚以惩治违背"孝悌"者。如睡虎地秦简《法律答问》中规定："免老告人以为不孝，谒杀，当三环之不？不当环，亟执勿失"①。顾炎武曾评价秦律道："然则秦之任刑虽过，而其坊民正俗之意固未始异于三王也。汉兴以来，用秦法以至今日者多矣，世之儒者言及于秦，即以为亡国之法，亦未之深考乎？"②

继秦而兴的汉代有鉴秦亡之覆辙，法治稍宽，并更加推崇儒家伦理，法令制度之中，尊老怜幼、抚恤鳏寡孤独的表述时见于文献。记载汉成帝诏令的《王杖诏书令册》即有如下记载："年七十以上，人所尊敬也。非首杀伤人，毋告劾也，毋所坐"③。而早在汉武帝时期，儒家思想成为正统后，为使法律符合儒家思想，改变秦以来法家思想主宰法制的状况，董仲舒采取了"引经决狱"的方式，要求法官在遇到律无正文或法条不符合儒家道德时，须根据《春秋》经义断案，并由此开启了汉代道德法律化的过程。

唐代是奠定中华法系根基的一个重要历史时期，而有唐一代，亦是中国古代史上道德法律化的高峰期。唐律秉持"纳礼入律"原则，大量地把儒家道德规范转化为法律规范。唐太宗曾直言不讳地说："失礼之禁，著在刑书"④。唐高宗永徽四年（653年）颁行的《永徽律疏》（后世称《唐律疏议》）序言中则明确宣布："德礼为政教之本，刑罚为政教之用，犹昏晓阳秋相须而成者也"⑤。《唐律·杂律》即有这样的规定："诸见火起，应告不告，应救不救，减失火罪二等"⑥。现代社会舆论场中常有"见死不救入罪"的进言，实则在唐代早已将其付诸实践了，此是道德法律化的典型例子。《杂律》的如下规定更是暗藏玄机："诸不应得

---

① 睡虎地秦墓竹简整理小组：《睡虎地秦墓竹简》，文物出版社1978年版，第195页。
② （清）顾炎武：《日知录》，陕西人民出版社1998年版，第140页。
③ 崔永东：《〈王杖十简〉与〈王杖诏书令册〉法律思想研究——兼及"不道"罪考辨》，《法学研究》1999年第2期。
④ （北宋）宋敏求：《唐大诏令集》，商务印书馆1959年版，第605页。
⑤ （唐）长孙无忌等：《唐律疏议》，法律出版社1999年版，第3页。
⑥ （唐）长孙无忌等：《唐律疏议》，法律出版社1999年版，第571页。

为而为之者,笞四十。事理重者,杖八十"①。何为"不应得为"?那些立法者能想到的危及皇权和社会秩序的行为,必然是写入律法,剩下的"不应得为"显然是个"口袋罪"。而从判断的标准上看,若不是违背主流价值观的行为,又如何"不应得为"?

唐代还对奢侈性行为进行法律上的严格限制。从高祖武德年间一直到宣宗大中年间(619—867年),朝廷以皇帝的名义先后发布了《关内诸州断屠酤诏》《关内诸州断屠杀诏》《官人百姓衣服不得逾令式诏》《禁断大酺广费敕》《禁珠玉锦绣敕》《禁奢侈服用敕》《禁断锦绣珠玉敕》《禁杀害马牛驴肉敕》《禁断寒食鸡子相饷遗诏》《禁大花绫锦等敕》《申禁车服第宅逾侈敕》《申禁公私车服逾侈敕》等诏令,对宴饮、服饰、节庆、珠宝、车舆、住宅、婚丧等方面均作出了禁止奢侈行为的法律规定。②除了唐初有鉴于隋因奢靡而亡的历史教训之外,这些禁奢诏令也是唐代皇室所尊崇的道家和儒家道德观中节制、克己观念的体现。

在某种程度上,古代中国道德法律化的实践使得道德规范较大限度地补充了法律的内容,成为社会的普遍行为标准。这也出现了一个有趣的结果,即在传统的中国社会中,几乎所有的违法行为都不可能合乎道德规范,但同时,"王法"也因其与道德规范的融合而获得了人文的传承和舆论的支撑。

然而,如果说道德法律化在现代的法治社会尚能因立法、司法和执法者恪守道德法律化的限度而保持秩序间的平衡,可是在古代中国专制社会的制度土壤中,道德法律化带来的消极效应压制了法治精神的萌发和群体法律意识的形成。由于道德的不断扩张和全面进入法律,使法律所包含的道德义务远远大于权利,在抽象的道德说教下,人作为个体的合法地位难以实现,对利益的公开追求不但被认为是不道德的,甚至可能还会受到法律的惩罚。比如曾任吏部尚书的明代人张瀚,早年在做庐州知府时,审理过一起兄弟争产案,他案件的处理经过记在了回忆录《松窗梦语》中:"大名有兄弟构讼财产,继而各讦阴私,争胜不已。县令不能决,申解至郡。余鞫之曰:'两人同父母生耶?'曰:'然。'余曰:

---

① (唐)长孙无忌等:《唐律疏议》,法律出版社1999年版,第580页。
② (北宋)宋敏求:《唐大诏令集》,商务印书馆1959年版,第561—567页。

'同气不相念，乃尔相攻，何异同乳之犬而争一骨之投也！'取一杻各械一手，各重笞之，置狱不问。久之，亲识数十人入告曰：'两人已悔罪矣，愿姑宽宥。'唤出，各潸然泪下，曰：'自相构以来，情睽者十余年，今月余共起居、同饮食，隔绝之情既通，积宿之怨尽释。'余笑曰：'知过能改，良民也。'遂释之"①。不能不说，张瀚的自鸣得意恰恰说明了当法律让位于道德之时，道德法律化就出现了异化，形成了对法治的消解。

（二）古罗马的道德法律化

戴维·沃克曾说过："人类社会早期发展阶段，调整人们相互关系的习惯、宗教教条、禁忌以及具有强制力的道德信条等行为规范之间，没有多少区别。因此，作为特定的社会共同体日常生活中的准则，法律和道德有着共同的起源"②。诞生于古罗马时期的罗马法，堪称后世西方两大法系的渊流。然而，随着罗马从台伯河畔的一介小邦成长为地跨欧亚非三大洲的庞大帝国，疆域的扩大，人口的增多，经济的发展，却使罗马民族集体和罗马公民个人曾经具备的坚韧不拔、克己奉公的道德品质日渐丧失。在罗马国家和民族发展的巅峰时期，其社会内部反倒充满了对道德危机的普遍焦虑。

在罗马共和国时代的后期，由于利益分配不均、社会动荡以及因四处征伐所导致的外交困境，使得罗马公民在思想信仰方面普遍感到迷茫，并纷纷转向外来宗教以寻求脱解，而上层知识分子则将思想寄托于希腊哲学。但外来的东方宗教常常采取秘密集会的形式，希腊哲学又有着重思辨、轻实践、多空想的特点，这些都与罗马社会道德系统中强调守序、自律和务实等理念相背反。因此，罗马的立法者将目光不可避免地投向了公共道德领域。

公元前151年，元老院颁布法令，规定在罗马城内以及罗马城外一里范围内的剧场里观众们只能站着观看演出。③ 在保守的罗马道学家们看来，舒适地坐在剧场里欣赏戏剧是有损于罗马人的民族性格的，长时间流连于剧院、欣赏肤浅搞笑的希腊式戏剧表演，会使罗马人变得精神萎

---

① （明）张瀚：《松窗梦语》，上海古籍出版社1986年版，第34页。
② ［英］戴维·M. 沃克：《牛津法律大辞典》，光明日报出版社1988年版，第521页。
③ Valerius Maximus, Memorable Doings and Sayings, 2.4.2.

靡、懒惰安逸，会使罗马人将严肃、简朴、勤勉的传统美德抛到脑后。公元前 92 年，罗马监察官李锡尼努斯·克拉苏斯（L. Licinius Crassus）和多米提乌斯·阿赫诺巴尔布斯（Cn. Domitius Ahenobarbus）以监察官告示的形式，对当时罗马社会上如雨后春笋般出现的拉丁修辞学校予以严厉谴责，他们指责拉丁修辞学校令罗马青年们"夸夸其谈、不做实事"，且"违背祖先规矩和传统习俗"。① 由于监察官告示通常被视为罗马法的构成部分，两位监察官的这一举动显然亦带有道德立法的色彩。

罗马帝国建立之后，罗马人开始对罗马共和国的衰亡原因进行反思，但他们并未将审视的角度放在体制上，而是认为正是罗马未能有效地阻止道德的堕落，从而导致了共和国的灭亡。在罗马人看来，廉洁（pudicitia）和自律（disciplinam）的美德是维系罗马社会淳朴风气的根本所在。廉洁和自律的缺失会导致奢侈和放荡，使人沦为欲望的奴隶，并最终陷入私德与公德的双重沦丧。因此，罗马人始终保持了对道德立法的关注。古罗马文学家奥卢斯·格利乌斯（Aulus Gellius）在其名著《阿提卡之夜》中谈道："罗马人不仅仅是通过家庭教育的训诫引导来提倡饮食和生活的简朴，还借助公共处罚手段和法律规范来提供保障"②。早在公元前451 年，罗马的第一部成文法《十二表法》中就出现了反对浪费、提倡节俭自律的内容，比如第五表第七条禁止浪费人（prodigus）管理自己的财产、第十表的第二条、第三条、第六条、第八条、第九条对丧礼中的浪费和奢侈性行为进行了限制。第二次布匿战争期间，由平民会议（Concilium Plebis）在公元前 218 年通过的《克劳迪亚法》（Lex Claudia）、公元前 217 年通过的《关于洗衣工的米提利亚法》（Lex Metilia de fullionibus）和公元前 215 年通过的《奥皮亚法》（Lex Oppia）等三部法律，则是通过控制罗马市民的非生产性开支以遏制奢侈浪费。公元前 181 年至公元前131 年颁行的《奥克尤斯法》（Leges Orchia）、《法尼乌斯法》（Leges Fannia）和《李奇纽斯法》（Leges Licinia）等法案，应对经济发展和私人财

---

① ［古罗马］苏维托尼乌斯：《罗马十二帝王传》，张竹明等译，商务印书馆 1995 年版，第 414—415 页。
② ［古罗马］奥卢斯·革利乌斯：《阿提卡之夜》，周维明等译，中国法制出版社 2014 年版，第 126 页。

富不断增长的局面，直接以法律手段控制罗马市民的娱乐性开支和女性奢侈品消费，比如限制宴会的人数、婚礼的开销等。这一点上，古罗马的反奢侈立法倒是与中国唐代等朝的相似领域立法有着异曲同工之妙——道德入法、限制消费、细致入微、束缚私权，甚至连法律效果都是同归殊途的——有司不禁、余风未革、罚不责众、一纸空文。

公元前 18 年，奥古斯都《尤利亚法》（Lex Julia）对宴会的开销重新做了规定：平常为 200 塞斯特斯，节日里为 300 塞斯特斯，婚宴为 1000 塞斯特斯。[①] 这也是古罗马历史上最后一部抑制奢侈行为的法律。这些法律以奢侈饮食为切入点，固然有在主流价值观中推崇节俭自律的道德风气的目的，但其更深层的意图却是在于防范政客和官员在选举中利用宴请来炫耀财富与地位，特别是借此拉拢投票者进行贿选，显然，它们从实质上来看应归入政治道德领域的道德立法。

不同于中国古代社会道德法律化的发展特征，古罗马社会自身就是在法律与道德的矛盾运动中，沿着一条将道德不断法律化的途径而发展起来的。在罗马共和国的早期，道德法律化更多的是作为平民与贵族斗争的产物而出现，而到了共和国的后期，道德法律化则成为了贵族政治自我调节的一种常规机制，罗马统治者试图通过法律强制措施来恢复传统道德习俗、维系上层成员的道德示范地位和社会权威，缓解社会危机，并通过在政治领域道德法律化的措施抑制政治强人的个人野心，维持统治阶层内部的权力制衡关系，避免有人利用金钱政治来增加个人实权，从而保证共和贵族寡头政治的延续。至于罗马进入帝制时代以后，在对共和精神明褒暗贬的掩护下，道德法律化彻底沦为了皇帝（元首）在集权道路上进一步加大对私人和社会生活的干预的工具。

（三）近代西方的道德法律化思想

从 12 世纪末起，中世纪基督教的统治地位先后受到了罗马法复兴、文艺复兴、宗教改革等社会运动的激烈冲击，自此，以神学理性为内容的自然法逐渐摆脱了神的束缚，开始向近代以人类理性为内容的自然法转变，并对西方社会近代以来的道德法律化产生了深刻影响。

---

① Aulus Gellius, Attic Nights, 2.24.14.

自然法学家认为，道德在法的领域体现为正义，在事实上与自然法相同一，自然法的存在也就是与法有关的正义规则的存在。在自然法看来，道德是作为合法性的标准而存在的，同时又深深地渗透到法的世界之中；法律并非独立于道德之外，它与道德具有相同的内涵，法律不过是相同的道德以法律的方式展现出的映像。

然而，与主张法的二元论的自然法学不同，兴起于18世纪末的法律实证主义坚定地主张一元论。法律实证主义否定自然法的存在，认为那是一种虚幻的错觉，所谓自然法，不过是本属于道德领域的诸事物罢了。基于此种立场，实证法学认为法律与道德是两个在实践和文化上都相互独立的领域，它们有着不同的渊源、不同的确立和认可的标准，因此，法律与道德只是在各自的领域内发挥作用，不会在对方的领域产生影响力。当然，实证法学并未否认法律与道德间的共同性存在，比如对欺诈行为的反对即属此例。但是按照实证法学的观点，这样的共同性存在一旦被确立就会彻底地法律化，从而不再具有道德的属性。换言之，这些规范不是从事实上作为道德的内容而取得其法律性或约束力，而是因为这些规范符合了关于法的确立标准而具有约束力的。由于实证法学理论在法律与道德之间进行严格的区分，道德法律化的命题在实证法学中也就毫无讨论的前提。

西方法律文化以自然法学为发端，虽然其表现为不同的形态和不同的理论重点，却一直是希腊—罗马时代以来西方最古老的法律思想。由于与宗教的密切联系，自然法学也占据着中世纪的思想阵地。到了17—18世纪，自然法学逐渐世俗化，确立了个体和理性的价值，并奠定了法和国家之中的自由民主主义和理性主义。从19世纪的下半期开始，随着反自然法学的实证法学的产生和兴起，西方法律文化发生了巨大的转向，自然法学在与宗教相结合的边缘领域艰难地求存。耐人寻味的是，资产阶级原本是通过自然法学形成和发展了他们自己的法律和政治主张，但是在资产阶级获得权力之后，却更倾向于通过对国家和法律加强控制的方法来巩固这些思想，反而不再允许以道德和自然原则为根据对他们已经确立的国家和法律进行批评。

三 道德法律化的现代实践

（一）道德法律化的表现形态

其一，道德义务的法律化。道德大多以义务的形态表现出来，它可以是积极义务，也可以是消极义务，这些义务表现了社会成员应为或不应为的行为准则。社会舆论中所热议的道德法律化，通常所指的就是道德义务的法律化，诸如见义勇为是否应设定为法定义务以及见死不救是否应受到法律惩罚等问题，皆是道德义务法律化的讨论范畴。道德义务能够在法律中转化为义务性规范（积极义务规范）和禁止性规范（消极义务规规），而这种转化既可能是直接转化，也可能是间接转化。

其二，道德权利的法律化。道德权利某种意义上就是社会成员的天赋权利，或曰自然权利。道德权利的法律化是将社会成员依主流道德观而公认应当享有的权利转化为实然的法律权利的过程。由于并非所有的道德义务都有必要和有可能转化为法律，因此道德义务的法律化方才有讨论的价值，但道德权利的法律化则不同，只要被社会公认为属于道德权利，那么该权利就理应被法律所确认从而成为法律权利。比如，之所以男女家庭地位的平等在古代法中难以实现，即在于大多数古代社会的主流道德观并不认同男女在家庭中应享有平等的权利。相反，如果某种社会行为自由（包括做与不做的自由）被公认属于道德权利，则这种行为自由就有必要被法律确认为一项权利。正因此，道德权利不成立则罢，一旦成立，进入法律就是绝对的。道德权利法律化倒也不是不能在立法领域加以讨论，但它需要讨论的是此种行为自由是否属于道德权利，而不是能否转化为法律的问题。道德权利在法律中的转化形态为授权性规范，即通过法律赋予社会成员相应权利。

（二）国外道德法律化的立法

考察国外道德法律化在当代的发展，其最集中的体现就是在各国的行政道德立法领域。以美国为例，受行政伦理学强势发展的推动，美国的行政道德法律化亦有显著进步。美国行政道德法规或准法律性规范主要有：1958年美国国会参众两院通过的《政府工作人员十项道德规范》、1965年林登·约翰逊总统以第11222号行政命令颁布的《行政官员道德纲要》、1978年美国国会通过卡特总统签署的《政府道德法》(Ethics in Government Act of 1978)、1985年美国国会参众两院通过的《政府工作人员道德行为准则》、1989年乔治·布什总统以12674号行政命令颁布的《联邦政府道德改革法》(The United States Government Ethics Reform Act)、1991年联邦政府道德署颁布的《美国行政部门雇员道德行为准则》、1992年联邦政府道德署颁布的《行政部门雇员道德行为准则》。此外，美国还出台了《文官法》和《文官法实施细则》。各州还颁布有道德改革法案，2006年田纳西州的《政府道德改革法案》(Govern-mental Ethics Reform Act)、2009年纽约州的《政府道德改革法案》(Governmental Ethics Reform Act)[①]。

行政道德法律化意味着将政府官员和一般公职人员的行为准则法律化、程序化，使他们的道德操守不再仅靠个人的信念与自律的觉悟来维持，而是通过法律的权威性加以保证。水门事件后的历届美国政府，为重塑形象、争取选民，一直在修正、完善行政道德领域的立法，内容涉及选举、财产申报、接受礼品、利益冲突、公务以外活动、离职后从业行为等。通过连续的道德立法，上述方面的行政道德要求不断地被细化规范化，可操作性日趋增强。比如《政府道德法》对财产申报的种类、人员、内容、审查以及利益冲突的解决等做了详细的规定，同时要求设立联邦政府道德署，政府各部门也要设立道德官员办公室，并对这些专门机构的职能、权限和运作程序作出规定，从而使执法主体、执法内容和监督对象统一于一部法律之中。

国外道德法律化的另一个主要体现领域是在刑法中对相关道德义务的法律化。不同于英美法系国家，大陆法系国家普遍将见危不救之类的不道德行为定性为犯罪行为并通过刑法予以制裁。以德国为例，德国刑法典将见危不救罪规定在刑法分则第28章"危害公共安全的犯罪"（第323c条）之中："意外事件、公共危险、紧急状态时，如果救助是必要的并且根据情况可以实施救助的，特别是没有明显的自身危险并且不伤害

[①] Compilation of Federal Ethics Laws, Prepared by The United States Office of Government Ethics and it Includes all Provisions Signed into Law through December 31; 2008.

其他重要义务而不救助的,处一年以下有期徒刑或者罚金刑"①。例如发生交通事故时,路人应当保护现场,防止再度发生事故,并且应该呼叫救护服务,尽可能对伤者给予抢救,否则将可能构成犯罪。从法律性质上看,见危不救罪首先是真正不作为犯,该罪的客观构成要件通过不作为来完成,即在出现意外事件、公共危险、紧急状态的情况下不实施必要的和可能的救助。此外,该罪还是具体危险犯和继续犯,只要因不救助而可能现实地侵害到相关法益,该罪即成立,并且只要紧急情况和危险一直持续,相应的救助义务就一直存在。类似的规定还有《法国刑法典》《西班牙刑法典》《意大利刑法典》和《日本刑法典》等。

（三）我国现行立法中的道德法律化

实际上,即以改革开放以来为考察时段,当代中国的道德法律化实践亦一直未曾停下脚步,只是这种实践在很长一段时期与公众的关注焦点不甚吻合罢了。比如,《公务员法》要求公务员"恪守职业道德,模范遵守社会公德、家庭美德";又如《村民委员会组织法》规定村委会成员候选人的条件是"奉公守法、品行良好、公道正派、热心公益";这均是以法律的形式对相关主体的个人道德修养提出了明确要求。不过,由于缺乏足够的惩戒手段和清晰的判定违法标准,这样的规定尽管在现行法律体系中为数不少,其规范力却明显不足。近年来一些社会反响较大的道德入法,主要集中在有入刑入罪条款的法律方面,比如《英雄烈士保护法》,而如此严厉规定的出现,根本原因在于亵渎、否定英雄烈士事迹和精神等行为,严重侵害了社会公共利益。至于社会热点中一部分引发激烈道德争议的行为,是否对社会公共利益构成严重危害,是否到了必须对其加以法律规制的临界点,立法机关的审慎态度在很大程度上已经给出了答案。

第二节　文明行为立法的必要性

一　文明行为的界定

（一）文明之义

至晚到先秦,"文明"二字即已出现于中文典籍中。《周易·乾卦》

---

① 《德国刑法典》,徐久生译,北京大学出版社2019年版,第120页。

有云："见龙在田，天下文明"①。《贲》卦则说："文明以止，人文也"②。结合上下文究其原意，《周易》所述的"文明"，无疑意味着天地万物欣荣，国家礼节周备，社会井然有序。

随着社会的发展，文明越加具有特定的社会内涵，它反映着社会进步的状态，并成为与"野蛮""蒙昧"等词语相对应且相反的概念。恩格斯在美国人类学家摩尔根相关研究的基础上，将人类发展时期划分为"蒙昧时代""野蛮时代"和"文明时代"③。在马克思主义的观点看来，文明与野蛮、落后相对立，反映着社会生产实践的积极成果，并表现在物质、政治、精神等各个层面，以人类解放和全面自由发展为终极目标。英文中"Civilization"一词，最初即是用来标明一个共同生活的城市市民的进步状态。亨廷顿明确地指出："人类的历史是文明的历史。不可能用其他任何思路来思考人类的发展"④。

不过，需要指出的是，"文明行为"这一概念中的"文明"，其语义更趋近于"遵守道德""行为得体""高素质"等，现代汉语口语中常见的"文明礼貌""讲文明""文明人"等词语中的"文明"，即大体是此含义。但在"文明城市"等概念中的"文明"，则指的是社会发展水平较高的状态，具体表现为：公权力机关廉洁高效，社会风气健康向上，科教文卫体稳步发展，社会事业全面进步，社会治安良好，社会秩序井然，基础设施较为完善，生态环境优良，经济持续快速健康发展，居民生活水平稳步提高。而"文明行为促进"概念中的"文明"，兼具了以上两种情形的含义。

（二）文明行为与道德

无论从哪个角度来看，道德都是具有层次性的。美国法学家朗·富勒认为道德可分为义务性道德与期待性道德，并认为义务性道德"是从最低点出发，它确立了使有序社会成为可能或者使有序社会得以达致其特定目标必要的那些基本规则，其表达方式通常是'你不得，你

---

① 杨天才译注：《周易》，中华书局2016年版，第37页。
② 杨天才译注：《周易》，中华书局2016年版，第176页。
③ ［德］恩格斯：《家庭、私有制和国家的起源》，人民出版社2019年版，第10页。
④ ［美］亨廷顿：《文明的冲突与世界秩序的重建》，新华出版社1998年版，第23页。

应当……'",而期待性道德则是"以人类所能达至的最高境界作为出发点"。① 义务性道德构成了法律的基础内容,道德法律化主要是针对义务性道德的。期待性道德是完美状态下的道德,可以为大众所追求却难以在当下为大众所具有,它无法也不应该成为法律追求的目标。

如果从道德调整的范围来看,道德又可分为公德与私德。公德即公共道德或曰社会公德,私德则主要是个人品德以及可以在一定程度上扩展至家庭美德,职业道德通常介乎于公德与私德之间,并更倾向于公德。私德调整的是社会个体之间的相互关系,而公德调整的是社会个体与社会群体乃至整体之间的关系。若以道德入法而论,私德更多地关乎私法问题,公德则在私法关系之外常常兼涉公法调整的领域。道德规范的层次性和领域性构成了对文明行为进行法律调整的理论基础和出发点。

在文明行为的构成中,大部分属于义务性道德和公德,现代社会中常见的公认的文明行为均属此类,具体言之,比如文明出行、文明旅游、文明就医、文明施工、文明经营、文明从业、文明驾驶、文明养宠和文明上网等。但是,文明行为中仍有着一定数量的兼具义务性道德与期待性道德、公德与私德属性的行为,文明用餐即是其中之一。对于前一类文明行为的法律调整,在制度设计上并无难度,违反义务性道德,即应禁止,践行公德,即应鼓励。可是在具有期待性道德和私德属性的文明行为上,法律当保持适度的谦抑,即使入法,也应以倡导性规范为主,不宜设定过多的义务性规范,更不宜通过禁止性规范对未达及期待性道德的"不文明行为"一概禁止甚至动辄施以处罚。既然道德具有层次性,那么出发于道德之上的对文明行为的法律调整,同样应体现出这种层次性。

(三)文明行为的定义

行为通常意指一切人类活动,其中既包括有意识的活动,也包括无意识的活动,包括外在的活动,也包括内在的精神活动。法律关注的是人的外在行为,是人在意志支配下的外在行为。无论是法律所要倡导和

---

① [美] 富勒:《法律的道德性》,郑戈译,商务印书馆 2005 年版,第 8 页。

鼓励的文明行为，还是法律所要禁止和规制的不文明行为，均是人或人的集合体在意志支配下的外在行为。与道德相比，法律的界限正在于"论迹不论心"。

文明行为是相对于不文明行为而存在的。由于穷尽列举所有的文明行为毫无可行性，故无论立法者还是研究者，在表述文明行为时总是倾向于为其设定出一个简洁的定义。从逻辑上说，任何定义都是由被定义项、关系项和定义项三部分组成。定义项是被定义项所指全部事物都具备的共同特征，或者是被定义项指向的那一类具体事物的主要共同特征。如果把仅仅是其中一部分事物的特征当作所指全部事物的特征，或者没有把那一群事物的主要共同特征概括准确，那么这个定义在逻辑上就是错误的。因此，如欲对文明行为下定义，就必须寻求出所有文明行为的共同特征或者主要特征。

从文明行为的道德意蕴上来看，文明行为体现的是所有人类文明行为的共同特征，它是普遍的、基本的、内在于社会生活秩序的道德要求的行为。但是，道德调整的对象既包括涉己行为，又包括涉他行为，而法律只能作用于涉他行为，无论是道德的法律化，还是对文明行为的法律规制，所指向的无疑是涉他行为。在文明行为的内容中，遵守社会公德的行为、恪守职业道德的行为、弘扬家庭美德的行为和践行个人品德的行为均具有明显的涉他性，这些行为的反面对他人的影响绝无可能是间接的、推定的、非必然的。这四种行为中，或许涉个人品德的行为会使人们产生疑义，认为其涉他性不强。然而，如果一个人的行为只要不涉及自身以外其他人的利害，就无法认定其有违个人品德，或者更简单地说，这样的行为就不是什么个人品德问题。因此，遵守社会公德、恪守职业道德、弘扬家庭美德和践行个人品德构成了文明行为的最主要特征，是为其最主要的道德意蕴。

2019年10月中共中央、国务院印发实施了《新时代公民道德建设实施纲要》，再次强调了全面推进社会公德、职业道德、家庭美德、个人品德建设的意义与重要性及实施路径。在纲要中，社会公德的主要内容涵盖了文明礼貌、助人为乐、爱护公物、保护环境、遵纪守法等文明行为，职业道德的主要内容包括爱岗敬业、诚实守信、办事公道、热情服务、奉献社会等,家庭美德的主要内容包括尊老爱幼、男女平等、夫妻和睦、勤俭持家、邻里互助,个人美德的主要内容包括爱国奉献、明礼遵规、勤劳善良、宽厚正直和自强自律。纲要指出,法律是成文的道德,道德是内心的法律。要发挥法治对道德建设的保障和促进作用,把道德导向贯穿法治建设全过程,立法、执法、司法、守法各环节都要体现社会主义道德要求。及时把实践中广泛认同、较为成熟、操作性强的道德要求转化为法律规范,推动社会诚信、见义勇为、志愿服务、勤劳节俭、孝老爱亲、保护生态等方面的立法工作,以法治的力量维护道德、凝聚人心,引导人们增强法治意识、坚守道德底线。

因此,文明行为可以定义为,它是社会主体在文明意识的支配下所做出的,遵守宪法和法律、法规规定,符合社会公德要求,体现社会主流价值观,维护公序良俗,引领社会风尚,推动社会文明进步的行为。

二 文明行为立法的法理基础

(一) 文明行为立法的含义

马克思和恩格斯在《德意志意识形态》中指出,在一定的物质关系中"占统治地位的个人除了必须以国家的形式组织自己的力量外,他还必须给予他们自己由这些特定关系所决定的意志以国家意志,即法律的一般表现形式","由他们的共同利益所决定的这种意志的表现,就是法律"[①]。按照马克思主义的观点,法律正是通过利益调整以实现社会正义的工具,它能够使社会成员之间在相互交往中形成一种行为的预期,从而维系稳定的社会秩序。基于对文明行为的定义,可知文明行为立法即是立法机关依据法定的职权和程序,通过立法技术的运用,对一部分明确属于文明行为范畴的道德规范、道德原则以及道德习惯予以认可,并赋予国家意志和法律强制力,使之规范化、制度化。需要说明的一点是,文明行为立法不等同于文明行为促进立法,文明行为立法是文明行为促进立法的题中应有之义,但文明行为促进立法还旨在通过制度设计以全面助推精神文明工作,并赋予各相关主体在文明行为促进中

---

① 《马克思恩格斯全集》第 3 卷,人民出版社 2006 年版,第 378 页。

的法定职责,"文明"和"促进"是其缺一不可的两个关键词。有关文明行为促进立法内涵与外延的问题将在后文阐述。

以世界范围来看,无论中央(或联邦)还是地方的立法,都是一种在多种因素合力作用下的产物。社会的物质生活条件是立法的决定性因素,这一因素既包括物质生产方式,也包括地理环境和人口状况等,此外,思想、道德、文化、历史传统、民族、宗教等诸多非物质因素也会对立法产生不容忽视的影响。立法有着自身的规律,任何毕其功于一役或者一劳永逸的想法都是与立法规律相悖的,法律需要根据形势发展和现实需求及时进行修改、补充和废止。文明行为立法同样是一个动态的过程,它包含了文明行为法律制度的制定、修改和废止等全部立法活动。

(二)文明行为立法的目的

文明行为立法以道德的法律化为基础,但这并不意味着,简单地将一部分道德规范直接转化为法律规范,即是完成了文明行为立法的任务。正如前所述,文明行为立法的前提是社会转型或社会变革时期的道德失范,如果一项道德规范自始就有成为法律规范的必要性,则此规范不可能长期作为独立的道德规范而存在,不可能非要等到所谓"形势使然",才由立法程序将其接纳到法律体系中来。比如夫妻间的忠实义务,自人类有婚姻法律制度以来,就是法定的义务,而非是因为社会上形成了普遍不忠于婚姻的风气才写入法律的(事实上这种风气在人类历史上几乎就没有出现过)。文明行为是一个有时空限制的概念,它关联着所在时空范围的道德观和道德规范,符合之,则是文明行为,不符合,则是不文明行为。因此,当文明行为需要着力促进,当不文明行为需要大力遏止,便说明此时空内的道德在一定程度上出现了问题,既有的法律规范不足以应对因道德规范大规模失效而产生的社会问题了。换言之,文明行为的认定,取决于特定时空内的主流道德观,在平常时是属于道德规范范畴的,法律规范中会使用"合法行为""违法行为"和"法律行为""事实行为"等概念,但前一对概念是涉及行为合法性与否,后一对概念是看行为中有无意思表示因素,一般不出现"文明行为"等类似的表述;然而,当这个时空内的道德失范已经突破临界点的时候（纯粹的道德规范基本不起作用了），法律有增强道德性的需要，道德有求诸法律的需求，通过道德法律化的过程，借由立法程序，道德规范开始成规模地转化为法律规范。由于转化通常是在短时间内完成的，并且需要处理较大的信息量，立法上往往缺乏充分的理论准备和法理支撑，因此这样的进程使得相关立法在技术上不太容易与既有的法律部门和法律体系相衔接，不免大量借用原属道德规范中的相关表述方式，文明行为以及文明行为立法也就成为了法学领域陡然直面的概念。

法治的理想是自觉守法，尽管一部分原本由道德规范调整的自律行为，变成由法律规范调整的他律行为，基于一定时空下的社会治理需求，并无任何不妥；但是，文明立法的最终目的不是将道德规范一一法律化，它是要借助法律对社会成员外在行为的约束，在人们内心中潜移默化地树立（部分社会成员所缺失的）正确的价值观、道德观，并通过法律的强制力，使那些被法律所确立的道德规范融入进社会成员日常工作、生活、学习的惯性行为模式。而且，一旦文明行为在社会交往中形成这样的习惯，或者文明行为的践行程度达到社会主流道德观的要求，就可以适当缩小法律调整的范围，重新扩大道德调整的范围，使非强制性手段在社会治理中起到更大的调节作用。

（三）文明行为立法的效力基础

法律的效力是法哲学中的一个基本问题。边沁认为法律的效力来源于强制性，"法律是主权者自己的命令或者被主权者采纳的命令的总和"[①]。边沁指出，法的效力与创制法律的动机有关，而动机是指"任何能有助于产生甚至有助于防止任何一种行为的事情"[②]。动机与行为间的因果联系由特殊方式而产生：引诱性动机以快乐引导行为，而强制性动机则用痛苦对行为加以驱动，引诱性动机在法律中以奖励的形式存在，强制性动机则体现为惩罚，边沁将惩罚作为确保法律效力的手段，同时亦承认奖励在法律运行中的作用。不同于边沁的观点，卢梭认为法律的效力来源于人们的自觉认同，这种认同不仅是人类基于理性选择的服从，更是内心自发的信从，所谓"真正的法律既不是刻在大理石上，

---

① ［英］边沁：《道德与立法原理导论》，商务印书馆2000年版，第73页。
② ［英］边沁：《道德与立法原理导论》，商务印书馆2000年版，第104页。

也不是刻在铜表上，而是铭刻在公民的内心里"[1]。

然而，需要指出的是，尽管诸多学者认为法律的效力来源于国家强制力，但是法律的效力来源从根本上讲在于法律规范自身的性质，在于法律规范是一种行为规范，在于法律规范本身。行为规范的效力是行为规范自身固有的属性，若是行为规范，就应当具有相应的效力，并不在于它与何种强制力有着何等的联系。对于通过文明行为立法而产生的文明行为法律规范而言，它作为一种行为规范，只要它是现实存在的，它就理应具有效力。事实上，所有的法律规范从其作为行为规范正式诞生或存在的那一刻起，就具有并获得了效力。法律的效力虽与生俱来，却并非为法律所独有，在规范的效力上，道德、习惯、宗教（教规）同样具有。如果认为法律规范的效力来源于国家强制力，而道德、习惯、宗教（教规）中未受到国家强制力保证实施的部分就不是法律，照此逻辑，由国家强制力保障的法律应当是社会规范中最强大的存在，可这样却无法解释16世纪之前，包括西欧在内的诸多社会的治理格局中，法律很少在道德、宗教前取得优势的历史事实。

文明行为立法的效力基础来源于自身，无论其法规体系内的原属道德规范的部分，还是为维护公序良俗、引领社会风尚而基于立法规律新设计出的部分，其效力就是随着每部文明行为法律规范的制定而相伴相生的。正因此，文明行为法律规范中的非禁止性规范，比如倡导文明行为的条款，即便没有法律强制力，也不减其所应发挥的效力。

（四）文明行为立法的刚性与柔性

文明行为立法涉及的核心问题在于，是否以及在多大程度上能通过立法的方式让社会成员的道德风貌为之一振？此命题又可进一步拆解为三个子命题：第一，公权力机关是否有权对道德问题进行判断？第二，如果有权判断的话，是否可通过立法的方式进行干预？第三，是在所有情况下，还是只有在某些特定的情况下，才能对文明行为进行立法强制？[2] 基于价值观和认识的差异，不同的立场面对如此命题会有不同的答案。若对文明行为立法持刚性态度，则必然认为公权力在任何时候都

---

[1] ［法］卢梭：《社会契约论》，商务印书馆2012年版，第17页。
[2] Patrick Devlin, *The Enforcement of Morals*, Oxford University Press, 1970, pp. 7–8.

可以动用立法来全面干预道德事务，相反，若文明行为立法持柔性观点，"任何时候"和"全面"就是无法接受的。

文明行为立法中的刚性主义放任法律对道德的统辖，只要某个行为自身呈现出了某种不道德性，那么公权力就有权动用立法来规范此种行为。客观地说，不同国家不同社会中的公众会因社会主流价值观和历史文化传统的差异以及宗教因素，对刚性主义持普遍赞同或普遍否定的态度。刚性主义的问题在于会使法律与道德的界限日渐模糊，使社会规范体系的生态受到严重破坏，其危害之体现，秦代法制的结局即是明确的例证，在此不赘言了。柔性主义主张对道德进行有条件的法律干预，非必要不干预，但需说明的是，何为"必要"，何为"条件"是需要在立法的前中后进行系统论证的，需要充分的调研和充足的理论准备，才能把握文明行为立法中的"适度"，才能不至滑落进刚性主义的陷阱。

（五）文明行为立法强制性规范的设置

一部法律之中，可以不必尽然是强制性规范，但绝不能没有强制性规范，那样的规范不是法律。文明行为立法旨在以法律引导文明行为，若仅凭其道德顾问（moral advisor）、道德范例（moral example）和道德激励（moral motivator）[①]的作用，显然无法实现文明行为立法的目标。上文已言明，文明行为法律规范的效力来自自身，但其实施的效果却仍离不开强制力的作用和强制性规范的设置。

文明行为法律规范通常会为社会成员设定若干项一般性的义务，需要社会成员普遍地遵照文明行为法律规范的指示行动。然而除了公共道德和底线道德之外，任何其他道德均很难展现出这种一般性的特质，大多数道德规范能否被遵行，主要取决于个体的选择。这就是为什么"道德绑架"时常会成为舆论的热点，因为"道德绑架"中的道德通常是较高层次的道德，并非多数社会成员有力或有意践行之，是否依从此种较高标准的道德规范，属于社会成员个体的自由。

文明行为法律规范设置强制性规范主要应针对特定时空内突出的典型的普遍的不文明现象，其范围不宜无节制地扩大，不应将社会治理中

[①] Kimberley Brownlee, Richard Child, "Can Law Help Us to be Moral", *Legal Studies Research Paper*, No. 012-17, University of Warwick School of Law, pp. 2-10.

的棘手问题均装入设计出的法律口袋,或者为行政权的扩张刻意制造法律依据。所以,文明行为法律规范不应强人所难,设置过高的道德标准,让人们去做难以实现的事情。富勒便认为:"一部要求人们做不可能之事的法律是如此的荒诞不经,以至于人们倾向于认为:没有任何健全的立法者、甚至包括最邪恶的独裁者会出于某种理由制定这样一部法律"①。罗尔斯则认为,一个社会对最基本秩序的维护,离不开一些最底线的法治原则,其中第一个原则就是"应当意味着能够",它向我们表明立法有三个特征:其一,法治所要求或禁止的行为应当是人们被合理期待能够做到的行为;其二,法律体系的立法者、法官和其他官员真诚地相信所立之法能够被服从,而且这种诚意能得到服从法律之人的承认;其三,法律体系应将执行的不可能性作为一种防卫或缓行的情况。②

如果立法者在文明立法的过程中即试图划定强制性规范的范围,从技术上虽然可以做到,却很难尽如人意,若采取概括性的表述,之后在因法律适用而解读法条时难免引发争议,等于是将困难掩耳盗铃式地后置了,而若采取列举式的表述,则相关强制性规范所涉行为,要么在一段时间之后社会热度消退、矛盾缓解、问题因社会发展自动消失,没有再留在法条中的必要了,要么就是因新事物新问题新矛盾的出现而又陷入"无法可依"的危机。因此,文明行为立法中强制性规范的设置,必须考察法律主体的理性行动能力,避免将不可能之事强行施加给义务主体,在设定义务时要考虑到社会成员的实际行动能力,特别是要参酌底线性道德而非过高层次的道德。

道德自身有一种特殊的规律,即是道德很难由强制灌输而习得,经由后天强制灌输而形成的群体意识形态,多为宗教甚至是邪教。道德的养成,究其根本,依靠于主体自我的内心活动,通过对事物的是非曲直进行独立的观察、思考与决断,依从内心与本意接受相关道德要求,并据此来约束和引导自己的行为。如果将强制作为唯一的手段以推行道

---

① [美]富勒:《法律的道德性》,郑戈译,商务印书馆2005年版,第84页。
② [美]罗尔斯:《正义论》,何怀宏等译,中国社会科学出版社2009年版,第185—186页。

德，非但不能使社会的整体道德水平提升，反而有陷入道德专制的危险。如此，大多数道德规范将在事实上被消灭，代之以无所不在的法律，并将私权逼至私人领域的墙角。特别是，当原本的美德被以法律上的惩罚性手段相威胁，要求社会成员无条件遵从和实现这些美德，服从写入立法中的美德规范，将对于大多数人而言不可能完成的事情转化为一种服从性义务，则柔性的美德之治便会转向冷酷的美德暴政。亚里士多德倒是毫不介意此种美德暴政。亚里士多德认为，一个社会中的大多数人是愚笨的，他们依靠激情而非理性来生活，和他们讲道德无异于对牛弹琴，更不用说复杂的道德推理或者论证了，只有惩罚才能让他们在恐惧的心理之下被驱使而行动，若想让这愚笨的大多数人践行道德，最好的办法就是法律的强制，杀一儆百以逼其就范①。亚里士多德所处的时代，使得他的这种思想并不足为怪，可是如果现代立法者对美德暴政却能甘之如饴，是完全无法想象的。托马斯·阿奎那曾对亚里士多德的思想有过深刻研究，而身处13世纪的阿奎那，已经认识到"人法并不禁止那些为贤良所禁绝的全部恶习，而仅仅禁止最为严重的恶习，这些恶习大多数人都可以戒除；并且正是这些恶习才是伤害他人的主要行为，如果不加禁止人类社会就难以维续"②。阿奎那认为，立法者在设定道德义务时，应以社会中最普通人的道德水平作为标尺，如果将社会中少数人圣人贤士的道德作为全民道德的标准，则所立之法恐难具有可执行性。

毫无疑问，"强制人们去做正确之事，并没有让人们变得更道德。它只不过是产生了一种服从道德规范的外部一致性。然而，道德首先是一个有关内在态度的问题，是一个选择公正的问题：正是通过做正确理由所要求的正确之事，人们才会在道德上变得更道德"③。

---

① ［古希腊］亚里士多德：《尼各马可伦理学》，廖申白译注，商务印书馆2003年版，第311—318页。
② ［意大利］托马斯·阿奎那：《论法律》，杨天江译，商务印书馆2016年版，第96页。
③ Robert P. George, *Making Men Moral: Civil Liberties and Public Morality*, Oxford University Press, 1993, p. 25.

三 文明行为立法的必要性与现实意义

(一)法律对道德的需求

一些学者以往在论及道德法律化这个命题时,有意无意间将其视作是道德手段技穷之际向法律做出的投医之举,认为这表明道德在推进中遇到强阻而不得不借助法律的强力,换言之,道德法律化也好,对文明行为的法律规制也罢,都是道德对法律的单方需求。但是这种判断未免过于主观了,恰恰相反,道德法律化实则是道德与法律相互需求的产物。

法律对道德的需求有抽象和具体之分:在抽象的意义上,道德是法律价值的重要基础,即法律对道德价值具有天然的需求性。法律价值包括目的价值与工具价值,目的价值由正义、平等、自由等构成,工具价值则包括秩序、安全、效率等。法律的应然状态是目的价值与工具价值的统一,且目的价值能够统领工具价值。也就是说,法律所维护的社会秩序、保障的社会安全以及追求的社会效率,必须合乎正义的道德价值。法律的意义正是来自道德的赋予,并构成法律运行的宗旨与目的。亚里士多德反对"合法即正义"的观点,他指出:"法治应包含两重含义:已成立的法律获得普遍的服从,而大家所服从的法律又应该本身是制订得良好的法律"[1]。

在具体的意义上,法律对道德的需求首先表现为道德是良法与恶法的评判标尺。一部法律是良法还是恶法,不能由其自身来评判,它只能来自社会的道德价值标准,即良法不能违背社会的基本道德观念和价值取向,在这个意义上,法律的性质是道德圈定的。法律对道德的需求还表现为法律的原则和规范往往直接来自道德,即社会中已有的道德思想或规则影响着法律的理念乃至直接上升为法律原则。虽然在具体的价值要求上,法律与道德具有等次的区别,但二者的基本价值要求具有某种程度上的同一,从而产生了诸多法律直接来源于道德的现象。罗斯科·庞德认为:"以法律规范覆盖道德领域,并使既存规范吻合一个合理的

---

[1] [古希腊]亚里士多德:《政治学》,吴寿彭译,商务印书馆1995年版,第199页。

道德体系的要求，造就了近代法"①。人类最早的一些法律，其内容不过就是把当时社会人们公认的一些道德准则、盛行的风俗习惯纳入法律，使之具有普遍的约束力。"一个法律体系存在于社会的必要条件之一就是法律至少应当包含有这些（道德）原则所提供的最起码内容"②。实际上，人类法制史上所经历的由习惯法到成文法的历程，就昭示了法源于道德的客观事实。"当代西方许多国家的实在法，摄取大量的道德内容，以整肃社会风纪，不只是西方国家道德建设治理路径的一种选择方式，更是道德理念融入法律体系的一种必然"③。

显然，在探讨对文明行为进行法律规制的必要性时，法律对道德的依赖性不应被无视，法律与道德有着清晰的价值连接关系。固然，由于道德的非自洽性，法律强势地登上了历史舞台。"当道德对应受保障的利益无法维持，则就会诉求于法律形式，致使相关的道德理念和原则融入法律"④。但是，自法律从道德中独立，法律的道德属性便始终与其相随相伴，中国古代长期法制长期追求的"礼法合一"即是其典型表现，法律的发展过程，实质上就是一个道德法律化和法律道德化的交互演进过程。

党的十八大以后，习近平总书记提出了"良法善治"的新理念，指出"法律是治国之重器，良法是善治之前提""以良法促进发展、保障善治"。以道德理念锤炼良法，以美德义行催生善治，正是实现良法善治的重要举措。法律契合人民的道德意愿、符合社会公序良俗，才能真正为人们所信仰、所尊重、所遵守、所掌握，法治建设才能坚守鲜明立场、明确价值导向、坚持正确方向，才能进一步深化社会主义法治的道德底蕴，更好地释放社会主义法治的道德动能，使道德价值理念内化于心、外化于行。

---

① ［美］罗斯科·庞德：《法律与道德》，陈林林译，中国政法大学出版社2003年版，第45页。
② ［美］马丁·P. 戈尔丁：《法律哲学》，齐海滨译，生活·读书·新知三联书店1987年版，第63页。
③ 王淑芹：《道德法律化正当性的法哲学分析》，《哲学动态》2007年第9期。
④ ［美］罗斯科·庞德：《法律与道德》，陈林林译，中国政法大学出版社2003年版，第155页。

(二) 践行社会主义核心价值观的现实需要

从实然的角度讲，对文明行为进行法律规制是践行社会主义核心价值观的现实需要。2012年11月，党的十八大提出"倡导富强、民主、文明、和谐，倡导自由、平等、公正、法治，倡导爱国、敬业、诚信、友善，积极培育和践行社会主义核心价值观"。法治成为核心价值观之一，既在理论体系与实践系统中极大提升了法治的地位，也为核心价值观融入法治建设提供了渠道。

社会主义核心价值观融入法治，经历了一个从自在到自为、从自发到自觉的过程。党的十八大以来，党中央立足于充分发挥中国特色社会主义制度的整体效能，提出了社会主义核心价值观全面融入法治的主张。2013年12月，中共中央办公厅印发《关于培育和践行社会主义核心价值观的意见》，指出："法律法规是推广社会主流价值的重要保证……注重把社会主义核心价值观相关要求上升为具体法律规定，充分发挥法律的规范、引导、保障、促进作用"。

实践证明，当代中国法治建设的历史进程实际上也是社会主义核心价值观逐渐融入其中的过程。这充分说明，社会主义核心价值观融入法治建设不仅蕴含着中华民族优秀传统文化的传承与发展，而且是中国特色社会主义法治建设的价值追求和精神旨趣，也是健全中国特色社会主义制度、推进国家治理体系和治理能力现代化不可或缺的重要组成部分。2014年10月，党的十八届四中全会通过的《中共中央关于全面推进依法治国若干重大问题的决定》即明确提出："国家和社会治理需要法律和道德共同发挥作用。必须坚持一手抓法治、一手抓德治，大力弘扬社会主义核心价值观，弘扬中华传统美德，培育社会公德、职业道德、家庭美德、个人品德，既重视发挥法律的规范作用，又重视发挥道德的教化作用，以法治体现道德理念、强化法律对道德建设的促进作用，以道德滋养法治精神、强化道德对法治文化的支撑作用，实现法律和道德相辅相成、法治和德治相得益彰。"

基于法治在践行社会主义核心价值观中的重要性，2016年12月，中共中央办公厅、国务院办公厅印发《关于进一步把社会主义核心价值观融入法治建设的指导意见》，明确要求和强调"把社会主义核心价值观融入法治建设",并提出"加强重点领域立法、强化公共政策的价值目标、加强党内法规制度建设……推动社会主义核心价值观入法入规"。融入并不意味着硬性推行,而是需要在实践过程中找到符合法治思维和法治方式的进入方式。对此,2018年5月中共中央印发的《社会主义核心价值观融入法治建设立法修法规划》中提出:"着力把社会主义核心价值观融入法律法规的立改废释全过程,确保各项立法导向更加鲜明、要求更加明确、措施更加有力……推动社会主义核心价值观全面融入中国特色社会主义法律体系"。

2018年中共中央印发的《社会主义核心价值观融入法治建设立法修法规划》更是明确指出:"推动社会主义核心价值观入法入规是一项艰巨繁重的任务,要采取有效措施,认真组织实施,使法律法规更好体现国家的价值目标、社会的价值取向、公民的价值准则。各级党委要高度重视社会主义核心价值观融入法治建设工作,支持立法机关把社会主义核心价值观融入法律法规中。"特别是在这一年,十三届全国人大一次会议第三次全体会议通过的宪法修正案中,在《宪法》第二十四条第二款增加了"国家倡导社会主义核心价值观"的表述,进一步巩固了全党全国各族人民为实现"两个一百年"奋斗目标、实现中华民族伟大复兴的中国梦团结奋斗的共同思想道德基础。

健全的法律法规及其有效运行是培育和践行社会主流价值的重要保证。从世界范围来看,作为现代社会发展中的一个普遍现象,国家核心价值观的培育十分注重发挥法律法规的规范和保障作用。中国特色社会主义进入新时代,尤其需要运用法律法规手段的"硬性规范"来推进社会主义核心价值观的培育和践行。2019年10月,党的十九届四中全会通过的《中共中央关于坚持和完善中国特色社会主义制度,推进国家治理体系和治理能力现代化若干重大问题的决定》即进一步提出:"坚持依法治国和以德治国相结合,完善弘扬社会主义核心价值观的法律政策体系,把社会主义核心价值观要求融入法治建设和社会治理,体现到国民教育、精神文明创建、文化产品创作产生全过程。"

社会主义核心价值观是"兴国之魂",是全国各族人民在价值观念上的"最大公约数",决定着中国特色社会主义的发展方向。中国特色社会主义法治建设正是在这样的前提下，需要社会主义核心价值观作为精神之钙，推动社会主义核心价值观入法入规，从而实现依法治国和以德治国两手抓两手硬。2021年，中共中央办公厅、国务院办公厅印发的《关于加强社会主义法治文化建设的意见》中便再次强调，要"把社会主义核心价值观融入法律法规立改废释的全过程，使法律法规、司法解释等更好体现国家价值目标、社会价值取向和公民价值准则"。对文明行为进行法律规制，正是将社会主义核心价值观融入法治建设的有效路径之一，它能在精准把握法律干预社会生活尺度的基础上，推动社会主义核心价值观由"软性要求"向"硬性规范"转变，通过对分散的文明行为规范进行有效整合，将实践中广泛认同、较为成熟、操作性强的道德要求及时转化为具有刚性约束力的法律规定。

（三）文明行为立法的现实意义

在结构深刻变动、利益日趋多元的转型社会中，道德滑坡形势严峻、道德冲突时常发生，仅仅依靠道德建设自身难以解决棘手的道德难题，因此必须依靠法律制度的支撑和保障，以法的制度优势引导兴善惩恶，以国家价值共识强化道德认同，从而使社会主义核心价值观落地生根。否则，它们就可能成为游离于宪法法律之外的无根的"浮萍"。

近年来，我国各大中小城市城乡环境面貌不断改善，文明城市建设取得明显成效，人民群众的获得感和幸福指数持续提升。然而，受历史、文化、经济等多重因素影响，社会上总是存在着一些久治不绝、突破公序良俗底线、妨害人民幸福生活、伤害国家尊严和民族感情的不文明现象或违背道德的行为。过去的几十年，是中国社会变迁速度最快的时期，从农业社会向工业社会、乡土社会向城市社会、熟人社会向陌生人社会、高度集体化组织化社会向多元化个体化社会的转变都发生在这历史的短短一瞬中。变迁带来了道德体系和维系道德的社会治理力量的变化，由于适应时代变迁的经济规则、法律法规、社会治理尚未至臻至善，不仅传统社会中即存在的道德失范依然存续，变迁带来的社会冲突之下，还出现了大量新的不文明现象。诸如使用手机等便携式播放工具高声播放音视频、在已竣工交付使用的住宅楼内进行产生环境噪声污染的装修活动、不文明驾驶、不文明养宠等，皆是此种现象的体现。

中国传统社会在价值观上接近伦理社会，重视道德教化和礼义熏陶。随着社会的发展，在商品经济乃至市场经济的环境下，经济要素获得了更大的自由空间，也因此极大地激发了社会活力，但同时也导致部分社会成员过分关注个人利益，公共意识、社会公德淡薄。由于缺乏法制约束，兼之道德教化弱化，一些人把个人私欲带入社会生活，为满足自身利益而肆意侵犯他人利益和公共利益。

以往的道德教育更注重宏观的理想教育，对公共领域基本行为规范的宣传、教育、引导皆显不足。同时，在很多公共场所，缺乏足够训练有素的监督者执法者对公众不文明行为进行及时的监督、教育和处罚。经济社会的发展以及全社会文明程度提高，使人们降低了对不文明行为的容忍度，这是目前国内诸多城市探索对不文明行为进行法律规制的民意基础。通过加强社会治理和政府引导，能够为公众提供明确、稳定的道德规范，将社会成员嵌入到一套具有共识性的道德系统中，确保对个人不文明行为提供有力规制。文明行为立法正是以法治的刚性硬度，推动文明生活方式和文明行为习惯的养成，有效提升社会治理水平和文明程度，促进人人参与、人人受益文明社会的建成。

第三节 文明行为立法的调整范围

法律意义上的调整是指法律通过其实施对人的行为或社会关系进行影响，其本质是利用法律整顿现存的社会关系，以实现立法所期待的效果。正如前节所述，社会关系包含甚广，并非全由法律来调整，实际上，很大一部分社会关系是受道德等社会规范约束的，法律所调整的，是从那些纷繁复杂的社会现象中抽象出来的社会关系。法律的调整范围不同于法律的调整对象，法律以一定的社会关系为调整对象，不同的法律调整的社会关系在性质和范围上各不相同，而法律的调整范围，就是法律效力所及的范围，也即法律所调整的社会关系的界限或种类。

文明行为法律规制的前提是文明行为立法，确定文明行为立法的调整范围，便能确定此类法律规范所调整的社会关系，并进而在立法中设定相应的调整方法、责任承担方式和救济途径。大陆法系历来有以调整范围为标准划分部门法的传统，文明行为立法而成的法律规范究竟应属于哪个法律部门，目前是尚无定论的，原因就在于它的调整范围突破了传统民法、经济法、行政法、社会法、环境法间的界限，难以对其进行精准归类。纵观国内各地现有的文明行为立法，单从法条表述来看，其调整范围主要采取列举的方式。这些文明行为法规中，往往不吝笔墨对诸如公共场所秩序、交通出行、公共卫生、宠物饲养、施工装修、参观旅游、观看演出赛事、生态环保、职业道德、家庭生活、个人修养、网络言行、志愿服务、社会慈善、诚信记录等几十个方面逐条逐项罗列，以表明上述方面所涉的社会关系受其调整。虽然各地在具体范围上有所不同，但在这一点上的立法风格大同小异。如此庞杂而不易理清头绪的调整范围，先不论其是否合理，即以其所涉事务和关系之多，就是传统部门法分类理论难以应对的。此外，对文明行为的奖励鼓励，对不文明行为的规制处罚，虽主要以行政资源和行政执法手段推动，但总体而言，文明行为立法的法律呈现，仍有别于传统意义上的行政法。因此，探讨文明行为立法的调整范围，能够明确该领域实体法研究的逻辑起点，进而确立解决问题和建立制度的理论基础与前提条件，避免不同部门法理论在法律条文中的冲撞，最终得以明确文明行为立法所要解决的主要问题和所要规范的主要社会关系，防止因调整范围的无限扩大或不确定而无法解决实际问题。

一 宏观公共领域中的文明行为与不文明行为

（一）社会成员在公共领域中的非职业行为

文明行为立法所要建立和维护的是一个文明的公共秩序，而这样的秩序是建构于公共领域之上的。公共领域作为连接私人领域与政治国家的中间地带，以国家与社会的二元界分为条件。公共秩序的产生有其自身的历史逻辑，并非社会发展的当然产物。在古希腊的雅典，城邦的公共生活基本湮没了私人生活，但当罗马崛起之后，商品经济的相对发达使得（古）罗马社会有了清晰的公私之分，甚至在罗马法的体系之下出现了公法与私法的分野。罗马人将"公"界定为政治国家，"私"界定于私人领域，并强调这二者是互不干涉的领域，确保私人领域的自主。随着后世罗马法的复兴，这种价值观为西方近代社会的个人解放和对个体自由的维护提供了意识形态基础。18世纪之后，在西方社会发展带来的个体空间扩展的过程中，一个既独立于私人领域又独立于政治国家的新领域逐渐出现，即公共领域，它是现代社会公共秩序和公共道德得以建立和维护的交往空间所在。公共领域意味着个体须在此领域中遵守有别于私德和国法的公共准则与规范，即公共道德，而公共秩序即建立在对公共道德遵守的前提之上。由于公共领域具有显著的开放性，它使得公共道德可以在公共秩序的范畴之下不受限制地推演和适用到不特定的陌生人之间的行为规范，进而推演到人对物、人对自然的关系准则。

然而，在中国的政治传统中，"家国天下"价值观始终占据主导地位，所谓"公共领域"是没有存在空间的。新中国成立后，个体被从宗法和封建礼俗中解放出来。不过，由于对社会的集体主义改造使中国的社会生活发展直接越过了公共领域而走向国家主导，因此一旦在改革的推进中，国家出于社会、经济发展形势的需要而逐渐退出在个体生活中的主导角色，不再对社会成员进行事无巨细的道德指引，就会使个体面临着一个如同小学低年级教室中老师突然消失的场景。此种状态下，公共秩序中个体的行为是否失范，取决于个体的自觉和自治规则的存在及有效性。显然，苛求缺乏公共领域体验的社会公众稳定而长期地维持自觉和自治，与对小学低年级学生作上述场景下的秩序要求，并无二致。文明行为立法，即是通过外力的补足，在与公共道德相看齐的水平线上，对社会成员在公共领域中的社会性行为进行规范，以维护有效的公共秩序。

这些社会性行为中，有些是由文明行为立法倡导而不作强制性要求的。法律作为一种社会规范，有着指引、评价、教育、预测和强制等作用，倡导并非指引而是法律教育作用的体现。通过在法条中对法律所倡导的文明行为的列举，能够使公众明晰践行文明行为的路径，加深文明行为的社会印象，树立公众在公共秩序中的行为模板。此类行为通常包括：文明乘坐公共交通工具的行为（比如主动为老、弱、病、残、孕、幼和怀抱婴儿的乘客让座）、文明旅游的行为、文明观看体育比赛和文艺演出的行为、在文化场所（比如博物馆、图书馆、美术馆、科学馆和纪念馆等）文明参观或学习的行为、文明就医的行为等。上述行为的范畴中，做出不文明行为者，极端者可能会构成犯罪或者违反治安管理处罚法等行政法规从而受到法律的相应制裁，但大多数在这些行为范畴中的不文明行为者，违反公共道德的情节是相对轻微的，甚至可能游走在道德的边界（比如不让座行为），如果一概施之以义务性规范和禁止性规范，就会造成"以法代德"的结果。即以秦法之苛，即便商君对道德何等不屑，秦之法制也仍是有法律与道德的界限的，个体在宏观公共领域，某种意义上是处于一个陌生人社会之中，如上社会性行为，法律加以倡导足矣。

尽管倡导在文明行为立法中有着不可替代的作用，也是避免文明行为立法引来更多争议的技术安排，但仍有不少文明行为需要法律加以鼓励，予以肯定性的评价，并使其得到肯定性的法律后果，包括行为主体因为作出法律所鼓励的文明行为而受到特定损失或者作出特定付出后，相关机关或部门依法对其进行相应的填补或者帮助，还包括行为因其文明行为而依法额外应获得的物质上的奖励、优待和精神上的褒扬。这类行为主要有：参与救灾、抢险、扶贫、济困、助残、救孤等社会公益或者慈善活动、参与志愿服务活动、见义勇为、按照操作规范对需要急救的人员实施紧急现场救护或者拨打急救电话并提供必要帮助、无偿献血、捐献造血干细胞、人体器官（组织）、遗体、利用自有场所、设施设立公益服务点等。

至于在文明行为立法中，对破坏公共秩序的诸项不文明行为，以我国的立法（特别是地方立法）的实践来看，涉及此部分的法律条文除列举此类不文明行为的表现之外，大多以对其处罚作转致规定和对相关法律法规的处罚规定作重申为主。这些不文明行为较为典型的主要有：破坏市政工程、园林绿化、环境卫生等公共设施、随意涂写、刻画、张贴、悬挂、展示、散发广告或者其他宣传品、在公共场所和公共交通工具内大声喧哗、吵闹或者使用手机等便携式播放工具高声播放音频、视频、在居民休息时段及重要考试期间进行文化、体育、健身、娱乐、培训及声乐（乐器）练习等活动产生超标噪声影响他人生活、工作和学习、乘坐公共交通工具、电梯或者等候服务时随意插队以致扰乱公共场所秩序、乘坐公共交通工具时滋扰驾驶员、乘务人员及其他乘客、霸占、抢占公共座位或者应对号入座的他人座位、在禁止吸烟的场所或者区域内吸烟等。

需要注意的是，对不文明行为的法律调整应符合立法执法成本要求，文明行为立法所禁止和制裁的不文明行为应是严重违反社会公序良俗的行为。虽对公序良俗有损害，但情节并不严重，可减轻或免予处罚。公序良俗乃公共秩序与善良风俗之合称，在学理认识和司法实践中，公共秩序既体现为宪法和法律的公共秩序，也体现为社会共同体规范意义的公共秩序，即人们长期生活中形成的公共生活秩序；而善良风俗，除了一般意义的社会道德或良好习俗，有时也包括较高层次的社会公德，《民法典》总则编第一条明确将"弘扬社会主义核心价值观"作为总体目的追求加以规定，即是明证。以文明行为立法的视角论之，严重违反公序良俗的不文明行为主要体现在破坏公共秩序、破坏生态环境、侵犯路权、侵犯人权等方面。文明行为立法所调整的文明行为所涉范围本就极其广泛，绝大多数社会成员的日常生产生活行为均可以囊括其中，如果不就文明行为与不文明行为的特征作识别与认定，并将之作为确立文明行为立法调整范围的基础依据之一，可能会导致文明行为法律规范实施的效果偏离立法的初衷，进而损害法律的权威，在潜移默化间使社会公众产生有法不依的潜意识。

(二) 职业行为

社会成员在公共领域中的职业行为有别于非职业行为，它含括了人们在职业生涯中受职业心理支配的与自己的职业直接相关的一切活动。由于社会的发展，职业分工日趋专业化和复杂化，公众在职业活动中的思想观念亦随之不断更新，影响着社会成员固有的行为方式和价值取向，改变了人们的学习、工作和生活模式，影响着个体的世界观、人生观和价值观。文明行为立法意在通过法律机制的作用，使单位与个人均能在多元化的环境与观念中保持正确的职业行为。由于社会成员大多处在相应的职业身份中，他们同时兼具相关岗位从业者和公民双重的角色身份，"每一个角色都包含着一系列义务和利益，这就极易引发不同角色间的冲突"①。在这样的冲突之下，仅凭个体的自身理想信念、个人道德习惯以及外界社会舆论等软性约束力使其遵循职业道德的要求，端正自身的职业行为，显然力有所不及。实际上，诸如一些窗口型或服务性行业，其从业者的职业行为是有专门的法律法规对其进行规制的，文明行为立法固然不能越俎代庖或搞"大而全"式的立法，但仍有必要将职业行为纳入其调整范围，并对职业行为作出诚实守信、廉洁自律、爱岗敬业、乐于奉献等道德性倡导。同时，对诸如在居民休息时段及重要考试期间在已竣工交付使用的住宅楼内进行产生环境噪声污染的装修活动、出店经营、占道经营或者占用公共区域堆放商品、杂物、客运出租汽车驾驶员欺诈乘客、中途甩客、空车待租拒载、不按计价器收费或者强行拼客等问题突出的涉特定职业的不文明行为有必要做禁止性规定。

二 微观公共领域中的文明行为与不文明行为

（一）邻里关系行为

公共领域是个体转变成公众的实现平台，较之宏观上的公共领域，微观公共领域空间规模有限，通常表现为基层、社区、小型集会等。微观公共领域的功能体现在培养公众参与意识、促进公民教育、为弱势群体提供表达机会、召集所有的利益相关者议决重要事项、以合作的模式解决问题等方面。社会成员在社区中的行为是微观公共领域中的重点行为，它的影响力虽然从表征上看局限于社区，但却是推动宏观公共领域发展的基础性要素。以文明行为而言，很难想象一个个文明素质下行的社区能长期保持稳定结构并积水成渊构建出宏观公共领域中的文明秩序。

文明行为立法中所调整的社会成员在社区中的行为，主要体现在邻里关系中。邻里关系本质上仍是一种特定范围的人际关系，它以地域关系为基础而形成，并承载了诸多社会功能。只要人们生活在社区中，就必然会发生邻里关系。受社会转型影响，邻里关系不可避免地出现了不

---

① ［美］特里·L. 库珀：《行政伦理学：实现行政责任的途径》，中国人民大学出版社2010年版，第97页。

同程度的社区关系趋于冷漠、人际关系紧张、社区信任感下降、社区的功能被弱化等现象。尽管在现代社区中，社区成员在居住空间上相距更近，因社区事务而产生的接触机会也为数不少，但却远不足以构成一个熟人社会，更无法形成显著的内部凝聚力。邻里关系的疏离化导致居民之间的沟通变少、孤独感增加、邻里矛盾激化，甚至会影响到社区的治理。不过，即便是文明行为立法，也无法以法律手段干预人们的情感，事实上，法律对道德的过度强调会产生适得其反的效果。但文明行为立法可以通过强调与倡导，通过价值观的内化于心，促进邻里之间的团结和睦，引导居民爱护和合理使用公共空间、设施设备、主动参与楼院、社区的绿化、美化活动，实现社区文明的外化于行。同时，对诸如在住宅小区内及出入口处停放机动车，妨碍公共道路、共有道路通行、占用、损坏绿地或者小区设施、占用、堵塞消防车通道、堵塞他人车库门、在建筑物的阳台、窗户、屋顶、平台、走廊、楼梯、消防通道等空间放置危害公共安全及妨碍他人正常生活的物品等典型不文明行为，可明确写入文明行为立法中禁止性规范的调整范围，并援用相关行政法规加以处罚，做到既坚持正向引导，亦正视人性的弱点，以法律的刚性约束作用遏制不文明行为产生的空间。

（二）移风易俗行为

《礼记·乐记》中有云："移风易俗，天下皆宁"[1]。风俗具有明显的特殊性与时空性，它既与社会、经济发展状况相关联，又会在一定条件下滞后于社会发展的现状。风俗主要作用于微观公共领域，并带有鲜明的地域性，由于微观公共领域更能有效地实现信息的传递，因而在共同的语言和共同的价值观念之下，社会成员形成了共同的风俗文化。社会成员基于风俗而做出的社会行为，事涉微观公共领域，但却未必尽符合现代文明秩序，不可能脱于公权力的干涉之外。不过，此种行为虽可受文明行为立法所调整，却也应注意到风俗行为与私人领域的密切关联，不宜与社会成员在宏观公共领域中的行为适用相同的调整方式。文明行为立法应发挥在社会变迁过程中的公共选择作用，以助推风俗的自

---

[1] （西汉）戴乐：《礼记》，团结出版社2017年版，第198页。

我调整与完善。出于对私人生活边界的尊重，文明行为立法可倡导文明节俭操办婚丧喜庆事宜、节地生态安葬、以鲜花祭奠、植树祭奠、网络祭奠、清扫墓碑、诵读祭文等方式开展文明祭祀，但不应过度侵入私人领域，强行改变社会成员普遍认可的传统民俗或习惯，以此保持传统与现代持续互动的张力。

（三）文明养宠行为

居民饲养宠物在大多数情况下属于微观公共领域中的行为，虽常常与邻里关系相关，其影响却又远不止社区之内，既可能因某些因素而蔚然成风，却又算不上是一种真正的风俗，但若说其已是宏观公共领域中重要的社会问题，似乎又言过其实。公众关注文明养宠问题的起因在于，不文明养犬等不文明饲养宠物的行为不仅滋生社区矛盾，严重的情况下甚至会危害到公共秩序和他人人身安全，产生各种治安问题，成为公共安全的隐患。显然，社会成员是否文明饲养宠物的行为，是文明行为立法须加以应对和调整的行为，因其有别于一般微观公共领域行为的特殊性，有必要加以特别阐述。

宠物行业的发展是经济发展的伴生品，并与城镇化、老龄化、晚婚少子化等社会趋势有着密切的关联。根据《2021年中国宠物行业白皮书》，2021年，在中国城镇家庭中，宠物猫的数量达到5806万只，犬的数量则为5429万只。整个城镇犬猫市场的规模达到2490亿，同比增长20.6%，比2021年社会消费品零售总额高8个百分点。[①] 显然，宠物经济已经对中国社会的消费产生了巨大的拉动作用。也因此，对于养宠的法律规制问题，须从多角度考量，不能应之以粗线条的立法与行政执法。文明行为立法不仅需要对价值观做正向引导，对于群众关切的不文明养宠等现实问题也必然要在法律规范中予以回应，非此不能树立文明行为立法的公信力和实现其应有作用。对社会上较为普遍的不文明饲养宠物的行为，应从典型表现出发，重点规制饲养宠物干扰他人正常生活、未为宠物注射必要的疫苗、携宠物出户时未采取必要的安全和卫生措施并及时清理宠物排泄物、虐待、遗弃宠物、宠物死亡后未做无害化

[①] 刘毅主编：《2021年中国宠物行业白皮书》，中国畜牧业协会宠物产业分会指导，2022年1月18日。

处理、在建成区内携犬出户而未由完全民事行为能力人采用束犬链牵领或者陪伴牵领并主动避让他人、携带除法定工作犬之外的犬只出入公园、广场、车站、商场、饭店、医院和学校等人员密集的公共场所或者搭乘公共交通工具等不文明行为，并将其与行政处罚法律制度相衔接配合。

三 网络空间公共领域中的文明行为与不文明行为

（一）网络言论行为

传统公共领域产生于现实空间，但互联网络时代的到来，几乎使所有的传统领域都发生了巨大的变革。网络空间的虚拟性、无边界性导致公权力的传统监管模式弱化，在网络空间中，个体所受的限制降至最低，一定程度上削弱了公共权力系统对话语权的控制，网络组织结构的扁平化使得公众话语权变得更加平等，公众可以就其所关心的问题进行相对自由、平等和深入的讨论。信息获取的便捷性、言论表达的自主性以及参与的广泛性，实际上使网络公共领域的交流具备了以往难以想象的自主性。

然而，社会个体在依托网络从私人领域走向公共领域之后，获取消极信息并受其影响的速度也在成倍增加，具有规模性的"网暴"行为（网络暴力）出现在舆论热点中成为互联网时代的常态。尽管有时网暴来得快去得也快，但社会公德却在网络空间不断地流失以致又在网络上形成了"沉默的螺旋"。

网络空间作为培育公德和公德彰显的重要场域，其中的信息发布和公共讨论固然应以言论自由为权利基础，但此种自由并非是不受限制的，其边界便在于公共利益以及基于公共利益所设定的法律规则。社会成员在网络空间公共领域中的行为，主要以网络言论为代表的网络表达行为体现。网络言论作为网络社会及其成员的道德载体之一，能够直观地检视网络社会成员的道德风貌、道德水准和现实社会的道德风尚。文明行为立法面对网络言论者在道德问题上的辨别能力弱化、反省意识缺失、负向情绪传染、失范方式进化、理想人格迷失等，有必要以明确的原则申明和规则表述，对其予以道德调适，以超越其道德困境。

（二）网络直播行为

网络直播是当下网络空间中受众广泛且极为流行的传播形式之一，具有实时性、互动性和分享性的特点。在互联网的语境中，网络直播特指网络直播主播在互联网直播平台上，实时展示自己的各种活动（与传统表演相比，主播的直播展示带有较大的随意性），而观看直播的受众则通过弹幕或留言等参与主播互动，部分主播通过受众打赏等方式获取收入。由于网络直播的传播速度极其快捷，且操作简单，不论是街头巷尾的普罗大众，还是流量惊人的各式营销主体，网络直播的参与者无处不在，网络直播已成为现代互联网产业的一个重要支撑点。但是，在利益的驱动下，鱼龙混杂的网络直播不断地逼近甚至突破法律与道德的底线。尽管我国已有《网络安全法》等对包括网络直播在内的互联网行为进行监管的基础性法律，但是由于其规制范围较广，条文规定也较为笼统，能援引用来规制网络直播违法行为的条文仅局限在个人信息保护及网络诈骗等少数几个方面，即便加上其他部门法和相关行政法规，也仍有力不从心之感。这些法规虽然具有一定的专业性，但是彼此之间缺乏有效的联系，无法进行有效的衔接，立法内容的重复率较高。正基于此，文明行为立法不必付出过多法律资源在监管含有暴力内容或色情内容的网络直播问题上，尽管也不必在禁止性规范中对上述问题加以回避。文明行为立法对于网络直播行为关注的重点应指向低俗网络直播。在社会转型时期，社会成员容易陷入焦躁不安或空虚迷惘的心态之中，本需要以主流价值观推进社会文化建设，培育开放包容、理性豁达的社会心态。然而，低俗网络直播的主播为求快速将流量变现，往往急功近利，不择手段，污染网络生态环境，破坏网络道德秩序。文明行为立法将低俗网络直播行为纳入调整范围，不仅有助于督促行政机关加强监管力度，健全监管机制，亦能够强化直播观众的网络法律意识，通过社会道德引导使公众普遍参与到对网络直播行业的监督中。

（三）网络直播营销行为

网络直播营销行为有别于普通的网络直播行为。严格来讲，网络直播营销兼具了网络直播和网络营销的双重属性，归入网络直播和网络营销之类均无问题；但同时，网络直播营销既有别于随意性较强的普通直播，亦不同于采用多种形式促销商品与服务的综合网络营销，网络直播营销是指以网络直播平台为载体，对相关商品或服务进行描述和多方位展示，并与受众实时互动交流，同时提供所推销商品或服务的购买链接，从而刺激和引导消费者购买商品或服务的网络营销模式。

2019年以来，网络直播营销（亦称为电商直播或直播带货）呈现出爆发式增长的态势，成为现今网络营销中最主要的形式。然而，市场繁荣的背后，网络直播营销乱象日渐暴露，诸如虚假宣传、数据造假、售后瑕疵、逃税漏税等，这些问题不仅损害了消费者、品牌方乃至国家的利益，而且也不利于整个产业生态的健康发展。正基于此，从事网络直播营销活动的商家、主播、平台、主播服务机构和参与营销互动的用户均亟须法律框架下的他律与自律规范。对包括网络直播营销行为在内的网络营销行为进行法律规制，既需要梳理《电子商务法》《个人所得税法》《企业所得税法》《反不正当竞争法》《消费者权益保护法》《产品质量法》《广告法》等相关法律、法规、规章中关于保护消费者权益、税收征缴、保护竞争、市场监管等方面的条款，也需要进行新的针对性立法，包括文明行为立法。文明行为立法中，应要求网络直播营销保持正确的政治导向、符合社会主义核心价值观、提供的商品信息和数据应真实无误，要求参与直播营销的企业所提供的产品、商品符合国家法律规定，不得销售三无产品、非法产品，要求直播平台尽到责任和义务并制定完善的内审机制和自控机制，要求主播严格把握表达的尺度、边界、内容，不得违反《广告法》《消费者权益保护法》《反不正当竞争法》等法律法规的相关规定。

四 公共领域与私人领域交织的生态文明行为

近代以来，公共道德被视作是公共领域之下的社会成员行为准则，特别是人类进入工业文明时代后，公共领域与私人领域更是泾渭分明。然而，生态问题随工业文明而生，且问题的根源不仅关乎公共领域，亦与私人领域中社会成员的行为紧密相关——诸如放纵生活垃圾的大量产生、对资源的肆意浪费、与环保理念背驰的生活方式等。因此，现代生态文明对社会成员行为的要求打破了传统环保主义下社会成员行为局限于公共领域的屏障,开始同等重视私人领域中的社会成员行为。正因此,生态文明行为成为公共领域与私人领域交织的社会成员行为。

生态文明是一种顺应时代需求而生的新型文明形态。2012年,党的十八大把生态文明建设纳入中国特色社会主义事业"五位一体"总体布局,首次把"美丽中国"作为生态文明建设的宏伟目标,同时,审议通过《中国共产党章程(修正案)》,将"中国共产党领导人民建设社会主义生态文明"写入党章,作为行动纲领。2018年3月十三届全国人大第一次会议通过的宪法修正案首次将"生态文明"正式写入宪法。习近平总书记明确要求:"要深化生态文明体制改革,尽快把生态文明制度的'四梁八柱'建立起来,把生态文明建设纳入制度化、法治化轨道"[①]。生态文明建设是对传统环境保护理念的扩展,生态文明是环境友好型的文明形态,而环境保护则是实现生态文明的基础和前提。

尊重自然、保护环境的生态文明意识,需要社会成员身体力行,以节约、绿色、低碳、环保的生态文明行为,进而推动人与自然和谐发展的生态文明建设。2018年6月5日,生态环境部、中央文明办、教育部、共青团中央、全国妇联等五部门联合发布《公民生态环境行为规范(试行)》(以下简称《规范》),倡导简约适度、绿色低碳的生活方式,引领公民践行生态环境责任。对生态文明行为的促进也日渐为各地所重视,比如江苏省在2020年9月9日,由江苏省生态环境厅联合江苏省文明办、江苏省住房和城乡建设厅、共青团江苏省委、江苏省妇女联合会、江苏省工商业联合会向社会共同发布了《江苏生态文明20条》,倡议公众践行生态文明行为。以保护生态环境、节约能源资源、推行绿色消费、选择低碳出行、分类投放垃圾、减少污染产生、呵护自然生态、参加环保实践等为主要表现的生态文明行为是文明行为的题中应有之义,也是文明行为立法不可回避的重点。

如果将文明行为立法调整的公共秩序视作一个相对独立的系统,那么环境保护和生态文明建设便是该系统中与外界输入关联最为密切的部

[①] 《习近平谈治国理政》(第2卷),外文出版社2017年版,第393页。

分。稍显夸张地讲，一般意义上个体公德心的沦丧和职业道德的缺失，即便在社会中大面积呈现，也不会导致社会体系的立即坍塌，其传导效应是有时间差的；然而，环境和生态这个公共秩序的子系统一旦出了问题，一旦外界的负面输入超过载荷，事情就不是城门失火殃及池鱼那么简单了，届时不要说公共秩序，连社会本身都可能陷入灭顶之灾。也因此，文明行为立法需要明确对生态文明行为的法律调整，明确对维护城乡容貌和公共卫生、爱护园林、绿地和水体、保护自然保护区、河流、湖泊、海洋等生态资源、保护野生动物的繁殖、栖息地和迁徙洄游通道、选择绿色环保低碳生活方式、节约能源、节约用水、使用有利于环境和资源保护的产品、优先选择公共交通工具出行、主动减少生活废弃物对环境造成的损害、科学合理使用肥料、农药、兽药和饲料添加剂等投入品、对秸秆、畜禽粪污、病死畜禽、农膜和农药包装等农业废弃物做无害化处理等生态文明行为的倡导、鼓励，明确对在经营活动中超标排放大气污染物、水污染物、固体废物或者噪声等不文明行为的规制。

五　私人领域中的文明行为与不文明行为

（一）家庭道德行为

"家"在中国古代主要指的是"家族"而非"家庭"，家族由早期的氏族转变而来，在自给自足的农耕时代，"家"是组织社会生产的最主要单位。也因此，古代中国人的道德品性、德性修养主要体现在私人领域。同时，由于君主制国家实际上是一家一姓之天下，其母体和原型是宗法制度之下的家族，家国同构的情况下，君主之家法即为国法，皇族之伦理即为国之政治原理（最为典型的如清康熙帝皇子间的继承权之争），个体很难感知与社会系统的联系，反倒是身边的人伦之网如影相随。所以，正如前文所述，古代中国是无法存在公共领域的，即便有公共领域之需要，也早异化成了私人领域。在这个意义上，中国传统中，家的道德，属于私德，而非公德。

现代社会中，随着家族结构的逐渐解体，家庭成为最主要的社会单元。现代社会复杂而多元，除了家庭和国家以外，还存在各种社会组织。国家与个人之间的沟通不再通过家，更多的是通过各种的组织及社会媒介，它们既是沟通国家与个人的桥梁和纽带，也是整合现代社会的方式和渠道。家庭所承担的社会生产功能、收入分配功能、绝大多数的教育功能甚至是对家庭成员的评价功能等均被各型社会组织所转承，现代家庭的功能已经趋近最小化，这必然影响到私德模式下的传统家庭道德。

此外，中国传统家庭道德的文化基础也不再如初。儒家讲"天人合一"，实则是用自然比拟人类社会，用自然事实论证制度性的价值安排，比如拿自然界的所谓天高地卑论证人间尊卑贵贱的合理性，拿山川草木等自然现象比附人和人类社会的秩序。然而，这并非唯物史观的方法，也并没有为人及人类社会的本性本质及其发展变化规律找到真正科学的基础。再如，己所不欲，勿施于人的忠恕之道，作为践履道德规范的一种方法，实质是推己及人；在人同此心、心同此理前提下，要人将心比心，照顾别人的感受。在社会成员有长期、直接、固定、密切联系的熟人社会，这无疑是行之有效的方法。熟人社会中，社会同质性较高，人与人之间知根知底，推己及人很少出错。然而，在陌生人社会，人与人之间异质性、差异性巨大，缺乏共同的情感记忆，相互了解的时间短、信息量少，推己及人就未必行得通了，正所谓"人类的悲欢并不相通"①。现代社会更需要的是换位思考，求同存异。

传统家庭伦理与道德观及经济、社会、文化基础的改变，使得包括民法、刑法、民事诉讼法等部门法在调整家庭关系时，对于属于纯粹私人领域内的行为采取了更审慎的态度。任何对家庭关系的建立、维系和解除施以过度法律干涉的做法均会引发道德与伦理争议，比如我国《民法典》中的离婚冷静期制度和大陆法系民法典中的待婚期制度等。文明行为立法对家庭关系的调整，更是不应逾越《民法典》的界限，对私人领域过度干涉，将私德问题与公德问题混为一谈。文明行为立法所涉的家庭关系，应以倡导家庭成员之间和睦相处、互敬互爱、相互支持、相互照顾等家庭美德为主。2018年11月2日，习近平总书记在同全国妇联新一届领导班子成员集体谈话时对新时代加强家庭建设提出了

---

① 鲁迅：《而已集》，人民文学出版社2022年版，第110页。

四个方面的要求,即"带领家庭成员共同升华爱国爱家的家国情怀、建设相亲相爱的家庭关系、弘扬向上向善的家庭美德、体现共建共享的家庭追求"①。习近平总书记的这些重要论述正是新时代文明行为立法中家庭道德规范的指南。

(二) 敬老护幼行为

任何年龄段的群体都同时有着物质上和精神上的需求,但由于老年人通常退出了常态化的职业工作领域,他们的需求往往并未得到社会的高度关注。然而,现代社会必然要直面人口老龄化和老年人权益保障的问题,完善相关领域的立法是所有国家在步入现代化过程中的必修课,也是现代文明有别于前现代文明的重要特征之一。保护老年人的权益需要社会法、经济法、劳动法、民法、行政法等多个法律部门同时发力,协调合作,否则比如《老年人权益保障法》第十八条中赡养人的探亲休假权,根据截至2022年的相关行政法规,已婚职工每四年才能给假探视父母一次,又当如何满足该条第二款中的"经常看望或者问候老年人"?文明行为立法是一种统括性的法律规范,做个不恰当的比喻,略近似于"道德宪法",对于大多数在其法律规范中所倡导的文明行为,更多的是一种价值观的引导,而非法律上的强制。正如前所言,法律可以强制人的行为,却不能强迫人类的情感。孟德斯鸠曾说:"法律、风俗、礼仪等天然分离,唯有特殊制度才能将他们混合在一起。"②文明行为立法倡导帮助、关心老年人、为居家的老年人提供生活照料、紧急救援、医疗护理、精神慰藉、心理咨询等文明行为,是在为家庭成员、志愿服务人员、社会机构和相关公权力部门提供行动标尺,营造敬老、护老的社会氛围,为相关政策法规的制定与实施确定价值目标,而非利用法条的表述夸夸其谈,营造空中楼阁。

在近现代法治发展的过程中,未成年人的保护问题实际上受到的重视甚至要早于老年人的权益保护,但由于未成年人特别是低龄未成年人

---

① 新华社:《习近平同全国妇联新一届领导班子成员集体谈话并发表重要讲话》,中华人民共和国中央人民政府网站,http:/www.gov.cn/xinwen/2018-11/02/content_5336958.htm,2018年11月2日。

② [法]孟德斯鸠:《论法的精神》,欧启明译,译林出版社2016年版,第264页。

受心智发展的客观生理限制，法律的关注点主要是将他们作为保护的对象的。某种意义上，未成年人得到了法律的特殊照顾，其责任往往被选择性地忽视了。未成年人作为法律主体的行为能力尚未完全，自然不能承担超出其承受力的法律义务，但未成年人的监护人却不应因此而逃避责任，通俗地讲，即监护人等是对未成年人的言行负有责任的法律主体，不能因法律对未成年人的"宽容"而借机"甩锅"。文明行为立法既然是将整个社会的文明促进与发展作为一个完整的系统而加以规范和调整，无论成年人还是未成年人均不应置身事外。法律并不打算苛求未成年人，恰恰相反，文明行为立法倡导关心、爱护未成年人，倡导开展多种形式的有利于未成年人健康成长的社会活动。但"成年人"理应在未成年人的成长中背负更多的责任，正如一句戏言："我小时候不懂事，你大人还不懂事吗？"因此，当监护人或者陪同的成年人没有约束未成年人遵守公共秩序以致损害他人合法权益时，文明行为立法就应援引民法典和刑法等部门法，要求其承担相应的法律责任，而在法条中强调这样的责任，也绝非重复与赘述，它的作用在于保证了文明行为立法在价值观体系和逻辑体系上的完整性。

（三）个人的私德行为

个人品德是社会道德在个体身上的具体体现，是社会道德内化的结果。个人品德虽为私德的范畴，但人作为社会性主体，其行为不可能拘泥于私人领域而与公共秩序无涉。另一方面，个人品德的养成虽以遗传和生理成熟为前提，却更依赖于后天环境对其的教化与影响。美国心理学家斯金纳便认为人的行为受环境所决定，是后天习得的产物。法律通过强化或惩罚可以更改、增加或消除人的某些行为，而在立法技术上掌握道德与法律界限尺度的情况下，文明行为立法同样可以使用倡导性甚至禁止性规范作用于个人的私德行为，以促进个人品德乃至群体道德习惯的形成。比如，在个人品德方面，文明行为立法即可倡导社会个体遵守公共礼仪、用语礼貌、着装得体、举止文明、尊重他人权利、尊重各地风俗习惯和生活禁忌等。某种意义上，文明行为立法就是对当代道德伦理的梳理与强调，它能够成为个体在从不自觉的道德到自觉的道德的发展起点。

需要强调的是，法律所能调整的是行为主体的外在行为，只有某种文明或道德意识与社会成员的行为存在某种程度的联系，才能对其立法，如果只是笼统地规定"公民应当明礼尚德"①"崇尚科学"②"公民应当提升个人品德"③等，则就变成纯粹的道德意识入法了，显然是与立法的标准与规律相悖谬的。文明行为立法虽然可以调整与个人品德相涉的一部分私人领域行为，但仍应当注重现实性，不能超越现有的生产力、生产关系、价值观念而去实现某些不切实际的理想目标。比如，在促进开展奉献性的活动时，法律不能规定社会成员必须为之，强迫社会成员践行较高的道德标准，此类行为只能在立法中作倡导与鼓励。根据马克思主义哲学物质决定意识的认识规律，高层次的道德要求不可能是社会成员中的大多数做得到的，如果能做到，则道德标准因水涨船高而在特定时空的社会成员中，称不上是高层次的道德了。如果不顾实际情况，一味地将高层次道德要求转化为法律，文明行为立法有可能会因负激励的范围过大而受到公众质疑，难以实现对社会生活进行调控的预期效果。此外，文明行为立法可以建立不文明行为曝光和文明行为信用信息记录制度，但不能苛责社会成员的私德，将私人领域中的非道德行为与失信行为等同对待和处理，亦不能对违反文明行为规范者的近亲属等搞封建式的"连坐"，使未作出违法行为者无辜受罚。因此，从行为属性标准上而言，文明行为立法只能确认或制裁那些现实的符合现实社会关系发展需要的文明行为或不文明行为。

---

① 《绍兴市文明行为促进条例》，第六条。
② 《鄂州市文明行为促进条例》，第七条第二项。
③ 《河北省文明行为促进条例》，第八条。

第二章　文明行为立法的模式选择与立法原则

第一节　文明行为立法的法律依据

文明行为立法是运用法治思维和法治方式加强和创新社会管理、提升社会成员文明素质和社会文明水平的重要法治手段。同时，由于现代社会中不确定性因素不断地扩张影响力，社会成员的诸多个体行为给公共利益带来了无法预测的后果，法律需要在对确定性危害进行规制的同时，对社会成员的特定作为或不作为进行倡导和鼓励，以防范这些行为的反面所带来的潜在风险。

自 2015 年以来，文明行为促进立法一直是地方立法特别是设区的市地方人大立法工作的热点之一。从现实需求来看，设区的市有通过文明行为促进立法加强社会治理能力的责任，从立法实践而言，设区的市有推动文明行为促进立法向深度拓展、为更高层级的立法乃至全国性立法先行先试的使命，因此，修改后的宪法和立法法赋予了设区的市等地方人大更广泛的立法权，修改后的行政处罚法审慎适度地扩大了地方性法规的处罚设定权，为文明行为促进立法提供了合宪性和合法性的依据。

一　文明行为立法的宪法依据

（一）立法权依据

宪法是其他一切法律法规的立法依据和效力来源。1954 年《中华人民共和国宪法》确立了单一的立法体制，只有全国人大及其常委会可以立法，地方只有作为自治地方的自治区、自治州、自治县的自治机关可以制定自治条例和单行条例，一般地方没有立法权。1982年《宪法》增加了立法主体，省级人大及其常委会开始有了地方法规的立法权。1986年，属于宪法体系的《地方各级人民代表大会和地方各级人民政府组织法》修改，省会城市和国务院批准的较大的市人大及其常委会被赋予了制定地方性法规的权力。2018年的《宪法》修正案中，对地方立法权的范围进一步拓展，《宪法》第一百条增加了一款，作为第二款："设区的市的人民代表大会和它们的常务委员会，在不同宪法、法律、行政法规和本省、自治区的地方性法规相抵触的前提下，可以依照法律规定制定地方性法规，报本省、自治区人民代表大会常务委员会批准后施行"[①]。现行《宪法》第一百条便表述为："省、直辖市的人民代表大会和它们的常务委员会，在不同宪法、法律、行政法规相抵触的前提下，可以制定地方性法规，报全国人民代表大会常务委员会备案。设区的市的人民代表大会和它们的常务委员会，在不同宪法、法律、行政法规和本省、自治区的地方性法规相抵触的前提下，可以依照法律规定制定地方性法规，报本省、自治区人民代表大会常务委员会批准后施行。"由于文明行为立法目前皆为地方立法，截至2022年，尚无一部全国性的文明行为促进法律出台，因此，《宪法》第一百条关于地方立法权的规定构成了当前文明行为立法的主要宪法依据之一。

（二）明确立法权依据的必要性

由于文明行为立法缺乏直接上位法作为依据与指导，缺乏全国性的文明行为立法，甚至缺乏同位阶同类立法作参考，在立法领域属于典型的创新性立法，因此，文明行为立法在立法权限上易踩红线，易入"雷区"。对于文明行为立法而言，既要避免重复立法、抄袭式立法、"景观"式立法，又要在央地关系、地区间关系、上下位法关系、公权私权关系等关系之间寻求到相对的平衡，立法的难度与挑战不可谓不大，明确文明行为立法的宪法依据就显得尤为重要。

由于2015年《立法法》赋予设区的市人大及其常委会普遍的立法

[①] 中国人大网，http://www.npc.gov.cn/npc/c505/201803/3bd1311cf0944324b6f3a2bfd8c8cb84.shtml，2018年3月12日。

权，而认可设区的市的地方立法权是在2018年的《宪法》修正案中，因此就涉及《立法法》第七十二条是否合宪性的问题。此问题须由宪法解释以解决。斯卡利亚（Antonin Scalia）指出："宪法解释中的最大争议并不是'制宪者意图'与'宪法文本的客观含义'之争，而是宪法文本的'原始含义'与'现行含义'之争"[①]。1982年《宪法》中第一百条原文为："省、直辖市的人民代表大会和它们的常务委员会，在不同宪法、法律、行政法规相抵触的前提下，可以制定地方性法规，报全国人民代表大会常务委员会备案。"该条虽明确了省级立法机关的地方立法权，但其表述中也未直接否定省级以下地方立法机关享有相应立法权的可能性。比如1982年《宪法》的第一百零一条第二款强调："县级以上的地方各级人民代表大会选举并且有权罢免本级人民法院院长和本级人民检察院检察长。选出或者罢免人民检察院检察长，须报上级人民检察院检察长提请该级人民代表大会常务委员会批准。"表述中明确使用了"县级以上"的限定词。再比如1982年《宪法》中的第一百零二条第一款："省、直辖市、设区的市的人民代表大会代表受原选举单位的监督；县、不设区的市、市辖区、乡、民族乡、镇的人民代表大会代表受选民的监督。"该款将省、直辖市、设区的市的人民代表大会代表与县、不设区的市、市辖区、乡、民族乡、镇的人民代表大会代表在监督主体上做了明确区分，并分别表述。在1982年《宪法》的第三章第五节中，类似的表述还有很多。无疑，1982年《宪法》的立法技术是成熟的，不存在着表述中含有歧义的情形。因此，正如施塔姆勒所说："较古老的法规范之意愿内容，在现代只能以此时立法者所意愿者主张其效力"[②]。《宪法》第六十二条第三项规定全国人民代表大会有权制定和修改刑事、民事、国家机构的和其他的基本法律，而《立法法》正属于"基本法律"范畴，既然同一主体（全国人大）在不同时间做出了不同的意思表示，则自应以其最新的意思表示为准。

[①] Antonin Scalia, *A Matter of Interpretation: Federal Courts and the Law*, Princeton University Press, 1997, p.38.

[②] ［德］卡尔·拉伦茨：《法学方法论》，陈爱娥译，商务印书馆2003年版，第198页。

（三）文明行为立法的直接宪法依据

《宪法》第二十四条明确指出国家通过普及性教育和制定、执行各类规则的方式，加强社会主义精神文明的建设，并在该条第二款中提出国家倡导社会主义核心价值观，提倡爱祖国、爱人民、爱劳动、爱科学、爱社会主义的公德，这是我国文明行为立法的最主要宪法依据。

除此之外，《宪法》第十五条中国家依法禁止任何组织或者个人扰乱社会经济秩序的规定、第二十六条中国家保护和改善生活环境和生态环境等规定、第四十五条中优待军人家属等规定、第四十六条中国家培养青少年和儿童在品德等方面全面发展的规定、第五十一条中公民在行使自由和权利的时候不得损害国家的、社会的、集体的利益和其他公民的合法的自由和权利的规定、第五十三条中公民必须爱护公共财产、遵守劳动纪律、遵守公共秩序、尊重社会公德等规定所涉内容与方面，均属文明行为立法调整的主要范围，故上述宪法条文亦同样构成文明行为立法的宪法依据。

二 文明行为立法的立法法依据

立法是社会秩序建立和维护过程中至为关键的一个环节，它承载了立法者对良序的向往，也是制度创新的基石。2000年3月15日九届全国人大三次会议通过了《中华人民共和国立法法》，其中，第六十三条第二款明确赋予了较大的市人大及其常委会地方立法权："较大的市的人民代表大会及其常务委员会根据本市的具体情况和实际需要，在不同宪法、法律、行政法规和本省、自治区的地方性法规相抵触的前提下，可以制定地方性法规，报省、自治区的人民代表大会常务委员会批准后施行。省、自治区的人民代表大会常务委员会对报请批准的地方性法规，应当对其合法性进行审查，同宪法、法律、行政法规和本省、自治区的地方性法规不抵触的，应当在四个月内予以批准。"

实际上，省级以下地方国家机关获得立法权限，在新中国成立以来，并非以《立法法》或《地方各级人民代表大会和地方各级人民政府组织法》为起点，早在1950年1月6日，中央人民政府政务院第十四次政务会议通过的《县人民政府组织通则》第四条第三项即规定县人民政府委员会有权"拟定与县政有关的单行法规送请省人民政府批准或备案"。新中国成立初至1954年《宪法》颁布前，我国的立法权较为分散，县级及县级以上各级人民政府都享有相应的立法职权。客观地看，这种分散化、多极化的立法权模式不仅提高了立法效率，还帮助新中国在成立初期实现了社会秩序的稳定和快速转型。

2015年3月，十二届全国人大会第三次会议决定修改《中华人民共和国立法法》，其中，将第六十三条改为第七十二条，第二款修改为："设区的市的人民代表大会及其常务委员会根据本市的具体情况和实际需要，在不同宪法、法律、行政法规和本省、自治区的地方性法规相抵触的前提下，可以对城乡建设与管理、环境保护、历史文化保护等方面的事项制定地方性法规，法律对设区的市制定地方性法规的事项另有规定的，从其规定。设区的市的地方性法规须报省、自治区的人民代表大会常务委员会批准后施行。省、自治区的人民代表大会常务委员会对报请批准的地方性法规，应当对其合法性进行审查，同宪法、法律、行政法规和本省、自治区的地方性法规不抵触的，应当在四个月内予以批准。"修改后的《立法法》对地方立法权主体进行了全面扩容，普遍赋予了设区的市（包括广东省东莞市、中山市、海南省儋州市和甘肃省嘉峪关市等不设区的地级市）取得地方立法权的资格，自此地级市级立法机关成为我国立法体制中的一个独立层级。赋权是获得立法权的基点，在时隔15年之后，《立法法》直接将所有设区的市都纳入地方性法规的权力范畴，对地方的现实需求进行了一次全面性的回应，表达了中央立法分权的坚定决心。

不过，由于2015年修改前的《立法法》未限定"较大的市"立法权的范围，因此无论是在理论上还是实践中，较大的市（包括经济特区、省级政府所在城市和国务院先后批准的18个较大的市）对除《立法法》规定为"法律保留"之外的事项均是有立法权的。有鉴于此，修改后的《立法法》对设区的市立法权的范围进行了限定，即限于"城乡建设与管理、环境保护、历史文化保护等方面的事项"。文明行为立法是否属于这个范畴，理论界存有争议。但是，以文义解释的原则，按现行《立法法》第七十二条的这一表述，如把诸如文明行为等事项剔除出"城乡管理"

概念的范畴，恐难具备足够的说服力。更何况，在《立法法》修改草案审议的过程中，上述限定词是经过了数番修改的。在"可以对 X 制定地方性法规"的表述句中，X 先后有"城市建设、市容卫生、环境保护等城市管理方面的事项""城市建设、城市管理、环境保护等方面的事项""城市建设与管理、环境保护、历史文化保护等方面的事项""城乡建设与管理、环境保护、历史文化保护"等数个版本，最终确定为"城乡建设与管理、环境保护、历史文化保护等方面的事项"。从立法者的原意来探究，若不欲此范围覆盖设区的市全境，则不必使用"城乡"这样更精确的表述，若不想地方立法权过度扩张，则不必加上"等方面的事项"字样，若只是要将关注点设在"市容卫生"等较小范围，则不必在最终稿中将其删去。显然，城乡建设与管理、环境保护、历史文化保护等问题在城市发展中具有典型性，应是现阶段设区的市地方立法的重点，但对与这些问题重要性相当、同样意义重大的事项及社会管理的相关方面，《立法法》并未剥夺设区的市针对这些事项或方面的立法权。总体而言，《立法法》对地方人大在立法权领域的扩权采取了积极的立场，《立法法》修改至今，从各地的立法的实践来看，国家和省级两级立法机关对设区的市的立法活动是持鼓励和肯定态度的。2016 年，时任全国人大常委会法工委负责人即表示："对遇到确实可能超越地方立法权限的问题，要向地方党委汇报清楚，必要时可与省、自治区沟通，取得指导；仍不清楚的，还可以通过省级人大常委会同全国人大常委会法工委沟通"[①]。从各地文明行为促进工作的职责分工来看，文明行为促进工作需要各级人民政府及其工作部门、人民团体、具有管理公共事务职能的组织的各负其责，需要建立党委统一领导、政府组织实施、各方分工负责、全社会积极参与的长效机制，并需要地方政府将文明行为促进工作纳入本级国民经济和社会发展规划、将文明行为促进工作所需经费列入本级年度财政预算，如此观之，如何算不得是"城乡建设与管理"？致力于文明行为促进的文明行为立法又如何缺乏《立法法》上的法律依据？

---

① 李适时：《进一步加强和改进地方立法工作》，《中国人大》2016 年第 18 期。

三　文明行为立法的其他法律依据

对于文明行为立法等地方立法而言，行政法规、部门规章、地方政府规章以及规范性文件可以作为立法的参考，但能作为立法依据的，只能是全国人大及其常委会制定的法律。文明行为立法因其调整范围之广，所涉的法律依据也较一般地方立法为多。除《立法法》外，《民法典》《行政处罚法》《治安管理处罚法》《地方各级人民代表大会和地方各级人民政府组织法》《未成年人保护法》《英雄烈士保护法》《献血法》《野生动物保护法》《环境噪声污染防治法》《道路交通安全法》中都存在着文明行为立法的立法依据。当然，文明行为立法也应摆脱凡是地方立法都要找到法律依据的惯性思维，尽量避免小法抄大法、下位法抄上位法的情况。相比较之下，《行政处罚法》由于为文明行为立法设定相关行政处罚提供了必要的法律依据，使文明行为立法能够显著增强对破坏公共秩序的不文明行为的震慑力，故在此着重加以论述。

2021年1月，十三届全国人大常务委员会第二十五次会议对《中华人民共和国行政处罚法》作出了全面修订，其中，新增第二条明确规定了行政处罚的定义："行政处罚是指行政机关依法对违反行政管理秩序的公民、法人或者其他组织，以减损权益或者增加义务的方式予以惩戒的行为。"这一定义，对文明行为立法增益甚大，为文明行为立法等地方法规提升实效提供了可能。

文明行为立法固然有着较多的软法因素，但文明行为立法的目的显然不只是在于建立一个大号的文明宣示平台，立法者并未放弃文明行为立法在合理的限度内可以发挥的强制作用。因此，文明行为立法往往设定有"法律责任"的专章，基于文明行为立法的性质，这样的法律责任只能以行政责任体现在条文中，而对于刑事责任和民事责任则只能作转致性规定。既然要求违反了文明行为规范的行为主体承担行政责任，文明行为立法就理应在法律规范中明确行政处罚的种类和处罚标准。修订前的《行政处罚法》中共列举了6类10种行政处罚，包括警告、罚款、没收违法所得、没收非法财物、责令停产停业、暂扣或者吊销许可证、暂扣或者吊销执照、行政拘留等。问题在于，文明行为立法兴起的时间与《行政处罚法》最初的立法时间相隔较远，随着经济社会形势的发展、社会治理模式的不断创新，传统的行政处罚种类面对日新月异的文明行为促进实践需求，开始凸显出治理效能不足的弊端。

故此，文明行为立法欲创设新的处罚种类，在《行政处罚法》修订之前，是断然找不到法律依据的。不仅如此，少数"吃螃蟹者"，因为其地方立法突破了上位法的界限，往往会引发立法领域的"合法性"争议。现行《行政处罚法》将行政处罚定义为：行政机关依法对违反行政管理秩序的公民、法人或者其他组织，以减损权益或者增加义务的方式予以惩戒的行为，由此，"增加义务"和"减损权益"均可构成行政处罚，且处罚是一种"惩戒"性的行为，重在"戒"，而非单纯的"罚"，对于意在以负激励倒逼文明践行的文明行为立法而言，这个定义使得文明行为立法在法律责任的设定上有了更大的伸展空间，有了明确的行政处罚法依据和合法性来源。

正如上文，现行《行政处罚法》是地方立法设定行政处罚的主要依据。2021年修订的《行政处罚法》中，在第十二条增加了一款，作为第三款，规定："法律、行政法规对违法行为未作出行政处罚规定，地方性法规为实施法律、行政法规，可以补充设定行政处罚。拟补充设定行政处罚的，应当通过听证会、论证会等形式广泛听取意见，并向制定机关作出书面说明。地方性法规报送备案时，应当说明补充设定行政处罚的情况。"该条款明确规定了地方立法机关在地方性法规中补充设定行政处罚的权力。需注意的是，"对违法行为未作出行政处罚规定"有别于"对违法行为未作出规定"，前者意味着"对违法行为未作出行政处罚规定"既可能是法律、行政法规没有规定违法行为，自然就谈不上规定行政处罚，也可能是法律、行政法规已经规定了违法行为，但没有对违法行为作出行政处罚。不管何种情形，修订后的《行政处罚法》都允许地方性法规基于实施法律、行政法规的目的补充设定行政处罚。

2021年《行政处罚法》第十二条第三款的规定标志着我国最高立法机关对待行政处罚领域地方补充性立法态度的正式转变。在此之前，很长的一段时期内，国家对行政处罚权是牢牢掌控在中央一级的。比如，2005年，某省在制定《文物保护条例》的过程中，拟规定"对未经考古调查、勘探而擅自动工,在施工中发现古文化遗址、古墓葬等不可移动文物灭失、毁损的,处5万元以上50万元以下罚款",但我国《文物保护法》对此并没有规定。为此,该省人大常委会请示全国人大常委会法工委。全国人大常委会法工委最终认为:"法律没有规定的,地方性法规不应对此设定行政处罚。"① 《行政处罚法》长期秉持的审慎态度,源于早些年普遍存在的乱处罚、乱罚款的行政处罚乱象,一定程度上减少了行政处罚的滥用。但是,行政处罚毕竟是包括地方政府在内的公权力机关加强社会治理的重要手段和工具,随着经济、科技、社会的快速发展,新事物、新情况、新问题不断涌现,政府进行公共治理的难度随之与日俱增,如果政府不具备与治理难度相适应的规制工具,难免会在治理中软弱无力甚至束手无策。

由于《行政处罚法》之前严格限定了行政处罚的种类,并且严格限制了地方性法规在设定行政处罚方面的权限,这使得地方政府能够使用的行政处罚手段与新时代的社会治理难度不相匹配,削弱了地方政府的治理能力。即以文明行为立法为例,文明行为法律规范中针对不文明行为的诸项禁止性规定,若完全依赖上位法,则未必能对列入法条中的每种不文明行为均施以行政处罚或寻求到处罚的依据。若此,一部没有"牙齿"的文明行为立法,是很难对不文明者形成震慑力的。2021年1月修订后的《行政处罚法》使各地文明行为立法能够摆脱软法比例过大的困局,在处罚条款的设置上有了理直气壮的法律依据。

此外,修订之前的《行政处罚法》并未规定行政处罚的归责原则,修订之后的《行政处罚法》第三十三条第二款采用了过错推定原则,规定:"当事人有证据足以证明没有主观过错的,不予行政处罚。法律、行政法规另有规定的,从其规定"。《行政处罚法》通过推定有过错的方式,将举证责任转移给当事人。这样归责的合理性在于,在一般的行政管理领域中,行为人的主观因素往往内含于行为的违法性之中,由相对人"证无"相较于行政机关"证有"要更加符合一般违法行为的推理证明逻辑。在文明行为立法中,对社会反响强烈的"不文明行为"通常会设定

---

① 全国人大常委会法制工作委员会编:《法律询问答复(2000—2005)》,中国民主法制出版社2006年版,第176—177页。

禁止性规范，即通过法律对不文明的行为模式予以否定性的评价，并对应有法律责任的规定。不文明的行为模式有着明显的外观，它并非存在于行为主体的内心，而是表现在行为主体的社会活动中，通俗地讲，就是不仅有缺德的想法，而且做出了缺德的事情。否则，不文明行为也不会因破坏了公共秩序和损害了公共利益而陷入公众的声讨，就不会有入法的必要，正所谓"论迹不论心"。因此，若行为主体从外观上构成对禁止性文明行为规范的违反，只要其能够证明自身主观上没有过错，即可不受行政处罚。不过，大多数文明行为法律规范中所禁止的不文明行为，并没有设置过高的道德标准，能做出这些不文明行为的行为主体，通常是很难证明自己在主观上没有过错的。比如，乘坐公共交通工具、电梯或者等候服务时随意插队以致扰乱公共场所秩序，驾驶机动车未礼让行人，在禁止吸烟的场所或者区域内吸烟等。可见，《行政处罚法》对归责原则的明确规定，给予了文明行为立法在行为模式评价上的有效依据，避免了行为主体推卸责任、使文明行为立法缺乏制约效力的法律罅隙。

第二节　文明行为立法的模式选择
——促进型立法

在我国近年来的各层级立法中，名称里含有"促进"字样、以促进某项事业的发展或某种社会秩序的形成为立法目的，以引导、推动、扶持、鼓励、倡导、奖励等为主要调整手段，以倡导性规范和鼓励性规范为主要载体的促进型立法，作为一种全新的立法类型而出现并在立法数量上日益增加、立法技术上日趋成熟。促进型立法从立法阶层审视，既有法律、行政法规，也有地方性法规。本节讨论的重点是文明行为立法的模式选择，即以道德法律化为出发点的文明行为立法，为发挥法的激励作用，以促进型立法为主要进路，形成实体意义的文明行为促进法律规范的过程。

一　促进型立法的界定
（一）促进型立法的定义与特点
促进型立法是指以促进某项事业的发展或某种社会秩序的形成为立

法目的，以引导、推动、扶持、鼓励、倡导、奖励等为主要调整手段，以倡导性规范和鼓励性规范为主要载体的专门立法形式。促进型立法作为一种新型立法，适应了社会多元化发展和公共治理创新的需要，它在立法理念、立法目的、调整手段、主要内容、法律责任等方面均与传统管理型立法存在着明显差异。从立法规模上看，促进型立法已经成为我国立法领域的一种重要法律现象。

截止到2022年初，全国人大及其常委会共制定了《促进科技成果转化法》《中小企业促进法》《乡村振兴促进法》《家庭教育促进法》等11部促进型法律，而拥有立法权的地方各级人大及其常委会，共制定了《山西省全民健身促进条例》《广西壮族自治区新型墙体材料促进条例》《深圳经济特区居民就业促进条例》《西安市改革创新促进条例》《大连市循环经济促进条例》《盘锦市文明行为促进条例》《木垒哈萨克自治县鹰嘴豆产业促进条例》等532部促进型条例[①]。显然，尽管我国最早的促进型立法产生在中央层级，但是目前促进型立法已成为地方立法工作中的重点并在全国范围内形成了密集的立法群。

传统的管理型立法，是将某些经立法论证认为需要控制的社会行为纳入法律的监管体系当中，并制定监管规则，要求法律主体普遍予以遵守，对违反者施加法律制裁。经济法是管理型立法最为集中的法律部门，如我国经济法体系中的计划法、预算法、税收征收管理法、固定资产投资管理法、投资基金管理法、国有资产管理法、中国人民银行法、外汇管理法、对外贸易法、海关法、自然资源管理法、能源管理法、价格法、会计法、审计法、反垄断法、证券监管法、期货监管法、城市房地产管理法、反不正当竞争法、消费者权益保护法、产品质量法等，均属管理型立法的范畴。管理型立法强调和规范政府对经济和社会生活的干预，相较于传统的民法、刑法等部门法，管理型立法已经是立法创新的产物，并与20世纪的经济、社会发展密切关联，比如罗斯福新政时期颁布的诸多管理型立法即对应着罗斯福政府抗击"大萧条"的时代背景。管理型立法通常发生在这类立法所调整的社会关系已发展到一定程度，形成了

---

① 北大法宝网站，http://www.pkulaw.cn/，2022年1月2日。

一定的市场规模，甚至出现市场的过度竞争，国家不得不加以干预。因此可以讲，管理型立法主要解决"需求"问题。促进型立法则是针对那些社会关系尚未得到良好发育、相关事物并未得到充分发展而急需引导和鼓励的领域，它主要解决的是"供给"问题。因此，促进型立法具有倡导性规范为主、注重事前引导、强调政府主导、政策色彩浓厚、法律责任特别等特征，以激励扶持类规范、表彰奖励类规范、宣示宣言类规范、道德提倡类规范和管理约束类规范为主要表现形式。

（二）促进型立法的类型

2018年《宪法》修正案将宪法序言第七自然段中"推动物质文明、政治文明和精神文明协调发展，把我国建设成为富强、民主、文明的社会主义国家"修改为"推动物质文明、政治文明、精神文明、社会文明、生态文明协调发展，把我国建设成为富强民主文明和谐美丽的社会主义现代化强国，实现中华民族伟大复兴"。其中，增加了"社会文明"和"生态文明"的表述。这五类"文明"建设在近年来我国的促进型立法实践中不断得到落实，已同我国的经济、社会发展以及全面深化改革相适应，实现了相关立法内容从原本偏重物质经济类立法到各领域法治建设多元发展的局面。在这个基础之上，可以按照五类文明相涉的领域，将促进型立法分为五种对应的类型。

其一，物质文明类促进型立法。现有的物质文明类促进型立法可分为经济与科技两大类，前者如《电影产业促进法》《中小企业促进法》《浙江省快递业促进条例》《辽宁沿海经济带发展促进条例》《深圳经济特区加快经济发展方式转变促进条例》《湖州市绿色金融促进条例》等，后者如《促进科技成果转化法》《广东省自主创新促进条例》《海口市智慧城市促进条例》等。

其二，政治文明类促进型立法。现有的政治文明类促进型立法仍可进一步分为改革开放、行政与司法、民族事务等类别。改革开放方面的促进型立法比如《湖北省全面深化改革促进条例》《重庆市促进开放条例》和《威海市城市国际化促进条例》等，行政与司法方面的促进型立法则有《江苏省促进政务服务便利化条例》《吉林省多元化解纠纷促进条例》《南京市社会治理促进条例》等，而涉及民族地区发展、民族团结的民族事务方面的促进型立法主要有《宁夏回族自治区促进民族团结进步工作条例》《云南省促进民族自治地方科技进步条例》《广西壮族自治区民族教育促进条例》《鄂伦春自治旗鄂伦春族人口发展促进条例》等。

其三，精神文明类促进型立法。精神文明类促进型立法是我国精神文明法治建设的重要内容，为实现文明国家提供了重要制度保障，已有的精神类促进型地方法规可以划分为行为道德、文化素质、公共伦理等类别。行为道德类属于维护公序良俗，引领社会风尚，推动社会文明进步的促进型立法，如《贵州省文明行为促进条例》《盘锦市文明行为促进条例》《木垒哈萨克自治县文明行为促进条例》等地方法规，该类立法在促进型立法中占比最大，截至2022年2月共有194部，占到促进型法律法规总数的36%以上。文化素质类是指关于提升公民科学文化素养，增强文化自信，发扬传统文化的促进型立法，如《山西省全民阅读促进条例》《江苏省社会科学普及促进条例》《太原市博物馆促进条例》等。公共伦理类是指符合社会主义核心价值观的公共关系领域的促进型立法，如《北京市志愿服务促进条例》《广东省社会力量参与救灾促进条例》《深圳经济特区性别平等促进条例》《长沙市慈善事业促进条例》《广州市母乳喂养促进条例》等。

其四，社会文明类促进型立法。现有的社会文明类地方促进型立法涵盖了健康、教育、就业、养老、区域综合建设等领域，包括《基本医疗卫生与健康促进法》《家庭教育促进法》《就业促进法》《乡村振兴促进法》《山东省学生体质健康促进条例》《浙江省社会养老服务促进条例》《贵州省未成年人家庭教育促进条例》《河南省革命老区振兴发展促进条例》《宁波市学前教育促进条例》《忻州市乡村人居环境治理促进条例》在内的各层级法律法规均属于该类型的立法。

其五，生态文明类促进型立法。现有的生态文明类促进型立法可分为生态环境建设和资源能源利用两大类。前者如《福建省生态文明建设促进条例》《宁夏回族自治区建设黄河流域生态保护和高质量发展先行区促进条例》《天津市碳达峰碳中和促进条例》《云南省创建生态文明建设排头兵促进条例》《广西壮族自治区新型墙体材料促进条例》《武汉城市圈资源节约型和环境友好型社会建设综合配套改革试验促进条例》《海东市绿色宜居城市建设促进条例》，后者如《清洁生产促进法》《循环经济促进法》《浙江省可再生能源开发利用促进条例》《山东省新旧动能转换促进条例》等。

（三）促进型立法的激励优势

与传统管理型立法对法律关系的刚性调整不同，促进型立法具有灵活性和伸缩性的特点，促进型立法采用引导、鼓励的调整方式，通过社会价值的倡导、奖励条款的实施与社会氛围的塑造，能够应对实践中出现的复杂多变的状况。法律所实现的激励有两种方式，一种是通过制裁手段或惩罚措施使行为主体在违反法律之后承担不利后果，谓之负激励；另一种则是通过设置奖励措施或进行价值引导，倡导和鼓励行为主体作出一定的行为，是为正激励。促进型立法主要运用后一种激励方式，采取柔性的处理措施，对社会行为进行引导。

斯金纳（B. F. Skinner）等学者提出的操作条件反射理论认为，奖励可以起到巩固、保持、加强行为的正强化作用，惩罚可以起到动摇、减弱、消退行为的负强化作用。[①] 对于立法所探讨设置的激励模式而言，正激励中的奖励与负激励中的惩罚并非相互转化的关系，未受奖励不可能与惩罚等量，未受惩罚也谈不上是一种奖励，未受奖励者缺乏做出新行动的动力，而未受惩罚者也会保持既有行为的惰性，只要法律中不产生正激励或负激励，现状就很难被改变。

促进型立法中的激励方式不仅能在一定程度和范围上满足行为主体的物质与精神需要，而且也是对行为主体的行为能力与自身价值的认可，是对行为主体自我认识的肯定，从而可以持续调动主体的积极性。并且，与惩罚性的负激励不同，促进型立法能带给行为主体更多的正面体验，通过积极向上的社会氛围和舆论场的营造，增强行为主体克服困难的意志力，还能通过榜样的树立，增强行为主体的角色意识，纠正行为主体在自我评价上的偏差。

文明行为立法是关于道德的立法。富勒将道德分为义务的道德和愿望的道德，他认为，"如果说愿望的道德是以人类所能达至的最高境界作

---

① 丰霏：《法律制度的激励功能研究》，博士学位论文，吉林大学，2015 年。

为出发点的话，那么，义务的道德则是从最低点出发。它确立了使有序社会成为可能或者使有序社会得以达至其特定目标的那些基本规则"[1]。在富勒看来，愿望的道德是对人性的一种乐观企盼，通常以赞扬、鼓励等肯定的形式体现，而义务的道德是一个有序社会中社会成员必须遵守的社会规范。愿望的道德是人类能最大限度地实现的完善的道德，如果谁达到了，自然会收获称赞，即便他失败了，也不会受到责难；义务的道德作为社会生活的最低限度的条件和基本要求，遵守它不会额外收到赞颂，违反它则必定面临惩罚或谴责。显然，在义务的道德中，惩罚优先于奖励。此外，愿望的道德是对美好生活和至善的一种追求，而它的追求目标即便用言语表述出来，也是概括而抽象的，很难细化到社会生活中的点滴，但义务的道德是有序社会存在的必要条件，它必须制定道德行为的基本规则，因而能够成为切实可行的行为规范。

传统的管理型立法虽然也能发挥有限的教化作用以伸扬愿望的道德，但这种作用只是其整体功用的点缀而已。传统的管理型立法并不相信人的自觉性，默认大多数法律主体需要有源自外力的驱动方能做出法律希冀的行为，因此多使用负激励手段，即惩罚或制裁。与管理型立法几乎从头到尾的硬性规制不同，文明行为立法的手段不在于对社会成员的监控、限制和处罚，而在于通过社会氛围的塑造、激励条款的实施与社会价值的倡导，使人达事明理，不仅培育形质文明之人，而且培育精神文明之人。而促进型立法恰能够在精神文明和社会文明类的立法中，肯定人的积极性与潜能，致力于满足社会成员个体的精神需要尤其是自我实现的需求，使社会成员乐于奉献、勇于承担责任，使个人和社会的目标通过正激励而融合一致，从而塑造行为主体良好的道德品质，引导积极的社会风尚。正是因为促进型立法先天的激励优势，文明行为立法基本采用了促进型立法的模式。

二　文明行为立法与促进型立法结合的进路

（一）通过"正激励"调适文明行为法规系统的运作

上文已讲，正激励是促进型立法的特点与优势，文明行为立法的宗

---

[1] ［美］朗·L. 富勒：《法律的道德性》，郑戈译，商务印书馆2005年版，第8页。

旨之一在于推进文明社会建设,自然需要社会成员的积极参与,对社会成员的激励也就成为文明行为促进法律制度设计的重点。正激励表现为提供物质或精神奖励,通过合理的利益诱导,引导行为主体采取法律所期待的行动。为避免正激励设计流于空泛,文明行为促进立法应增强正激励法律规范的可操作性,通过有效正激励的手段,调适文明行为法规系统的运作,实现文明行为立法与促进型立法的结合。一般而言,在地方立法中,正激励与负激励都是存在的,但负激励主要针对的对象是公权力机关及其工作人员,而对于公权力之外的社会成员,虽不乏负激励,却主要以正激励发挥法规的促进作用。因为地方立法具有局域性,所在区域的法律主体本就身处国家法律系统之中,如果地方法规系统对本区域的法律主体再施加过多的法律负担,则难免不引发普遍的抵触,并且,在各种可能的反作用力之下,将使法规的实施效果大打折扣,使得耗费成本的立法最终得不偿失,极端情况下甚至不得不将其束之高阁直至废止。

显然,如果某些地方立法存在上述现象,其本质上是激励错位的结果。激励错位在法条外观上表现为道义助动词混用。道义助动词在规范语句中表达着立法者的态度取向,根据规范力的不同,可分为"命令式道义助动词"与"允许式道义助动词"。前者如"应当""必须""禁止"等,具有强制力,若违反含有此类道义助动词规范语句中的规定将承担不利法律后果;后者如"可以""倡导""鼓励",意味着行为主体有自由选择的权利。道义助动词混用主要表现为在倡导性规范中使用了命令式道义助动词,比如在某些城市的文明行为促进立法的实体法规范中,较多地使用了类似"国家机关工作人员不得工作作风松弛散漫""学生应当刻苦学习""窗口单位工作人员不得迟到、早退"[①] 之类的表述,却未对违反文明行为规范的这些行为作出任何法律责任上的规定(实际上也很难规定)。在本应属于倡导性规范的条文中使用命令式道义助动词,法律实践中会导致认识混乱,无法为社会成员的行为提供正确的行为模式。另一方面,如果在促进型立法中真的将这些负激励手段落实下去,在法

---

① 《营口市文明行为促进条例》,第十条、第十一条、第十二条。

律实施效应的发挥中过度依赖在立法时超量设置负激励性条文，认为非严罚不足以"促进"，则最终将使促进型立法名实不符，变成事实上的管理型立法。促进型立法的本质与属性决定了正激励应是促进型立法的主要激励手段，正激励适应文明行为促进的需要，能够在立法技术上恪守公共领域与私人领域的界限，不致对私权构成无谓干扰，它对相关法规系统所起到的调适作用，能够使文明行为立法与促进型立法实现结构上的耦合。

（二）充分发挥软法功能

软法最早源自国际法领域，后被用来解释现代政府角色的转变。对于软法的界定，国内学术界目前尚未形成一致的意见。按照卢曼的法律自创生理论，法律源自于社会共同体成员的沟通，为使沟通能够满足共同体多数成员的意志以维系共同体的稳定运行，通过合法/非法的二值代码形式来确定意志和规范预期便成为必要。法律由此展开，自成一体性的法律系统便开始生成和运作，其整体呈现一定程度的封闭性。同时，自我、他我和其他主体的行动及其他社会系统构成法律系统的外部环境，法律系统通过认知上的开放不断调适自身以适应环境的变化而日益复杂和完善。它既逻辑自洽，也与外部环境互动互通。[①]

软法通过将共同体认可或希望的行为设为合法，将共同体反对或不提倡的行为定为非法，以成文规则的形式来规范和引导共同体成员的行为。由于软法调整的对象是共同体成员的行为，则道德尚称不上为软法，而又由于软法的制定主体呈现多元化，它的形成是多方主体互动的结果，故软法带有鲜明的社会性色彩。同时，由于软法终究是因制定而呈现，所以民间习俗、商事习惯等不成文规则不应属于软法。不过，软法虽为成文规则，但软法的实施机制是相对柔性的，这也正是软法之名的由来，而且，软法源于自创生系统共同体成员的协商，并非"硬法"那样体现了较强的国家意志，尽管后者在制定中通常也是体现了不同程度的协商民主的。因此，软法具有明显的公共性与社会性。这便能解释地方立法中促进型立法特别是文明行为促进立法占比较高的原因，因为这类立法

[①] ［德］卢曼：《社会的法律》，郑伊倩译，人民出版社2009年版，第20页。

能够有相对充分的民意参与，整个立法环节均能吸纳社会各界意见的反馈，有着广泛的社会参与度，更能对当地的社情民情有准确把控，能够通过有针对性的立法以解决当地的现实问题，并能得到当地社会公、私两类主体的普遍支持以保障法规实施的效果。

软法的实施机制主要有三个方面：一是依靠内部监督、道德自律和社会舆论所产生的社会压力让共同体成员自觉遵守；二是依靠激励机制，借助利益诱导来促使共同体成员做出某些行为；三是通过内部违法责任来保障规则的有效性。相较于管理型立法，促进型立法带有更多"软法"的色彩，其条文中高频出现"鼓励、倡导、引导"等字样，同时采取奖励机制以促进条文实施。促进型法规中不乏责任条款，但只是作为辅助手段而存在。不同于管理型立法的事后治理机制，促进型立法建立的是一种事前防范的法律机制。由于当前各地的文明行为促进法律规范主要以地方立法的形式产生，其效力范围是有地域性的，这也使文明行为立法的软法属性更加明显，并给其作用的发挥留有较之传统管理型立法更大的空间。

（三）公权力机关责任的综合化与其他主体法律责任的相对弱化

法律是关于义务责任的规范性文件，甚至对于整个法制，也可以视为是关于权利、义务与责任的规范性体系。事实上，自法律诞生以来，义务责任就作为法律的主题贯穿至今，几乎所有的法律都会突出义务责任这一中心。这种局面到当代开始改变，无论文明行为立法还是促进型立法，它们在义务责任的问题上表现出了新的特征，改变了传统立法单纯强调或者突出法律义务与责任的传统，代之以责任的综合化与法律责任的相对弱化。

由于促进型立法强调公权力机关特别是政府的主导性，使政府成为了促进型法律规范中的重要法律主体，正如前文所言促进型立法的主要特征：强调政府主导、政策色彩浓厚，促进型立法必然规定大量的政府职责，把政府作为法律实施的核心主体。文明行为促进立法虽然针对城乡居民和相关企事业单位等社会主体设定了大量行为规则，但这些规则主要以非义务性的倡导性和鼓励性规范为主，以提升城乡居民文明素质和社会文明程度为目标的文明行为促进工作，是需要一个党委统一领导、政府组织实施、各方分工负责、全社会积极参与的长效机制的。也因此，各地的文明行为促进法规中，一般都明确规定了各级人民政府及其工作部门、人民团体、具有管理公共事务职能的组织在文明行为促进工作中的相关职责，普遍要求国家机关、人民团体、企事业单位、其他社会组织和个人均应积极参与文明行为促进工作。

由于促进型立法强调政府的服务功能，同时，也由于促进型立法的阶段性、补充性和政策性，使得促进型立法中公权力机关的责任通常是一种综合责任机制，包括法律责任、道义责任、社会责任和政治责任。故此，在文明行为促进立法中，通常会较为具体地规定各级人民政府及有关部门应当科学规划、合理布局的相关公共服务设施，会较为明确地规定财政部门、教育行政部门、公安机关、城市管理执法部门、住房和城乡建设主管部门、交通主管部门、民政部门、互联网信息主管部门、商务、营商环境建设等主管部门、文旅广电主管部门、卫生健康主管部门等应当着重加强履行的文明行为促进相关职责。而各级公权力机关及下属相关部门一旦不履行文明行为促进法定职责，特别是推诿、拖延、懈怠不履行法定职责、不正确履行法定职责或者违法履行职责，在我国的政治体制下，相关责任主体会因此承担政治责任、社会责任、道义责任甚至法律责任，这样的一个责任承担机制，运行在我国现行的政治、法律、社会系统之内，并与我国的国情相适应，在很大程度上体现出了其有效性。正因此，文明行为促进立法一般不会在法条中具体地写明，如果违反了相应法定职责，各级公权力机关及下属相关部门应当承担哪些责任。

在文明行为促进立法中，不仅公权力机关责任的问题比较特殊，有关非政府机构的法律责任的规定相对于其他立法而言相对弱化得多。这与促进型立法对其他主体的规范方式有关。促进型立法在规范设置上通常包括三种方式：一是倡导性规范要求，法律制定特定的标准或行为模式作为行为主体遵循的依据，但不规定违反倡导性规范的法律责任，所以倡导性规范不具有强制性；二是鼓励性规范要求，行为主体可以根据自身的实际情况自愿选择是否按照立法的要求作为，法律不做强制性要求，只是鼓励行为主体依法作为；三是强制性规范要求，立法要求行为主体必须按照法律规范的要求作为，否则将承担相应的法律责任。促进型立法中主要是倡导性规范和鼓励性规范，即鼓励性条款相对较多，强制性条款相对较少，这样，在法律责任的规定上就只涉及违反强制性规范所应承担的法律责任。对于以文明行为促进立法为代表的促进型立法而言，对于促进型立法来说，不能够恪守传统法律的设范模式，不能因其规定的法律责任太少甚至不规定法律责任而否认这类立法的必要性，相反，如果囿于传统法律的设范模式而在这类立法中强行加入大篇幅的法律责任，反而歪曲了文明行为促进立法的本意，使其丧失了本应具有的灵活性和政策性。

第三节　文明行为促进立法的基本原则

2015 年以来，各地的文明行为促进立法已达 207 部，然而，地方立法的积极性不能冒进为立法的冲动，对法治和法律的尊重，不能仅表现为法规数量的增加，还应体现在对法治相关原则要求的遵守与贯彻，知其可为而为之，选择适当的法律调整方式去调整所需调整之行为。文明行为促进立法亦不能沦为跟风的产物，为了立法而立法，甚至在立法上人云亦云，随意抄袭他地立法敷衍了事。既然当前文明行为促进立法多以地方立法为主，是一城一地之法，与当地的日常社会生活密切关联，关系到地方行政机关和执法人员行政执法的合法性，关系到群众一点一滴的切身利益，因此，对文明行为促进立法基本原则的设定要求就应更加严格，从而推动文明行为促进立法的有效性和规范化，以维护法律的公信力与权威性。

一　不抵触上位法原则

不抵触上位法原则是文明行为促进立法所应遵循的首要原则，也是维护国家法制统一、规范地方立法的一条"红线"。不抵触原则是立法领域的特有原则，它要求下位法不得与上位法发生抵触，严格遵守法律的上下位阶关系，既要避免下位法与上位法的直接冲突，也要避免出现下位法突破上位法法律保留的僭越，避免出现下位法缩小上位法适用范围的懈怠与放纵。由于地方立法权限空间相对有限，具有立法权的地方立法机关，在"问题导向"的立法理念支配下，又背负着来自地方政府和社会公众对于解决当地某领域突出问题的双重期望乃至压力，总是希望能制定出一些具有一定地方特色、能发挥明显治理效能的地方法规来。这种强烈的主观意愿使得地方立法机关能否在地方立法活动中坚守住不抵触原则，成为对地方立法机关立法能力的重要考验。

对于文明行为促进立法而言，不抵触原则要求地方立法机关在进行立法时不得与上位法的立法目的、基本精神、原则及明文规定相抵触，不得作出应当由上位法规定的事项。文明行为促进立法是以培育和践行社会主义核心价值观、规范和促进文明行为、提升城乡居民文明素质和社会文明程度为根本目标的，正因此，文明行为促进立法必然涵盖了城市管理和社会治理的各个主要方面，其立法的技术难度和复杂性超过了一般性的地方法规，使得文明行为促进立法在不抵触原则的把握上也面临着更大的难度。如果为了彰显文明行为立法的"地方特色"，将上位法的相关规定有意作扩张性解读，试图突破地方立法权限，以致逾越上位法底线，这样的立法行为不仅冲击了中央和地方立法权划分的制度秩序，而且在我国现行的立法审查机制之下，此种博弈性行为最终也将是徒劳无益的。不过，如果机械局限于不抵触原则，立法上保守消极，唯恐越雷池半步，又将使文明行为促进立法不免在各地立法间彼此照抄照搬，相互重复立法，浪费立法资源，最终失去了文明行为促进地方立法存在的价值。正所谓"不惹毛病的立法没有用，有用的立法惹毛病"。综上，若要使文明行为促进立法有效遵循不抵触原则，又不至因此而使立法活动畏手畏脚，就应坚持依法立法，科学判定不抵触原则的坐标，防止文明行为促进立法避重就轻、趋左偏右，防止在立法中掺杂进地方保护主义和长官意识，真正运用法治思维和法治方式对待文明行为促进立法活动。

二 可操作性原则

可操作性是文明行为促进立法质量的根本保证，若无可操作性，则一部文明行为促进立法几同一纸空文。可操作性要求文明行为促进立法在形式上，应语言明了、技术规范、条款协调，在内容上，要符合法理、符合本地实际、符合客观规律、符合法制统一的要求。我国国土疆域辽阔，各地风俗情况各异，经济社会发展、社会生活水平存在不平衡，东部地区和西部地区、沿海地区和内陆地区、经济发达地区和欠发达地区、一线城市和二三四线城市之间社会文明发展程度亦不尽相同，全国性的文明行为促进立法不易顾及到地方的具体问题和特殊问题，因此，各地先行进行立法创新，结合本地区社会文明发展状况，制定符合本地区需求、具有地方特色和可操作性的文明行为促进法律规范具有现实意义。基于此，在文明行为促进立法的过程中，应坚持以人民为中心的发展思想，将服务中心大局、提升城乡居民文明素质、因地制宜、实施导向作为重要的出发点。比如，在人口流动性较大的城市，在进行文明行为促进立法时，应充分考虑到城市人口增容、新市民的融入、城市发展布局等因素的影响，科学制定文明行为促进法律规范。

文明行为促进立法的聚焦点是文明行为，是旨在对文明行为进行倡导与鼓励，对不文明行为予以否定和禁止，因此，文明行为促进立法秉持可操作性原则，即应在法律规范中提供明确的行为指引，并回应群众的关切，对当地反映最为强烈的焦点问题，提出明确的解决路径，当立则立，当禁则禁。前文已述，当前我国文明行为促进立法主要体现在设区的市这一层级的地方立法中，由于各地的经济、社会、文化等领域发展速度不一，风土人情各异，他地可行的规范性规定若直接移植过来，未必与本地市情民情相适配。所以，可操作性原则意味着文明行为促进立法须立足本地，虽不必刻意追求"地方特色"，但总该能用来解决本地实际问题，至少应使包括相关法律的主体能够从文明行为促进立法的规定中明确地解读出自身需要承担哪些义务、享有哪些权利、履行哪些职责，以及由此可能产生哪些法律后果。

显然，对于一部成熟的文明行为促进立法，可操作性原则是应该贯穿始终的，它要求文明行为促进法律规范不仅能消除守法上的模糊空间，还应降低执法与司法的成本，既要使法条便于实施和操作，又要避免公权力过度扩张，同时还要避免法律被部门利益化，甚至沦为行政权力的附庸。考察当前我国各地的文明行为促进立法，可操作性强的文明行为促进法律规范往往存在着如下特征：一是法律调整的范围和适用对象明确具体；二是语言表达清晰规范，简洁明了；三是法律条文逻辑清楚，框架科学，奖罚适当；四是法律规范规制合理，贴合实际，具体可行。

三　倡导、鼓励与禁止性规范相结合原则

文明行为促进立法应秉持倡导性规范、鼓励性规范与禁止性规范相结合的原则。在行为模式与法律后果的对应上，文明行为促进法律规范中的禁止性规范通常都对应有法律责任，尽管有些属于转致性规定。但正如前文多已述及，文明行为促进法律规范有着自身的特点，而这些特点中，其重要表现之一即是法条中存有相当篇幅的倡导性规范，这就使得文明行为促进法律规范的行为模式和法律后果之间往往不具有逐一的对应性。传统法律规范完整的逻辑结构包括行为模式和法律后果，两者只有一一对应方能实现法的规范作用。但是倡导性规范意在提倡和引导法律关系主体采取特定的行为模式，明显有别于任意性规范和强制性规范，几乎不具备明确的执行力，既非赋予权利，又非设定义务，能发挥作用主要靠主体的自觉，自然就谈不上在法律规范中对应有何等的法律责任或法律后果。一些学者将倡导性规范视作是"僵尸性条款"，虽在称谓上略显刻薄，却点出了倡导性规范体现到法律条款中缺乏明确对应法律后果的尴尬境地。然而，不可否认的是，倡导性规范在营造法治社会氛围、提升公众法律素养方面有着积极而不可替代的作用。倡导性规范体现了立法机关在立法目的上对构建社会秩序进行积极主动引导的立场与态度，它不同于强行性规范和任意性规范所表现出来的立法机关对社会秩序的消极维护，因而也就能更有效地消减公众的抵触态度。一般而言，公众对于一部在较广范围调整社会生活秩序的新立法，无外两种主要态度：一是希望此法能禁奸止暴，遏制失德；二是不愿此法过度限制自身已有的自由，徒增更多法律义务。文明行为促进立法如果在法条中设置过多强制性规范和禁止性规范，则公众的这两种意愿恐都将落空。一则强制性规范和禁止性规范的设置一旦超出行政机关和执法者的能力负荷，公众会更增"有法不依"或"执法不严"之感，二则大量的强制性规范和禁止性规范会让公众有强烈的被剥夺感，进而对法律规范心生

反感，消解立法的公信力。倡导性规范身负立法的权威性，又能搭乘文明行为促进法律规范在施行前后所赢得的高度社会关注和宣传推广的"便车"，能够将相应价值观和道德理念在较短的时间内深入人心，因而它的存在，绝不是文明行为促进立法资源的浪费，其作用也绝非可有可无。即便倡导性规范不能满足行为模式与法律后果的对应性，也无损于文明行为促进法律规范的逻辑结构。

至于文明行为促进法律规范中的鼓励性规范，比如对社会公益、志愿服务、见义勇为、无偿献血等行为的鼓励，如果从上述行为行为者的角度来验证此种鼓励，则又难在同部法律规范中找到对应的法律后果。但就此便得出鼓励性规范中的行为模式与法律后果不相对应的结论，却不免草率。文明行为促进法律规范中对上述行为的鼓励，实质上是对公权力机关特别是政府以及社会组织的行为要求，即要求政府和社会组织采取积极措施去激励这类行为。如此，鼓励性规范中的行为模式自然就能建立起与法律后果的对应关系，因为政府如不采取相应的激励措施，便等于未尽到法定职责而因此承担行政法上的法律后果，甚至有些地方性的文明行为促进立法在条款中直接写入了此种法律后果。比如以《盘锦市文明行为促进条例》对见义勇为行为的鼓励性规范为例，条例的第三章"职责与保障"中，明确规定"对见义勇为和紧急现场救护中表现突出的人员，相关部门应当给予表彰奖励。"换言之，相关公权力部门若不给予见义勇为和紧急现场救护中表现突出的人员表彰奖励，则属于失职，需承担相应的行政责任。此种责任即便没有体现在文明行为促进法律规范中，也是一种隐性的法律责任转致。

毋庸讳言，部分现行文明行为促进法律规范的行为模式在表述上过于概括，以致对社会成员行为的指引力不足。法律终究是一种行为规范，指引社会成员的行为是其基本职能。但法律的指引作用需要其具有相当的明确性，否则，社会成员是无法遵循一个抽象的行为模式的。不过，需要指出的是，这些相对言简意赅的行为模式表述，大多属于文明行为促进法律规范中的倡导性规范。立法在设计倡导性规范的行为模式表述时，必然要采取谨慎的态度。如果表述过于详细甚至近乎琐碎，则失却了倡导的基本要义，倡导都是大而化之的，对细节问题细致入微地"倡导"，实际上就成了"劝说"，动用立法资源大动干戈"劝说"一件"小事"，还不如在社区张贴标语来得直接。再者，倡导性规范所包含的行为模式如果表述过于具体，不可避免地会受到来自公众的考察与比对，如果倡导了一段时间而收效甚微，法律的尊严将荡然无存，说了倒不如不说。显然，这都是文明行为促进立法中必须考量到的技术问题。

然而，对于文明行为促进立法中的鼓励性规范与禁止性规范，其行为模式的表述则需要明确而清晰。鼓励性规范有行政机关的职责要求作为保障，而禁止性规范所涉皆是公众关心关切的具有普遍性的不文明行为和社会性的失德问题，如果避重就轻，一笔带过，就将使文明行为促进立法变成了大号的市民公约。当然，同样出于立法技术的考量，对于上位法已有规定且当地并不突出的问题，文明行为促进立法不必加以规定，避免重复立法；对于上位法规定不明确，且当地现阶段强行禁止有较大难度的事项，从法规执行的可操作性层面考虑，也不宜作相应规定，可留待修法时加以完善。

另一方面，法律后果是法律主体的行为因是否符合法律规范所设定的行为模式而招致的法律反应。法律后果可分为肯定性法律后果与否定性法律后果。由于文明行为促进立法很难对一定行政区域或地域内社会中的典型不文明行为视而不见，且文明行为促进立法往往又是地方立法中民意得以反馈最多的一部立法，公众总是基于朴素的意愿希望尽可能多地在文明行为促进立法中写入对不文明行为的禁止性规定，因此，文明行为促进立法针对这些公众反映强烈的不文明行为的规制，当以禁止性规范为主，其对应的法律后果一般是否定性的。同时，文明行为促进立法也需要设置适当的肯定性法律后果，但此种设置不宜泛化，通常应限于那些道德水平相对较高的文明行为，再高则应由道德规范调整而不应入法，而过低则应以否定性法律后果为宜。

四　界限原则

2015 年以来，我国地方立法主体大幅扩容，拥有地方立法权的省级以下地方立法机关现已超过了 300 个，是 2015 年前的六倍多，这固然是全面深化改革和全面推进依法治国的必然要求，但也同时带来了如何避免地方立法权被滥用、保障地方立法质量等新的问题与挑战。文明行为促进立法由于调整范围几乎覆盖了社会生活的各个层级，且所涉及的社会关系繁密而复杂，在立法操作上就应采取更谦抑的态度，对立法质量就应有更严格的要求。因此，文明行为促进立法应恪守界限原则，文明行为促进立法应当严格限定所调整的"文明行为"的内涵与外延，限定所调整的范围，不因治理权力扩张的诱惑而刻意模糊法律与道德间的界限，不对个体的思想、非义务性的道德行为和与公共秩序无涉的个体行为进行法律规制。

马克思曾说："凡是不以当事人的行为本身而以他的思想作为主要标准的法律，无非是对非法行为的实际认可。"[1] 当然，法律调整并非与思想、意志无关，因为任何法律上的行为都是主体意志支配的行为，行为是意志的表现或表达。在对行为的法律调整中，意志是一个根本的内在要素，只有在有行为表现的情况下，意志才被结合进来成为法律考虑的对象。在文明行为促进法律规范中，无论是其倡导、鼓励还是禁止的各类行为，无论其属于法律所认可的文明行为还是法律所否定的不文明行为，所有立法中的着眼点都在于行为规则。比如，在《盘锦市文明行为促进条例》第九条第一项中有倡导"抵制不良思想和腐朽文化"的规定，即便讲的是倡导，此处也并非意指倡导法律主体不要有"不良思想"或在思想上沉迷于"腐朽文化"，而是倡导相关主体以实际行动抵制不良思想和腐朽文化，指向的仍是主体的具体行为，这无疑是法律在应对道德问题时的常规做法，并未突破法律在道德、思想、伦理间的界限。实际上我国《宪法》在涉价值观和道德问题的法律调整上早已做出了示范。如《宪法》第二十四条中"国家倡导社会主义核心价值观，提倡爱祖国、爱人民、爱劳动、爱科学、爱社会主义的公德"，其实就是对国家这个特殊的法律主体在行为上的要求，是一种行为调整，即要求国家去倡导、提倡相关的价值观和道德。

---

[1] 《马克思恩格斯全集》第1卷，人民出版社1995年版，第120页。

第三章　文明行为促进立法的本土资源

第一节　文明行为促进立法与德治的现代传承

一　传统德治的基本内涵

（一）"德"之义

朱熹在给《论语》作注时阐释道："德者，得也，得其道于心而不失之谓也"①。在古人看来，"德"的要义在于"得其道"，它要求人将上自天道的自然规律下至人道的伦理规范内化于心，并能持之以恒地保持下去而不丢弃。早在周代，"德"便兼含了天道与人道两重之义。庄子曰："物得以生谓之德。""形非道不生，生非德不明"②。管子则认为："德者，道之舍，物得以生生，知得以职道之精。故德者得也。得也者，其谓所得以然也"③。他们将德视为自然之道（天道），是事物从天道所得的特殊规律或者特性，也是天道在具体事物上的体现。而《左传·文公元年》中讲道："忠，德之正也；信，德之固也；卑让，德之基也。"《左传·文公十八年》进一步阐明："孝、敬、忠、信为吉德，盗、贼、藏、奸为凶德。"此处的德即有人伦道德的含义。因此，孔子倡导"为政以德"，主张"德治"。但孔子并不苛求私德，孔子曰："大德不逾闲，小德出入可也"④。孔子还将道与德互解，认为道与德字义可以相通："夫道

---

① （南宋）朱熹：《论语集注》，郭万金编校，商务印书馆2015年版，第252页。
② （战国）庄周：《庄子》，中华书局2016年版，第340页。
③ （春秋）管仲：《管子》，中华书局2016年版，第270页。
④ （春秋）孔子：《论语·颜渊》，陈晓译注，中华书局2016年版，第160页。

者,所以明德也;德者,所以尊道也。是以非德道不尊,非道德不明"①。后世,人们逐渐将道与德连用,演化出了"道德"一词。

马克思主义认为,道德是在一定社会经济基础之上产生的、人类社会特有的一种社会意识形态,它反映着一定经济、政治、文化、社会、生态发展的客观要求,并为一定经济、政治、文化、社会和生态发展服务,是人们共同生活和行为的准则和规范。习近平总书记指出:"国无德不兴,人无德不立"②。道德概念和道德观是中国传统文化的重要支点,西方文化的源头尚智,印度文化的源头崇神,而中华文化的源头则是明德。西周早期,"德"主要指向的是政治美德和政治伦理道德,它的作用范围仅限于贵族阶层,尚未具有普世性的规范功能。春秋之后,随着人文思潮的日益兴起,"德"不再为贵族阶层所专享,它所面向的对象范围和所涉及的领域更为广泛,"德"的神圣性逐渐淡化,"德"观念中理性的、道德的因素在西周原有的基础上进一步积蓄和成长起来,具有了更为普遍的道德规范意义。特别是由于春秋后期,"礼"概念的出现,使"德"卸下了部分政治功能,其意涵开始更多地转向伦理与道德范畴。其中为代表的,便是孔子从"德"中拣选出"仁"并以其构建理论体系。自此,"德"逐渐与"道德"同义并与治理结合形成了"德治"这一概念。

(二) 中国古代的德治内涵

早在武王伐纣兴周灭商之后的周代初创期,摄政的周公(姬旦)便提出了"德惟治,否德乱"③。意谓以德治国则天下大治,反之则天下大乱。在中国历史上,这是较早提出"德治"的理念了。在此之后,类似的表述不断出现。《左传·僖公三十三年》中讲道:"德以治民,君请用之"。这是臼季(胥臣)向晋文公举荐郤缺(冀缺)时所说的话。臼季认为郤缺夫妇能做到相敬如宾,必有德行,德是治理百姓时所应推崇和遵行的价值观,因此请求晋文公任用郤缺。晋文公后来果然起用了郤缺,事实上等于接受了臼季的观点。而郤缺后来执掌晋国国政,奉行德治,

---

① 《孔子家语》,王国轩、王秀梅译注,中华书局2014年版,第79页。
② 《习近平谈治国理政》第1卷,外文出版社2018年版,第168页。
③ 《尚书》,王世舜、王翠叶译注,中华书局2012年版,第307页。

主张对内"务德",对外"示德",虽然郤缺执政时的"德"主要是政治伦理之德,有别于他早年对外表现出的私德。孔子是将德治思想明确化和体系化的开创者。《论语·为政》有云:"道之以政,齐之以刑,民免而无耻。道之以德,齐之以礼,有耻且格。"孔子认为,镇压与严刑峻法只能压制人的行为,欲求得民众行动的自觉,就需以道德感化人心。孔子进一步指出:"不教而杀谓之虐;不戒视成谓之暴;慢令致期谓之贼"①,反对不教而诛。经由孟子及汉之后儒家学者的传承,德治成为儒家的基本主张之一,并成为后世王朝重要的统治形式。

德治有别于人治。实际上,不同于德治,中国古代从未出现过明确的"人治"提法或概念。不过,由于中国古代长期处于专制社会状态,专制固有的人治属性,使得人治的模式和特点不可能不在古代文献中有所反映。《礼记·中庸》中讲道:"文武之政,布在方策。其人存,则其政举;其人亡,则其政息。"讲的就是人治人存政举人亡政息的特点。《中庸》又言:"故法不能独立,类不能自行。得其人则行,失其人则亡"②。孟子则认为:"君仁莫不仁,君义莫不义,君正莫不正,一定君而国定矣"③。由于这种意义上的人治,内涵上接近于柏拉图式的"贤人政治",它与德治理念相近,与法家的法治也并不冲突,因此可以将其视为是德治的变种,本质上仍属于德治,即依靠贤人之德治理社会。现代人所界定的中国古代的人治实则是君主专制的统治模式,在这个模式之下,统治手段中法治多一点还是德治多一点,既取决于统治者的喜好,也取决于特定时空下占据上风的某种统治阶级意识形态。后一种人治与德治有着明显的区别,自不能混为一谈。梁启超讲:"儒家此种政治,自然是希望有圣君贤相在上,方能实行。故吾侪可以名之曰'人治主义'"④。"(儒家政治思想)吾名之曰:'人治主义'或'德治主义'或'礼治主义'"⑤。梁启超将人治与德治、礼治视同为一个概念,同时又对其加以批判以推崇法治,其实是混淆了儒家的德治与专制的人治。德治的重点是

---

① 《论语》,陈晓芬译注,中华书局2017年版,第162页。
② 《礼记》,胡平生、张萌译注,中华书局2017年版,第355页。
③ 《孟子》,方勇译注,中华书局2017年版,第216页。
④ 梁启超:《先秦政治思想史》,东方出版社1996年版,第95页。
⑤ 梁启超:《先秦政治思想史》,东方出版社1996年版,第77页。

以德治国，其推行虽需贤德之人来胜任，有别于法治的凡事靠法不靠人，人贤不贤不要紧，能执行法度就行，但是，德治是治人以德，法治是治人以法，人治则是治人以统治者的利益和心情。人治在平时尚能拿大义作旗号，可一旦利益或者心情所至，那便是既不讲德，亦不依法，全不顾廉耻和规则，只靠权力作最后的压制手段，这样的人治岂能同德治相混同？可悲的是，在中国古代的大部分时间里，德治的理论体系虽能够发展得华丽灿烂，却常常沦为王朝装点门面的工具，成为人治之下缓和社会矛盾的一种选择性手段，无法跳脱服务于君主专制的最终命运。

（三）德治的当代意涵

德治既是中华民族的传统智慧，也是中国共产党治国理政的主要方式之一。作为当代中国特色国家治理方式的德治即"以德治国"，其意是指在中国共产党的领导下，通过有计划、有目的、有组织的思想道德教育活动，使全体人民自觉遵守社会主义、共产主义道德规范，共同维护经济政治文化社会生态秩序和和谐友好人际关系的治理实践活动。习近平总书记强调："必须坚持依法治国和以德治国相结合……治理国家、治理社会必须一手抓法治、一手抓德治，既重视发挥法律的规范作用，又重视发挥道德的教化作用，实现法律和道德相辅相成、法治和德治相得益彰"[①]。2021年，中共中央、国务院发布的《关于加强基层治理体系和治理能力现代化建设的意见》提出，用5年左右时间"建立起党组织统一领导、政府依法履责、各类组织积极协同、群众广泛参与，自治、法治、德治相结合的基层治理体系"。回望百年历史，中国共产党始终坚持马克思主义的道德观，在守正创新中不断丰富和发展马克思主义德治思想，为中华民族站起来、富起来到强起来提供了强有力的思想道德支撑。

二 德治与法治的融合

（一）德治与法治关系的历史渊源

德治与法治是两种互补的社会控制模式，它们之间的关系并非只是道德与法律关系的延伸，而是有着逻辑上的相容关系和历史经验语境下

---

① 《习近平谈治国理政》第2卷，外文出版社2017年版，第116页。

深厚的文化渊源。中国古代的德治,至少可追溯至周代。文王修德,周公制礼,文王之德,成于武王伐纣之前,赋予了周取得天下的合法性——天命所归,周公之礼,凝合了克殷之后的四裔万邦,奠定了周乃至中华文明的根基。周之德治,使其享祚八百年,即便春秋以后,王室衰微,孔孟等儒家先贤仍对其钦迟向往不已,这便是文化的力量。西周之时,德法二分,德是天地、万物、民众的纽带,周人"以德配天,敬德保民,明德慎罚",把德治的思想推向了极致。因此可以说,周代的德治思想是对夏商以来神鬼崇拜、天命有恒观念的革命。

"礼者禁于将然之前,而法者禁于已然之后"[1]。德、礼、法三者,自周代开始,便始终共生于国家与社会治理的政治系统之中。实际上,中国古代史上,最早并无"法治",依靠国家强制力以维护统治秩序的是"刑治"。但看先秦典籍中,论及三代,有"刑"而无"法"。如《周礼·秋官·大司寇》明确讲道:"大司寇之职,掌建邦之三典,以佐王刑邦国,诘四方。一曰,刑新国用轻典;二曰,刑平国用中典;三曰,刑乱国用重典。"显然,上古之法,以刑为中心,主要用来对付异族以及本族中祸乱纲常、侵财害命者。而刑本身带有浓烈的战争意味,先古时代,法律与战争的关系,在华夏语境中,基本上就是刑与兵的关系。按《汉书·刑法志》载:"黄帝以兵定天下,此刑之大者。""圣人因天秩而制五礼,因天讨而作五刑:大刑用甲兵,其次用斧钺;中刑用刀锯,其次用钻凿;薄刑用鞭扑。"《辽史·刑法志》亦云:"刑也者,始于兵而终于礼者也。鸿荒之时,生民有兵,如蠢逢蠚,自卫而已。蚩尤惟始作乱,斯民鸠义,奸宄并作,刑之用,岂能已乎?帝尧清问下民,乃命三后恤功于民,伯夷降典,折民惟刑。故曰刑也者,始于兵而终于礼者也。"

但是,刑之酷烈,兼之以统治者的倒行逆施,终究会使王朝一次次倾覆于民众的反抗与新兴势力掀起的革命之中,比如汤武革命。因此,为了论证周代商的合法性,周人强调"天命靡常","皇天无亲,唯德是辅"[2],在继续强调天命的基础上,表现出了对道德的明确诉求。同时,为了与殷商划清界限,西周统治者主张"明德慎罚",即以德治教化感化

---

[1] (东汉)班固:《汉书》,现代教育出版社2011年版,第88页。
[2] 《左传》,郭丹译注,中华书局2016年版,第170页。

民众，臣服天下，在适用法律和实施刑罚时审慎、宽缓，不靠严刑酷罚逼人就范。在这个原则之下，周代形成了德主刑辅的德治与法治次序关系，并对后世产生了深远影响，甚至成为中华法系的主要特征之一。

孔子进一步阐释了德治与法（刑）治的关系，《孔子家语·刑政》中讲："圣人之治化也，必刑政相参焉。太上以德教民，而以礼齐之。其次以政焉导民，以刑禁之，刑不刑也。化之弗变，导之弗从，伤义以败俗，于是乎用刑矣"。在孔子看来，刑是道德教化无效之后的兜底手段而非首要手段，刑罚只能制裁违法的客观行为，却无法直接树立守法的主观意识，这种被动的治理模式并不能消除未来的潜在违法，只有陶养人民的实践理性，使人能够从生命总体的提升来形成礼义仁德之教养，才能树立规范自身行为的自觉意识，完成由迫于客观规范的外在压力到提高自身修养的内在动力的转化过程。不仅如此，孔子还指出了德治连接法治的路径——教化。《论语·子路》中记载："子适卫，冉有仆。子曰：'庶矣哉！'冉有曰：'既庶矣。又何加焉？'曰：'富之。'曰：'既富矣，又何加焉？'曰：'教之。'"孔子并不反对重刑主义，在其与子贡的对话中即反映了这一点："殷之法，刑弃灰于街者。子贡以为重，问之仲尼。仲尼曰：'知治之道也，夫弃灰于街必掩人，掩人，人必怒，怒则斗，斗必三族相残也；此残三族之道也，虽刑之可也。且夫重刑者，人之所恶也；而无弃灰，人之所易也。使人行其所易而无离其所恶，此治之道'"[1]。孔子反对的是不教而诛。《荀子》中记载了这样一个案件："孔子为鲁司寇，有父子讼者，孔子拘之，三月不别。其父请止，孔子舍之。季孙闻之，不说，曰：'是老也欺予。语予曰：为国家必以孝。今杀一人以戮不孝！又舍之。'冉子以告。孔子慨然叹曰：'呜呼！上失之，下杀之，其可乎？不教其民，而听其狱，杀不辜也。三军大败，不可斩也；狱犴不治，不可刑也，罪不在民故也。嫚令谨诛，贼也。今生也有时，敛也无时，暴也；不教而责成功，虐也。——已此三者，然后刑可即也'"。此案例中，季桓子主张杀一儆百，以儆效尤，孔子则认为未经教化便直接诛戮，无异暴政，无助于使人心向善，从思想意识上解决根本问题。《孔子家语》

---

[1] （战国）韩非：《韩非子》，中华书局2010年版，第235页。

有言:"既陈道德以先服之,而犹不可,尚贤以劝之;又不可,即废之;又不可,而后以威惮之。若是三年,而百姓正矣。其有邪民不从化者,然后待之以刑,则民咸知罪矣"。

秦汉以后,儒法由对立而走向互补,德治与法治并举的观点成为主流价值观。西汉董仲舒提出:"前德而后刑""大德而小刑""为政而任刑,谓之逆天,非王道也"①。唐代白居易认为:"夫刑者,可以禁人之恶,不能防人之情;礼者,可以防人之情,不能率人之性;道者,可以率人之性,又不能禁人之恶。循环表里,迭相为用"②。至宋,朱熹提出德礼、政刑乃相互依存之关系,不可偏废:"愚谓政者,为治之具。刑者,辅治之法。德礼则所以出治之本,而德又礼之本也。此其相为终始,虽不可以偏废,然政刑能使民远罪而已,德礼之效,则有以使民日迁善而不自知。故治民者不可徒恃其末,又当深探其本也"③。

纵观中国古代的德治与法治关系史,倡行德治能够在一定程度上唤醒民众自觉的道德意识,使民众在从畏服到心服的过程中完成了行为模式从外在压力到内在动力的转换,并且,德治相对注重人文关怀,从性情到理性的进程也更加温和;法治则更注重社会规则体系的可操作性和实效性,手段强硬但赏罚分明,能更容易地预测行为的后果。不过,德治与法治作为上层建筑的理论范畴,必然要与所处时代的生产方式相适应,与生产力的水平相匹配。"每一历史时代的经济生产以及必然由此产生的社会结构,是该时代政治的和精神的历史的基础"④。因此,究其根本,中国古代的德治与法治都是专制社会统治者的统治手段罢了,只不过德治会表现得更怀柔、压迫稍为和缓,法治则表现得更为强硬,对民众的压迫更显酷烈。

(二)德治与法治融合的理论依据

需要说明的是,现代意义上的"德治"和"法治"概念是有别于儒家的"德治"和法家的"法治"的。前已说明,经济基础决定上层建筑,

---

① 《春秋繁露》,张世亮、钟肇鹏、周桂钿译注,中华书局2018年版,第131页。
② 谢思炜:《白居易集综论》,中国社会科学出版社1997年版,第207页。
③ (南宋)朱熹集注:《四书集注·论语集注·为政》,商务印书馆2016年版,第302页。
④ 《马克思恩格斯文集》第2卷,人民出版社2009年版,第9页。

德治与法治虽有传统传承，亦受到西学东渐的影响，但其呈现乃至发展终究取决于所处的社会环境和经济格局。处于现代化状态或进程中的国家基本上都推崇"法治"，尽管不同国家的法治在制度设计和价值理念上仍存在着较大差别。这一事物表象的根源在于，对于现代治理而言，法治远比人治更容易操作、更有效率、更具备可预测性和治理中的低风险性。相反，依人而不依法的治理模式，受制于人思想的复杂性、隐秘性和顽固性，导致其治理结果和未来走向较之法治更具偶然性和不可预知性，在治理中存有较高的风险。

新时代中国治国理政的基本方略是依法治国和以德治国相结合，两种方式不可分离、不可偏废，需协同发力，德治与法治并举。现代德治并非人治的变种，更非人治的附庸。现代德治强调坚持人民利益至上，以人为本，管理者应为政以德，依法治理，在社会成员中应弘扬社会主义核心价值观，培育公民道德意识，提高公民道德素质，增强公民道德自觉，以柔性的治理手段配合刚性的制度规范共同推动社会文明进步。因此，现代德治提倡将道德和法律并重，不在主观上划分主次。法治是他律之治，而德治则是自律之治。法治追求的是结果，约束的是社会成员的外在行为，德治关注的是本因，引导的是社会成员的内在思想，借此以规范社会成员的行为，若无法治，德治容易沦为空洞的说教，若无德治，法治不免陷入苛政的泥淖。现代德治是传统德治的发展，但又体现着自身现代性的特质。传统德治在皇权至上的前提下着重强调统治阶层所应具备的道德自律性，推崇仁政，试图发挥道德对民众的教化之力，并以德行作为评判社会治理效果的标准。现代德治则是在法治基础上，充分发挥治理主体的德性修养和德行榜样作用，在引导社会文明向善的同时，充分保护社会成员的私权，尊重个体的独立人格和思想自由，通过改善社会系统的外部环境而不是直接驱使人民以弘扬道德。

因此，使德治与法治相融合，是基于德治与法治各自固有的特质和在社会治理中不可替代的功用，正所谓"法安天下，德润人心"。现代法治是国家治理的重要路径，也是国家制度体系的重要构成，是国家为了维护法的统治地位而对公共权力和公民私权作出的调整，符合社会正义标准的法律体系需要在社会活动中培养法律的权威性，让公民形成必要的法律信仰。现代德治则从道德精神和价值原则上为法律提供必要的支撑,道德所能发挥的独特作用须限定在法治框架内,引导社会成员遵循良好的道德风尚,形成全社会的文明之治。法律的核心价值是正义,其根本要素是法律与道德在价值观上的一致性,法律虽不能将全部的道德标准入法,却至少应坚守最低限度的道德。这意味着,基于德治与法治在价值层面的渊源与关系,无论法治建设多么急迫,都不能将德治与法治割裂开来。摒弃德治的结果,在历史上曾有过典型的例子,即秦国变法以来的秦之法家之治。

（三）德治与法治融合的实现路径

德治与法治作为规范社会成员行为的主要约束体系,同属于社会上层建筑,都是对人的行为进行约束和教化的方式。法治具有鲜明的阶级性、强制性和统一性,它对违反其规则的行为实施事后制裁,并为社会成员提供判断是非的标准,利用其强制约束力促使个体做出理性的行为以趋利避害,并由此实现社会治理的目标。德治则更多地依靠价值理念、舆论环境以及风俗习惯等相对情感或心理层面的法则,更为潜移默化地引导和规范社会成员的行为,并对各种社会关系借由道德规范进行柔性调整和软约束；德治相较法治有着更加突出的事前教化功能,为社会成员提供判断善恶的具体标准,最终实现驱散蔽恶的治理效果。因此,在德治与法治融合的实现路径上,就应遵循德治与法治各自的规律与特点,对不同领域的社会行为与对象,侧重于德治或法治,使两者能够互相补充、互相增进、相得益彰。

其一,坚持依规治党和以德治党相统一。在国家治理现代化和社会文明进步的进程中,无论德治还是法治,关键在于坚持中国共产党的领导。中国人民和中华民族之所以能够扭转近代以后的历史命运、取得今天的伟大成就,最根本的是有中国共产党的坚强领导。在德治与法治相融合的进程中,坚持党的领导是社会主义法治的根本要求,只有在党的领导下依法治国,国家和社会生活法治化才能有序推进,人民民主才能保障,才能真正实现党的领导、人民当家作主和依法治国的有机统一；同时,德治的推行必须有先进的文化和思想理论作为指导,中国共产党所开展的实践,开创了一个前所未有的新环境、新空间、新思想,只有坚持党的领导,才能保证社会主义道德建设的正确方向。习近平总书记指出:"坚持依规治党和以德治党相统一,坚持高标准和底线相结合,把从严治党实践成果转化为道德规范和纪律要求"①。在中国共产党 70 余年的执政实践中,对法治的重视和对德治的创新,与党自身执政能力的提升互为因果。作为执政党,既要依据宪法法律治国理政,也要依据党内法规管党治党。当有些较高的行为规范要求在全社会推行尚不具备实施基础和实施条件时,可以制定党内法规并在党内实施,并不断调整完善,如果未来条件成熟可进行国家和地方立法,从党的层面向全社会层面拓展,从而发挥党内法规对法治的带动引领作用。另一方面,中国共产党建党百年来,积累了丰富的思想教育工作经验,并高度重视党员的党性修养和道德品质建设,能够有效发挥党员的先锋模范作用和道德楷模效应,通过党内德治的外溢效应使以德治党成为以德治国的先导。坚持依规治党和以德治党相统一,两者相辅相成,相向而行,统一于全面从严治党的全过程,只有兼具道德感召力和纪律约束力,才能达到内外兼修、标本兼治的效果。

其二,拓展德治内涵,实现现代德治与现代法治的结合。在新中国成立初期,德治以社会主义的道德标准来对全民进行教育和引导,与传统德治已经有了本质性的区别。传统德治行之于宗法社会的结构之内,处在自然经济和专制政治的外部环境当中,相对容易实现思想和社会意识上的大一统,以统治者青睐或认可的道德模式压制统治者之外的全体社会成员。正由于传统德治有着浓厚的人治色彩和自然经济元素,其在现代社会是不可能替代法治而单独存在的。现代德治的最大特点则是其正确地处理了德治与法治的关系,不在两者的作用发挥上采取极端的立场,坚持依法治国与以德治国的有机结合,以民主为价值核心,相互支持,相互促进。法治是党治国理政的基本方式,这是历史智慧的结晶,德治要在法治环境下焕发新的生命力,这是新时代开创党和国家事业新局面的坚强思想保证和强大精神力量。现代德治能够通过教育、宣传、引导等多种形式倡导社会主义美德,以柔性教化的方式提升公民个体的

---

① 习近平:《在第十八届中央纪律检查委员会第六次全体会议上的讲话》,人民网,http://politics.people.com.cn/n1/2016/0503/c1001-28319087.html。

道德水平，形成良好的社会环境和个人素质的发展。推进现代德治，一是要树立干部之德，牢记全心全意为人民服务宗旨，使领导干部能够自觉地以内心的道德力量抵制外在的不良诱惑，行使好手中的权力，并主动成为社会道德典范。二是要培育民众之德，不断激发个人公德之心、个人美德之行，激发社会成员自发的对美好的追求，进而自觉遵守和发扬道德规范，共同促进社会公平和社会协作，提高社会整体道德水平。

三 德治在文明行为促进立法中的展现

（一）德治融入文明行为促进立法的政治逻辑与法律逻辑

《中共中央关于制定国民经济和社会发展第十四个五年规划和二〇三五年远景目标的建议》将"社会文明程度得到新提高"作为"十四五"时期经济社会发展的主要目标之一，并部署了"推动形成适应新时代要求的思想观念、精神面貌、文明风尚、行为规范"的任务，赋予社会主义精神文明建设特别是思想道德建设以新的使命任务。正如前文所述，德治以社会公德、职业道德、家庭美德和个人品德建设弘扬正气、引领民风、维护公序良俗。因此，德治融入文明行为促进立法能够将道德价值的内容转化为法律话语，发挥法律和道德的合力，从而提升社会成员的道德素质和社会的文明水平。

党的十九届六中全会在2021年11月通过了《中共中央关于党的百年奋斗重大成就和历史经验的决议》，这是一篇纲领性的文献，是以史为鉴、开创未来、实现中华民族伟大复兴的行动指南。决议中提出，党坚持依法治国和以德治国相结合，深化群众性精神文明创建，推进社会主义核心价值体系建设，建设社会主义精神文明。决议中明确阐述的坚持依法治国和以德治国相结合，是对古今中外治国经验的深刻总结，是坚持走中国特色社会主义法治道路的内在要求，是在新的历史起点上坚持和发展中国特色社会主义的现实要求。习近平总书记指出："传统文化中，读书、修身、立德，不仅是立身之本，更是从政之基。按照今天的说法，就是要不断加强党员领导干部的思想道德修养和党性修养，常修为政之德、常思贪欲之害、常怀律己之心，自觉做到为政以德、为政以廉、为政以民"①。"法律是治国之重器,法治是国家治理体系和治理能力的重要依托"②。"治理国家、治理社会必须一手抓法治、一手抓德治,既重视发挥法律的规范作用,又重视发挥道德的教化作用,实现法律和道德相辅相成、法治和德治相得益彰"③。"坚持依法治国和以德治国相结合,就要重视发挥道德的教化作用,提高全社会文明程度,为全面依法治国创造良好人文环境"④。"必须以道德滋养法治精神、强化道德对法治文化的支撑作用。再多再好的法律,必须转化为人们内心自觉才能真正为人们所遵行"⑤。在文明行为促进立法中融入德治,在法治文明建设中彰显以德治国的理念,正是遵循了习近平总书记所讲的发挥道德的教化作用,以道德滋养法治精神、强化道德对法治文化的支撑作用,使其与法治相得益彰。

前文已述及,新时代坚持依法治国和以德治国,将德治融入文明行为促进立法,其依法治国和以德治国的内涵是不能与传统法家思想中的法治和传统儒家思想中的德治简单等同的。同时,我国所坚持的依法治国和以德治国之路,也不同于西方国家的社会治理;西方国家的社会治理虽然也重视法律与道德的共同作用,却是带着西方政治色彩、制度属性和文化特征的国家治理手段。回顾当代治国方略的发展进程,以为人民服务为核心的社会主义道德建设理念和实践一直是我国的制度优势,而将实现人民美好生活为目标并以坚持依法治国和以德治国相结合作为重要原则的中国特色社会主义法治道路,也越来越彰显其制度优势,而中国共产党对于依法治国和以德治国相结合之路的坚强领导是上述制度优势存在的根基。

(二) 德治融入文明行为促进立法存在的问题

当前我国的文明行为促进地方立法已形成一定规模,各地立法机关

---

① 习近平:《之江新语:多读书修政德 用思想武器管好自己》,人民网,http://theory.people.com.cn/n/2014/0609/c40531-25120721.html,2022年2月6日。
② 辅导读本编写组:《〈中共中央关于全面推进依法治国若干重大问题的决定〉辅导读本》,人民出版社2014年版,第28页。
③ 《习近平谈治国理政》第2卷,外文出版社2017年版,第116页。
④ 《习近平谈治国理政》第2卷,外文出版社2017年版,第134页。
⑤ 《习近平谈治国理政》第2卷,外文出版社2017年版,第117页。

积极推动社会主义核心价值观融入立法实践，在文明行为促进立法中体现以德治国理念，并取得了一定的法律效果和社会效果，但由于法律语言的模糊性和立法技术等方面的限制，德治在入法时还存在导向性、针对性、可操作性和保障性不强等问题。

实现德治与文明行为促进立法的耦合，不仅依赖于德治自身的内涵与属性，还取决于地方性法规的接纳能力。前文已分析过，文明行为促进立法现在主要以地方性立法的样态而存在，但受各种因素影响，不同区域的文明行为促进立法在融入主题上高度重合，同时，又受制于法律规范的限度，使得其无法全面吸收德治的广泛内容。面对文明行为促进立法自身接纳能力不足的现状，德治在融入文明行为促进立法时应选择重点主题领域，发挥德治与法治的激励合力，使柔性的道德要求和法律的刚性规范落至实处。在具体的文本实践中，应特别注重立法内容和方式的权衡与论证，从而有效表达不同群体的利益需求，平衡不同主体间的利益冲突。在立法的理性论证过程中，要发挥德治的价值引导力、文化凝聚力和精神推动力，使文明行为促进立法的全程都能在法律有限的承载范围内，实现价值导向效果的最大化。

不得不正视的一个现状是，部分文明行为促进立法文本的价值导向不鲜明，在实现引导人们正确行为的立法目的方面力度较弱。突出表现为，部分文明行为促进立法在条文中对倡导和鼓励的文明行为语焉不详、表述不清、含义模糊、用词过简，在很大程度上降低了文明行为促进立法的价值导向性。此外，德治融入文明行为促进立法时，往往针对性和操作性不强。法律的生命在于实施，德治体现于文明行为促进立法，不只在于运用法律文本对其进行表述和宣示，更在于立足当地实际，尽可能地解决人民群众最切身、最关注的实际问题。如果不能满足这一点，必然会导致德治融入文明行为促进立法沦为形式，不能实现道德话语向法律语言的实质转化，不能确保法规的针对性和可操作性，不能有效地指引文明行为促进立法的实施。此外，部分地方的文明行为促进立法忽视了德治与法治的耦合关系，不仅容易导致文明行为促进立法的文本偏离价值导向，也会加剧法规实施中法律与道德的冲突，最终不利于法治信仰的形成。

（三）德治融入文明行为促进立法的具体路径

德治融入文明行为促进立法，不仅需要融入静态的法规文本，还需要贯穿法规解释、修改、废止的立法动态全过程。价值内容之间的层级性和差异性，导致其在具体权利义务规范中的体现路径存在差别，对个体行为的影响也不尽相同。因此，文明行为促进立法需要根据价值内容的层级在立法目的、法律原则和法律规则等条款中得到不同程度的表达。

首先，从立法目的上来看，其具有双重性，立法目的既包含了作为客体的法律对作为主体的人的需要的满足状况，又包括由此产生的人对法律的属性、功能等方面的评价。而德治在国家、社会和社会成员个体层面，都有一定的抽象性和倡导性，都可以通过立法的目的条款得到体现，并清晰地表达出立法者的意图和法律自身所追求的价值，进而将其具体化为法律原则和法律规则条款，为行政执法等活动提供鲜明的价值导向。作为价值的凝聚与宣扬，立法者在文明行为促进立法实践中，应当区分立法的直接目的和间接目的。直接立法目的是法律直接追求实现的价值，不需要借助中间环节。而间接立法目的是由直接目的引起的其他依附目的，需要借助直接目的的实现才能实现。二者呈现出鲜明的递进关系。立法目的的层次性要求立法目的条款必须有逻辑、有层次，而间接目的则按照低位阶到高位阶的顺序列于直接目的之后。德治的内核是社会主义核心价值观，德治的关键是积极培育与践行社会主义核心价值观。因此，德治融入文明行为促进立法，首要的就是应在立法的目的条款中对社会主义核心价值观进行表述。立法目的的层次性也决定了不同目的之间可能会产生一定的冲突，这种冲突主要是由社会现实的复杂性和主体需求的多样性造成的。在具体的法律实施中，解决立法目的的冲突必须根据法律解释的相关规则，按照从直接目的到间接目的的顺序进行解释。直接目的体现立法最直接的价值追求，需要在法律适用中得到首先满足，而间接目的作为更高层次的价值追求，具有兜底功能，建立在直接目的的实现之上。所以，在选择社会主义核心价值观作为立法目的条款时，必须明确文明行为促进立法所追求价值内容的位阶顺序，立足于立法需要解决的实际问题和立法者的具体意图，明确直接目的和间接目的，采用不同的顺序予以表述，以充分发挥德治和社会主义核心价值观的内在激励功能。

其次，在法律原则上，文明行为促进立法文本中的法律原则条款既是对立法目的条款的具体化，又可以不被具体的法律规则所涵盖，在德治融入文明行为促进立法，践行社会主义核心价值观和弘扬法治理念的过程中，具有显著的复合效能。如何将德治的相应内容在文明行为促进立法中表述为法律原则，是一个技术性问题。以德治的内核社会主义核心价值观为例，在其价值系统中，子系统内容抽象程度的不同决定了其融入法律原则条款的方式也不尽相同。国家层面的"富强、民主、文明、和谐"在价值系统中发挥着统摄作用，在内容上也更加宏观抽象，主要体现为一种价值目标，其实现程度受到社会层面和公民个人层面价值观的影响。国家层面价值观的高度抽象性导致其无法直接指引、评价和预测个人的行为，必须具体化为社会规范或个人行为准则，才能实现从静态的价值向动态的价值的转变。作为高层次的价值内容，它们在地方性法规中既可以通过立法的目的条款进行表达，也可以通过法律原则条款进行表述，借助于法律原则对法律规则的指导功能，将价值要求转化为具体的权利与义务。社会层面的"自由、平等、公正、法治"价值要求与公民个人层面的"爱国、敬业、诚信、友善"等价值内容，则皆可以在法律原则中得到具体体现，进而指引法律规则的制定与遵行。

再次，在法律规则方面，其直接规定法律主体的权利和义务，逻辑结构严密，在表现形式和内容上亦不同于其他社会规范。法律规则由假定条件、行为模式和法律后果等要素构成，而德治在文明行为促进立法中的体现，主要集中在行为模式和法律后果的设置上。行为模式是文明行为促进立法的核心部分，集中表达了法律对社会成员行为标准与方向的明确要求，对于规范和引导社会成员的行为以实现文明行为促进立法调整目标至为关键。行为模式在法律规则中主要包括三种不同形式的表述，即授权性规范、义务性规范和禁止性规范。德治融入文明行为促进立法时，行为模式的表述应具体、明确、清晰，不能过于笼统，避免存在较大的解释空间。地方性的文明行为促进立法虽无直接对应的同名或同领域的上位法，但其在类型上仍主要表现为执行性法规，是对至少数十部甚至上百部所涉社会治理和意识形态管理的上位法的具体化。因此，在德治融入文明行为促进立法时，必须借助行为模式，将现代德治内涵中的各项要求转化为具体规定，从而为社会成员的行为提供具体的指引。践行社会层面的德治内容，要求法律规则的制定过程必须严格遵循法定程序，同时在具体内容上满足公众对公序良俗的期待。而社会成员个体层面的德治内容由于直接关涉个人的行为准则，在行为模式中应明确区分授权性内容、禁止性内容和义务性内容。融入文明行为促进立法的社会层面和社会成员个体层面的德治内容，在对所调整的行为进行评价时，应注意把握道德和法律之间的界限。现代德治的内容由法律确认后得到社会成员的普遍认同、遵守和践行，不仅需要个体的自觉，亦需要外在的强制。立法者在设置法律后果时，需要将法律的刚性和道德的柔性有机结合，法律不宜强制介入的，可以采用倡导性规定；道德无法保障准则落实的，可以依靠法律的威慑。

需要注意的是，法律规则的内容落实在具体的文本中，主要依靠立法语言。德治融入文明行为促进立法，立法语言的规范化尤为重要。现代德治中的大部分内容，往往以道德化的表述体现于外在，且通常具有高度概括性，如果直接引入法律文本，会人为留出较大的解释空间，可能成为法律实施中的隐患。因此，德治在具体的入法过程中需要多角度融入，而非简单地、不加转换地使用道德化的表述词语。将道德语言转化为法律语言并非立法中的等闲小事，文明行为促进立法必须明确德治在法律规则中所具有的具体行为模式和判断标准。在具体的立法中，立法者应借助法律语言的精准性，清晰、准确地表述德治内容，防止模糊的道德语言难以对个体行为发挥指引、预测、评价和强制功能，损害社会公平正义的实现。"只有具备语言上的精确性，法学才能完成其在国家和社会中的使命。"[①]

第二节 儒、道、法思想对文明行为 促进立法的启示

任何社会的法治渊流都有着不同程度的本土思想文化背景，特别是

---

① ［德］伯恩·魏德士：《法理学》，丁晓春、吴越译，法律出版社 2013 年版，第 87 页。

那些在历史上形成过独立法系的文明区域（或古国），阿拉伯法系如此，印度法系如此，中华法系更是如此。思想和哲学上的本土资源，即便在一些法系的法治系统实现现代性转变之后，仍对其立法起着源自传统的支持作用，使立法能够符合国情、社情、民情，与本土文化系统相适配。对于旨在提升社会整体文明素质的文明行为促进立法而言，尤应重视运用中国历史上积累和储存的智慧与力量，对本土思想资源中适合于调理社会关系和鼓励向上向善的内容加以继承和发扬。源自先秦诸子百家的儒、道、法思想在中国思想史上具有特殊的地位，它在长期的历史进程中影响着中国人的道德观念、政治生活、文化心态和价值观，对儒、道、法思想进行再解读并从中寻求启示，能够为文明行为促进立法提供可资参考的本土资源和历史经验。

一 早期儒家礼法观的深远影响

（一）早期儒家礼法观的主要内容

习近平总书记在纪念孔子诞辰 2565 周年国际学术研讨会暨国际儒学联合会第五届会员大会开幕会上指出："孔子创立的儒家学说以及在此基础上发展起来的儒家思想，对中华文明产生了深刻影响，是中国传统文化的重要组成部分。儒家思想同中华民族形成和发展过程中所产生的其他思想文化一道，记载了中华民族自古以来在建设家园的奋斗中开展的精神活动、进行的理性思维、创造的文化成果，反映了中华民族的精神追求，是中华民族生生不息、发展壮大的重要滋养。"

孔子的礼法思想是儒家礼法观形成、发展的源头和基础。《孔子家语·刑政》载："孔子曰：'圣人之治化也，必刑政相参焉。太上以德教民，而以礼齐之，其次以政焉。化之弗变，导之弗从，伤义以败俗，于是乎用刑矣。'"孔子主张以礼治国，在《论语·先进》中孔子讲道："能以礼让为国乎？何有？不能以礼让为国，如礼何？"孔子认为："以之朝廷有礼，则官爵序，以之田猎有礼，故戎事闲；以之军旅有礼，则故武功成。"（从此）"物得其时，乐得其节，百官得其体，政事得其施"[①]。

[①] 《孔子家语》，王国轩、王秀梅译注，中华书局 2014 年版，第 140 页。

前文已述，我国当代的文明行为促进立法，是一种道德建设立法，而非简单的道德入法，绝非将一部分道德法律化便大功告成。在中国本土法律文化中，素来重视道德建设立法，文明行为促进立法与这样的历史传统有着无法割裂的渊源关系。探讨早期儒家的礼法观，也正是意在探寻中国传统法治的道德基因，以期为现代文明行为促进立法理清文化传承之脉，提供弘扬传统美德的法治路径参考。

西周之礼，一直为孔子所向往。周人通过礼的教育，试图使士大夫及其以上的阶层养成恭俭孝悌、明德知物、崇先王、知兴废、有德义的品德与能力。周代的礼教，绝非后世专制王朝有意曲解、嫁接之义，依礼之价值观，对于统治者失德、失政的行为，国人有批评监督的义务，若批评而无改善，甚至压制批评，国人则有可能起而出君、逐君，周厉王之时的国人暴动，可作印证。《国语·周语上》曰："为川者决之使导，为民者宣之使言。故天子听政，使公卿至于列士献诗、瞽献曲、史献书、师箴、瞍赋、矇诵、百工谏、庶人传语、近臣属规、亲戚补察、瞽史教诲、耆艾修之，而后王斟酌焉，是以事行而不悖。"《夏书》则云："天之爱民甚矣，岂其使一人肆于民上以纵其淫，而弃天地之性？必不然矣。"对于中华文明而言，礼源于习俗，但却非一般之习俗，礼是统治的手段，却又非普通之手段，礼有规范的意味，却既不是法律式的规范，亦不是道德的戒律。孔子讲以礼治国，是因为礼是一套完整的制度与文化的架构，是一个整合性的文明体系，具有多维度、多层面的特征。礼含义之丰富、涵盖之广，在世界文明史上也很难找到与之相似者。如果用近现代语境下的政治、法律、宗教、道德、习俗等概念去对应周代之礼，恐无一个能对得上，但礼恰又包含着政治、社会、宗教、法律、伦理和文化的各个方面。

由于早期儒家礼法观产生于春秋战国之世，并没有后代儒家那种越加强烈的"尊君"和维护专制统治的思想，《荀子·子道篇》中甚至主张"从道不从君，从义不从父，人之大行也"，因此，对于以建设文明道德之社会为重要目标的文明行为促进立法，也就有着更多的借鉴意义。寻求文明行为促进立法的本土资源，绝非是将传统与本土文化照单全收，而是应正本清源，摒除专制土壤下的思想糟粕，以为先贤正名，为现代文明行为促进法治系统输入源自传统的文化自信。

在礼与法的关系上，早期儒家主张刑政相参、礼法并用，也即，在"为国以礼"的前提下，将"礼、政"和"刑、罚"相互结合，共同作用于管理国家政治事务和教化民众、管理社会的过程中。孔子曰："圣人之治化也，必刑政相参焉"[1]。孟子虽力主仁政，但也承认"徒善不足以为政"，因此需在必要时"明其政刑"。荀子认为"国无礼不正"，同时也强调"隆礼重法则国有常"。

显然，先秦的早期儒家虽然极为看重礼的作用，但并没有影响到他们对礼与法之关系的现实判断。以孔子为例，《春秋左传·昭公十四年》载："晋邢侯与雍子争鄐田，久而无成。士景伯如楚，叔鱼摄理。韩宣子命断旧狱，罪在雍子。雍子纳其女于叔鱼，叔鱼蔽罪邢侯。邢侯怒，杀叔鱼与雍子于朝。宣子问其罪于叔向。叔向曰：'三人同罪，施生戮死可也……'乃施邢侯而尸雍子与叔鱼于市。仲尼曰：'叔向，古之遗直也。'"孔子于此肯定叔向，等于是表明了自己对于刑罚杀伐的立场。实际上，按《春秋谷梁传·定公十年》记载，"公会齐侯于颊谷……罢会。齐人使优施舞于鲁君之幕下。孔子曰：'笑君者，罪当死！'使司马行法焉，首足异门而出。"此事亦记载于《史记·孔子世家》中，因此，尽管孔子杀演员的事情后世存有较大争议，但也不能以伪史一言以蔽之。由此可以看出，孔子在礼、法之用的问题上，态度是很坚决的，该用哪个便是哪个，并无含糊的余地。当然，究其实质，孔子"杀"的背后是他一直所主张的"礼"所指向的政治秩序关怀。基于政治秩序的构建，尧诛鲧，周公诛管、蔡，皆符合政治伦理，也就为孔子所认同，叔向将叔鱼尸体示众，在孔子看来是"治国制刑，不隐于亲"，符合一个政治家的操守。孔子称赞叔向大义灭亲与孔子向来主张的"亲亲相隐"是并不矛盾的，"亲亲相隐"的最终目的在于以道德伦理守护政治秩序，所谓"其为人也孝弟，而好犯上者，鲜矣；不好犯上，而好作乱者，未之有也"[2]；至于叔鱼之罪，足以乱国，严重破坏政治秩序，叔向所为，（孔子认为）即是大义所在。正因此，中国古代的主流价值观当中，历来认同大义面

---

[1] 《孔子家语》，王国轩、王秀梅译注，中华书局2014年版，第209页。
[2] 《论语》，杨伯峻译注，中华书局2017年版，第122页。

前无小义，反对因小失大，本末倒置。

（二）早期儒家礼法观的内在逻辑

早期儒家的礼法观并非"礼"与"法"观点的堆砌或杂糅，而是作为一个完整的理论体系，有着清晰的内在逻辑。礼是儒家早期礼法思想体系中的核心和主干内容，是制定法的根本原则，是法产生的渊源。荀子曰："礼义生而制法度""非礼，是无法也""礼者，法之大分，类之纲纪也"[1]。而在早期儒家的礼法观中，法的作用是维护礼、维护礼制下的政治秩序和社会秩序，是要去保障礼义教化的实效的。对此，孔子讲道："化之弗变，导之弗从，伤义以败俗，于是乎用刑矣。""礼度既陈，五教毕修，而民犹或未化，尚必明其法典以申固之"[2]。显然，孔子从不否认道德教化的有限性，也从未回避因人性和利益冲突而产生的社会问题，孔子正视刑（法）的功用，而且没有对礼或刑两者任一产生路径依赖。孔子的理想主义体现在他对推行自己政治理念上的明知不可为而为之，在礼法观的思想逻辑上，孔子是持现实主义的态度的，这是后来荀子基于现实主义对儒家思想进行改造，促成后世儒法合流的滥觞。

需要说明的是，孔子的时代，三代以来的刑罚理论相对趋于成熟和体系化，但此"刑"与其后渐兴的法家之"法"不能简单等同，虽然从规则表现上来看两者相差不大。法家兴起于战国，并对儒学产生了激烈的冲击。《史记·儒林列传》记载："自孔子卒后，七十子之徒散游诸侯，大者为师傅卿相，小者友教士大夫，或隐而不见。故子路居卫，子张居陈，澹台子羽居楚，子夏居西河，子贡干于齐。如田子方、段干木、吴起、禽滑釐之属，皆受业于子夏之伦，为王者师。是时独魏文侯好学。后陵迟以至于始皇，天下并争于战国，儒术既绌焉，然齐鲁之间，学者独不废也。于威、宣之际，孟子、荀卿之列，咸遵夫子之业而润色之，以学显于当世。"战国之世，各国历经变法之后，在"礼崩乐坏"的时代背景下，先是黄老家和墨家完成道法合流，继而法家兴起，面对儒学被边缘化的危机，孟子与荀子再不能置"法"于罔顾，他们以被动或主动的姿态在学说中论证礼法关系，引领了先秦儒家的礼法观发展。正是在

---

[1] 《荀子新注》，楼宇烈校注，中华书局2018年版，第40页。
[2] 《孔子家语》，王国轩、王秀梅译注，中华书局2014年版，第116页。

战国时期，儒家"纳法入礼"，以"法"代替了"刑"的表述，并以礼统法，礼与法在效用机制上相辅相成，互为补充，至此早期儒家的礼法观得以形成理论体系。

从早期儒家礼法观的发展脉络可以看出，西周以"德""礼"系统为核心的政治社会和思想文化模式殆至东周时代渐次崩溃，在孔子生活的年代，宗周意识形态和话语系统行将崩溃，殷人后裔孔子化宗周基于宗亲伦理的"德""礼"为以德性内涵为基础的"仁""礼"系统，并提升了"刑"在此系统中的地位。稍早于孔子的老子则对礼制持反对态度，他抛开周人的话语体系和价值标准别辟门户，对源于周礼的文化理念、思维方式、价值标准、治理模式等全盘否弃，提出"人法地，地法天，天法道，道法自然"的法象思路，将政治社会秩序的合法性由宗亲性的人伦转变为向宇宙秩序，即作为"象"的天道和作为"体"的道①。战国时期，黄老之学的发展大出儒家意料，为重新夺回话语权，儒家自孟子起做出了一系列尝试，甚至试图建构一个扩大化的"礼"的系统，将战国"法"的制度全然包容于其中。历经荀子、韩非子、董仲舒，儒家终于完成了主流化和正统化的过程，早期儒家的礼法观也成为了后世德法共治的理论原点。

（三）早期儒家礼法观对文明行为促进立法的启示

礼法相融与德法共济，是早期儒家在发展中顺应时势重新整饬学理形成的（那个时代的）理论创新。春秋战国之世，周王室权威扫地，政治秩序在争战中不断重组，社会动荡不安，旧的文物制度日益毁丧，无论从哪个角度来看，这数百年都称不上是道德伸张的时代。然而，一个社会如果毫无礼制、无所分别，人人依自己的欲望不择手段地去横抢武夺，那就是个以原始气力情欲流动的世界，所谓"纵情性，安恣睢，禽兽行，不足以合文通治"②。早期儒家尚礼，欲以礼重建德治，是对那个时期的思想回应。但儒家自孔子始，历代集大成者，始终秉持着入世的态度，并在理论中不断求得理想主义与现实主义的平衡。创新与求实是任何理论保持生命力的法宝，儒家也不例外。因而，儒家自早期便形成

---

① 李平：《先秦礼法之争新诠》，《清华法学》2016年第4期。
② 《荀子新注》，楼宇烈校注，中华书局2018年版，第177页。

了礼法辩证统一的礼法观,并深刻影响了中华法系的法治理念。

进行文明行为促进立法,将社会主义核心价值观融入法治建设,实现德法并举的社会治理创新,是法律与道德关系这一传统议题的新实践,是在寻找法治的价值共识,为法治增添道德底蕴。因此,早期儒家倡行隆礼重法、礼法合治、德主刑辅、为政以德、正己修身,主张道德教化与道德实践结合,这些思想对我国当下各地的文明行为促进立法具有强烈的现实意义和启示。习近平总书记曾强调:"我国古代主张民惟邦本、政得其民、礼法合治、德主刑辅,为政之要莫先于得人、治国先治吏,为政以德、正己修身,居安思危、改易更化,等等,这些都能给人们以重要启示。治理国家和社会,今天遇到的很多事情都可以在历史上找到影子,历史上发生过的很多事情也都可以作为今天的镜鉴"①。

汉之后的儒家,由于政治环境和社会经济条件较之先秦时期有了巨大的变化,虽然皇权时代法制中德主刑辅、礼法合一的基本原则未曾易位,但秦代体制却在秦亡后依旧传承了下来,这与孔孟心目中的理想治理模式是有着根本区别的。秦虽变法自强并鲸吞六国,却并不意味着秦制便是中华文明的最佳路线图,秦二世而亡已说明一切。后世改良后的秦制虽然支撑了历代专制王朝两千余年,然而,中华文明礼文肇兴在秦之前,科举擢材在秦之后,秦制之特征莫不过密织法网、钳制私权、极限压榨、扫灭人性,在治理上虽易于统治者入门上手,在人文贡献上却乏善可陈。因此,未受到秦制污染的早期儒家的思想,才对今日之文明行为促进建设更具理性价值。由人民日报评论部汇集整理习近平总书记系列讲话及相关著作中所引用典籍名句而成的《习近平用典》一书中,共收录习近平总书记所引用的各家名言135条,其中儒家名句27条,占到了20%,而早期儒家的名句即达到25条,占18.5%。可见,作为中华优秀传统文化代表的早期儒家思想在习近平总书记的传统文化价值体系中占有较高的地位,对习近平总书记的治国理政思想产生了重要影响,同时也被赋予了更多、更新的时代价值内涵。

"礼"是早期儒家理论的基本框架,其核心则是"仁"。《论语》之

---

① 《习近平在中共中央政治局第十八次集体学习时强调 牢记历史经验历史教训历史警示 为国家治理能力现代化提供有益借鉴》,《人民日报》2014年10月14日第1版。

中，论及"仁"的章句有58处之多，如"颜渊问仁，子曰：'克己复礼为仁。'""樊迟问仁，子曰：'爱人'"①。"子曰：'不仁者不可以久处约，不可以长处乐。仁者安仁，知者利仁。'""子曰：'苟志于仁矣，无恶也'"②。这些章句虽然看似零散，却集中反映了孔子为何倡导仁、仁为何重要、何为仁、如何达到仁、何人施行仁、如何施行仁等环环相扣论断的主要观点，形成了一个逻辑自洽的体系。仁的核心则在于"爱人"，倡导人际间的和谐关系，正所谓"泛爱众，而亲仁"③。孟子对此进一步阐释道："君子以仁存心，以礼存心。仁者爱人，有礼者敬人。爱人者，人恒爱之；敬人者，人恒敬之"④。在"爱人"的思想原点，早期儒家主张德治和仁政，倡导道德教化，重视宗族伦理，并形成了儒家特有的法律观。同时，在宗法观念的基础上形成的早期儒家家国观中，家重于国，只有在这个逻辑前提下，才能理解孟子提出的民贵君轻思想。

　　文明行为促进立法在某种意义上具有以法治的形式推行德治的意味，这决定了文明行为促进立法不能以罚代治，将道德治理过度行政化，无视或轻视道德教化的作用。文明行为促进立法是为了"促进文明"，是为了增进社会的和谐，而非人为制造新的冲突，滋生新的矛盾。"捆住"不文明行为者的手脚不是文明行为促进立法的最终目的，通过惩治不文明者而使公众拍手称快也不是文明行为促进立法的真正意义。如果不是为了倡导和鼓励更高标准的道德，那又何苦在现有法律之外进行文明行为促进立法？这便如同早期儒家所坚守的理念：若不是为了让民众"有耻且格"，那便让法家的驭民之术发挥到极致就是了，何苦反复强调"德、礼、仁"？显然，早期儒家的礼法观能够给文明行为促进立法在价值定位上带来有益的启示。正因此，文明行为促进立法才能在技术路径上借鉴早期儒家德治与法治相结合、他律与自律相结合、奖惩适度、问题导向的理念，以修身、齐家的道德建设助推社会公德水平的提升。

---

① 《论语》，杨伯峻译注，中华书局2017年版，第77页。
② 《论语》，杨伯峻译注，中华书局2017年版，第225页。
③ 《论语》，杨伯峻译注，中华书局2017年版，第188页。
④ 《孟子》，方勇译注，中华书局2017年版，第220页。

二　老子道德观带来的启示

(一) 老子道德观的现代价值

春秋时期楚国人李耳（老聃，即后人尊称的老子），其思想主要体现在相传为其所作的《道德经》（又名《老子》）中。相较孔子，老子的思想似乎给人一种"玄而又玄"的印象，其高度理论化、哲学化的学说，又往往令后人感到深远幽昧、不可测知。由于史料的缺失、研究方法的形而上学以及意识形态的粗暴干涉，导致即至今日，老子的思想仍常常为人们所误读甚至曲解。

简言之，《道德经》中主要阐述了两个问题：其一，"道"是什么？它是如何运作的？其二，"圣人"（国家治理者）应该怎样遵守"道"以治理天下？《道德经》中的"道"看似很玄虚，实际上它是一个以中华文化为代表的东方高语境文化背景下的产物，它是《道德经》哲学的最高范畴，在老子的思想体系中，"道"是万物之源。由此不难理解，"人法地，地法天，天法道，道法自然"[1] 便成了《道德经》中社会治理的核心准则。

在老子的道德哲学中，"道"是建构一切道德观念、道德行为和道德评价的终极标准。老子在《道德经》中将道提升到形而上的层面加以认识，并赋予道以本体与规律的崭新规定和哲学意蕴。"有物混成，先天地生。寂兮寥兮，独立而不改，周行而不殆，可以为天地母。吾不知其名，字之曰道"[2]。在老子看来，道是产生后世所谓道德伦理的源泉。"孔德之容，惟道是从"[3]。苏辙对此解释道："道无形也，及其运而为德，则有容矣；故德者道之现也"[4]。基于此，老子对于礼制之下所衍生出的道德持否定和批判态度："大道废，有仁义；智慧出，有大伪；六亲不和，有孝慈；国家昏乱，有忠臣"[5]。在老子看来，有了这些仁义、忠孝之类的道德观念，恰恰说明社会道德水准的倒退，否则，如果这些是当然之事，

---

[1] 陈鼓应：《老子注译及评价》，中华书局2009年版，第162页。
[2] 《道德经·第二十五章》。
[3] 《道德经·第二十三章》。
[4] 《苏辙资料汇编》，中华书局2018年版，第226页。
[5] 《道德经·第十八章》。

又怎么会刻意强调、宣扬和鼓吹呢？分明是道德普遍沦丧才有了强调道德的需要。正所谓"失道而后德，失德而后仁，失仁而后义，失义而后礼。夫礼者，忠信之薄，而乱之首"①。所以老子在《道德经》中主张抛弃世俗人为虚华的仁义道德，以复归人类素朴无华的道德状态。"万物莫不尊道而贵德。道之尊，德之贵，夫莫之命而常自然"②。

老子的道德哲学以明善弃利的外身哲学为本体，把人与宇宙万物看成是平等的关系存在，缓解了人与人、人与自然的对立关系。老子反对尚贤，其本质也在于讲求人与人之间的平等，因为将人分出"贤"与"不贤"，必然会导致对人的差别对待，如此便违背了老子所主张的"博爱"原则。老子讲："善者，吾善之；不善者，吾亦善之；德善。信者，吾信之；不信者，吾亦信之；德信"③。而人为划定社会成员等级差异所形成的礼制为老子所反对，也是基于同样的原因。在老子看来，"礼"虽使人表面上看似谦恭有礼，实则令人处心积虑地争名夺利，"礼"桎梏人的心灵，强迫人的行为符合社会要求，这种"有为"所形成的无形暴力与《道德经》的核心思想"无为"是完全对立的。老子心目中理想的世界，是人人皆诚信质朴，纯洁无邪，真诚交流，互助互爱，人民安居乐业，社会井然有序，天下消弭战争。老子将平等纯正的社会秩序视为出发点和归宿，从而阐述了一套与儒家不同的道德伦理系统。也正因此，老子的道德思想，虽历经两千多年岁月的洗礼，但仍体现出极强的现代意义。

(二) 老子道德观与儒家道德观的比较

司马迁《史记·老子列传》中说："世之学老者则细儒学，儒学亦细老子。道不同不相为谋，岂谓是邪！"然而，在儒道两家发端之初，并没有以攻讦对方为己任，孔子甚至对老子有"吾今见老子，其犹龙也"④之赞叹，恰是后人在自己的想象中将他们彻底对立了起来，直到汉初，儒道之争以儒家大获全胜告终，儒道从此真的"道不同不相为谋"了。在

---

① 《道德经·第三十八章》。
② 《道德经·第五十一章》。
③ 《道德经·第四十九章》。
④ 《史记·孔子世家》。

道德观的问题上，儒道两家都认为有人类社会应遵循的道德准则存在，但在现实中应遵循怎样的道德，儒道却有着较大的分歧。

　　文明行为促进立法植根于中国的法治土壤之中，不可能无视本土法律文化资源而割裂现代与传统。中国自周代起便历来在立法层面重视主流道德的弘扬，并对道德建设立法的立法技术有着较高的要求，其历史经验体现在历代法典文献与立法实践之中，这些无不可为当代文明行为促进立法作参考和借鉴。更值得思索和探求的是，尽管西汉之后儒家道德成为主流法律道德，老子之学不显于庙堂，老子及道家思想却仍能对中国人的哲学观产生深远的影响，甚至包括文明行为促进立法在内的现代中国法治建设，都始终有老子思想的文化基因显现；欲解读这种现象，就需对老子道德观与儒家道德观作比较研究。

　　需要说明一点的是，老、儒、墨、法等先秦各家学派，其学说、主张的输出对象是当时各国的实际统治者，因此，类似"少则得，多则惑"[①]这样的道德要求，也是说给统治者听的，并不能算作是先贤们设给普通人的道德说教。由于时代的局限，诸子论述中涉及普罗大众的部分，通常是告诫或游说统治者所应施行的驭民、治民之术，即说动统治者应使民众如何，而非直接告诉民众应当如何。即便一些经典成为后世科举的必读书，也莫不过是教会天下读书人如何做个帝国的合格官僚罢了，若是能出将入相，或做上帝师，那便是天大的造化，算是实现了读书人的终极理想。总之，先秦经典绝不是为了作士大夫乃至平民百姓的修身守则、心灵鸡汤而存在的。文明行为促进立法出于对传统的借鉴与传承，在分析这些思想中的道德观时，亦需明辨如上事实，才能得出不夹带过多后人"私货"的认识。

　　儒家是入世的哲学，儒家研究的是调整人与人之间关系的学问，与道家所倡的出世截然不同。儒家所重，一是与他人的关系，故有仁者爱人之说；二是与自己的关系，即身与心的关系，要求自觉提升道德境界；三是与社会的关系，需要克己复礼，遵守礼的秩序，以求天下大同。因此，儒家主张克制物欲，是在现实的道德秩序下的修身之举，是意图从

[①] 《道德经·第二十二章》。

传统寻求匡扶时局的道德资源。不难看出,儒家的道德观,适应古往今来东亚文化圈国家对主流意识形态发扬的需要,及至今日的文明行为促进立法,在道德观体系的建构上,与儒家的如上主张亦无太多相悖之处。

然而,老子反对作为现实而存在的道德文明,认为它违背自然,破坏天性,适得其反。老子不认同仁义,甚至要绝弃仁义,就是因为仁义是人为的,是违背天道自然的,是道德沦丧之后的结果。老子对仁义的虚伪化、工具化有着深刻的洞见,仁义流于作伪,便蜕变成伪善,即以仁义之名行不仁不义之实,甚至成为专权暴政的遮羞布。同为道家学派的庄子即曾在《庄子·胠箧篇》中激烈地批判道:"圣人不死,大盗不止……为之仁义以矫之,则并与仁义而窃之。何以知其然邪?彼窃钩者诛,窃国者为诸侯,诸侯之门而仁义存焉,则是非窃仁义圣知邪?"《庄子·徐无鬼篇》更是直白地指出仁义被"禽贪者"利用:"夫仁义之行,唯且无诚,且假乎禽贪者器。是以一人之断制利天下,譬之犹一覕也。夫尧知贤人之利天下也,而不知其贼天下也。"

在老子看来,真正的道德不需要标榜,也不需要刻意宣传。老子在《道德经》中一再强调"道隐无名"①"光而不耀"②"不欲见贤"③。老子充分信任民众有自正自化自富自朴的能力,不需要什么恩赐,故为政者不必汲汲行仁政、推仁恩。但是老子主张绝弃仁义,并不是向下沉沦为不仁不义,而是上达于大道。说到底,道家反对仁义的根本原因是认为儒家仁义的道德层次太低了。

(三)老子道德观对于文明行为促进立法的启示

老子在《道德经》中所展现的道德观相关思想,是中华优秀传统文化的重要组成部分,《道德经》以"道"为世界的本原构建了一套完整的价值观体系,对于道德的起源、实践原则、评价标准、教育方法和培养目标均有着深刻的论述。老子在社会转型期对现实社会道德困境的分析、反思与批判,对破解道德困境的理论探索,及至今日仍有着现实意义。文明行为促进立法同样面临着转型期社会经济结构、文化形态、价值观

---

① 《道德经·第四十一章》。
② 《道德经·第五十八章》。
③ 《道德经·第七十七章》。

念转化的非同步性,同样旨在以制度和理论创新打破社会成员中存在的道德迷思,显然,老子道德思想中蕴含的智慧对于文明行为促进立法有着重要的启示。寻求这种启示,不是"执古之道,以御今之有"①,用古人良方愈时人顽疾,而是"为往圣继绝学",是增强文化自信,推动中华优秀传统文化创造性转化、创新性发展的需要。

在老子看来,道不仅是客观世界的尺度,也是人类精神世界的源泉。与道相应,是人类向往和追求的生命境界。道体现为对生命问题的思考、对人生意义的领悟和对人生价值的自觉。"道生之,德畜之,物形之,势成之。是以万物莫不尊道而贵德"②。道是核心,德是道的表现和运用,遵道而行谓之德。道为体,德为用,有道有德,无道失德。德的衰微,根源于道的缺失。无道支撑的德,难于融入人的生命中去。没有对生命问题的深层次的思考,不易从内心中生起坚定的信念。对于文明行为促进立法而言,若不从制度设计的角度,建立促进道德观价值观内化于心的机制,仅凭禁止性规范画地为牢,以口号替代教化,则声势愈大,法治资源的投入与产生愈成反比。

老子的道德观,既非主张道德虚无主义,更非反道德,老子所求的是"道常无为而无不为"③,奉行尊重天性的自然主义道德观,它反对的是权力意志、长官意志之下所塑造出的伪诈的道德体系。在老子看来,后者的道德不过是基于统治需要而人为制造差序等级,通过限制人的天性以将人工具化罢了。老子在《道德经》中主张尊重人的主体地位——"故道大,天大,地大,人亦大"④,主张建立柔性的社会规范——"上善若水,水利万物而不争"⑤,不在社会治理中处处施以威权政治——"民不畏威,则大威至"⑥。老子认为,立法不能悖谬情理,不能违背良知,应"法自然"而趋近道之所求的自然法则,如此才能成为良法。而老子的这些思想,对于文明行为促进立法所应秉持的原则和价值取向,

---

① 《道德经·第十四章》。
② 《道德经·第五十一章》。
③ 《道德经·第三十七章》。
④ 《道德经·第二十五章》。
⑤ 《道德经·第八章》。
⑥ 《道德经·第七十二章》。

有着重要的借鉴意义。老子曰："五色使人目盲，驰骋田猎使人心发狂，难得之货使人之行妨，五味使人之口爽，五音使人之耳聋"①。显然，如果一个社会物欲横行而不重视精神文明建设，将使社会道德沦丧并导致秩序解体。老子有言在先："民不畏死，奈何以死惧之"②，重刑主义并不能阻遏所有的沉沦，若那些反社会者全无正确信仰，一心向死，纯心制造恐怖袭击或者危害公共安全，仅凭刑罚是起不到防火墙作用的。而信仰的形成需要启迪与灌输，需要价值观的引导，需要经年累月持之以恒的思想政治工作，文明行为促进立法正是基于此而以法治的形态促成相应工作机制的建立与完善，而不是以一个大号的"市民公约"敷衍世人。

三 法家思想的现代性解读

（一）法家思想的历史价值评判

相较于百家争鸣的诸子之说，法家认为，不用事实加以检验就对事物作出判断，便是愚蠢；不能正确判断就引为根据，即是欺骗，拿三代的光环来拯救礼制衰颓的战国之世，实乃痴人说梦。显然，法家的矛头直指儒、道、墨的理想主义，斥其为空想。法家主张以法制来加强君权，实行自上而下的中央集权，从而达到政令畅通，发展生产，富国强兵，进而实现社会的统一。春秋战国时期，思想空前繁荣，但各家学派之间往往相訾相非，互不买账，甚至陷入空谈诡辩，逃避现实。百家争鸣数百年，除法家外，并无一家能提出结束分裂战乱状态的实策，其效用最大者也莫不过令一国或数国自保而已。法家能观察到社会发展变化的历史趋势，提出法制思想，以期终结社会分裂，其历史价值理应得到肯定。

但是，自汉以来，直至当代，法家似乎并不太受士人和知识分子待见，尽管在皇权时代，法家的思路和方法从未离开过统治者的视野。后世学者批评法家的"富国""强兵"实质上是将全国化作一个大监狱，一部分人从事劳作，另一部分人负责杀伐，除了监狱长皇帝和作为狱卒的各级官吏，全国就再无其他社会角色了，因此，法家是地道的军国主义先行者。客观地说，法家汲取了墨家尚同的思想，熔铸到"法制"之中，

---

① 《道德经·第十二章》。
② 《道德经·第七十四章》。

以期达到自下而上整齐划一地整合社会的目的，为此即便把全社会工具化也在所不惜。很难想象，一个把人作为工具性存在、摒弃人的精神性存在价值的社会，能够有什么幸福感可言。历史已经验证了这一点，比如秦民在秦吞灭六国之前就纷纷逃亡，以致秦政权在征服新地之后往往先要去惩罚逃亡的秦国旧民，以儆效尤。法家指导着秦国用了一个半世纪的岁月完成了对关东的征服，却只用了十分之一的时间（15 年）就连秦国的老本都搭进去了，也实在算不上是成功的案例。这样的结果并不令人意外，在法家眼中，个人只不过是国家崛起的工具，只有服从富国强兵的需要，人才有存在的价值，否则便是国家的蛀虫（蠹），应毫不留情地加以消灭。在法家那里，人与动物无异，满足人的（最低）物质需要即可，根本不需要什么精神性的需求。司马迁对此评道："法家不别亲疏，殊贵贱，一断于法，则亲亲尊尊之恩绝矣。可以行一时之计，而不可长用也"[1]。

不过，如果在现代性视域下审视法家思想，可以得出一个清晰的结论，即法家并非只被封印于先秦时代，仅停留在管仲、子产（姬侨）、士匄（范宣子）、李悝、慎到、申不害、商鞅、剧辛、韩非、李斯等人物的思想与主张而不能与时俱进。历史上，法家学说能够自发地遵循实践的逻辑，在以礼立国的周代即摒弃了道德主义与信仰主义，始终秉持理性主义、经验主义、现实主义的立场，祛除了政治学说中的德性与神性，这些就足以使法家学说成为具有现代性的社会科学。另一方面，从历史经验来看，在先秦时期，凡是奉行法家学说或者法家政治家取得执政权的国家，总是能在"国际"竞争中取得一定优势，而与之相反的国家，则无一逃脱败亡的命运。这个历史事实表明，法家学说是国家乱世求存的法宝。《韩非子·有度》中便总结道："国无常强，无常弱。奉法者强，则国强；奉法者弱，则国弱。"

中国进入皇权时代之后，法家学说再未取得在先秦时的显赫地位，反证了最适宜法家的土壤是充满不确定性与不稳定性的社会环境。这样的社会环境，正是近代以来全球范围内所呈现出的国际与地区局势。近

---

[1] （西汉）司马迁：《史记》，韩兆琦译注，中华书局 2010 年版，第 61 页。

代史上,面对西方列强强行闯入中华法系秩序体系的局面,富国强兵成为东亚政治国家的必然选择,而这正是法家学说的核心旨趣。以日本为例,日本的早期近代化,自始至终是一个"脱儒"的过程,更令人玩味的是,这种变化并非来自黑船来袭之后的外力刺激,而是早就萌发于其本土文化的内部。江户时代后期,"脱儒入法"运动兴起,其影响甚至延伸至后来的明治维新。

(二)法家思想的现代性

中国传统社会是一个以血缘为纽带的农业文明社会,而农业文明总是倾向于寻找共同的道德观念作为维系社会的基本价值纽带,从这个角度来看,无论儒家还是墨家,其主要主张都是在探寻农业文明社会的基本价值观的。然而,吊诡的是,法家的价值观与农业文明社会却是格格不入的,它甚至将打破以血缘宗法为纽带的传统社会结构当作自己的一项重要任务。尽管法家对国家的动员力是空前的,但是却并未在昙花一现的秦帝国时期探寻出长治久安之道。秦之后的主流意识形态,本质上是儒家的法家化,而非法家的儒家化。这说明秦制模式的法家思想尚未成熟到足以单独承载大一统格局下中国传统社会统治的需要。

不过,正如上文所讲,祛除了德性与神性的法家思想或法家化的思想,适宜一国作为政略据以从大变革的乱局中突围,这已验证法家思想是可以具备现代性的。而当世易时移,当现代法治成为社会政治的核心内容,曾经法家之治与农业文明的方枘圆凿,反而使法家的现代性基因得以浮显,因为现代法治要求将法律作为全社会共同遵循的外在规范,法治中的"差别待遇"只有是出于增进社会公平才能具有"合法性"。如果将这里的"社会公平"替换成"治理效益",那就是地道的法家思想了。《管子·任法》中即讲道:"君臣上下贵贱皆从法,此之谓大治。"

梁启超曾对法家的现代性作过这样的解读:"逮于今日,万国比邻,物竞逾剧,非于内部有整齐严肃之治,万不能壹其力以对外。法治主义,为今日救国唯一之主义。立法事业,为今日存国最急之事业。稍有识者,皆能知之"[1]。"当我国法治主义之兴,萌芽于春秋之初,而大盛于战国之

---

[1] 梁启超:《梁启超全集》,北京出版社1999年版,第1255页。

末,其时与之对峙者有四,曰放任主义,曰人治主义,曰礼治主义,曰势治主义,而四者皆不足以救时弊,于是法治主义应运而兴焉"[1]。"法治者,治之极轨也,而通五洲万国数千年间。其最初发明此法治主义,以成一家言者谁乎?则我国之管子也"[2]!梁启超在此处所讲的法治主义,即是法家学说之义(思想)。当然,承认法家思想的现代性并不等于认同其为现代思想。法家的法治实践与法治理论存在着大量先天不足之处,后人亦无必要为其文过饰非。梁启超虽借肯定法家以引入法治理念,但他同样对法家有着清醒的认识。梁启超在《先秦政治思想史》一书中指出:"法家最大缺点在立法权不能正本清源。彼宗固力言君主当'置法以自治立仪以自正',力言人君'弃法而好行私谓之乱',然问法何自出,谁实制之,则仍曰君主而已。夫法之立与废,不过一事实中之两面。立法权在何人,则废法权即在其人。此理论上当然之结果也"[3]。

法家的现代性意味着,法家不仅仅是两千多年前的一个学派,其内蕴含的诸多思想理念有着永不褪色的价值,可资现代法治建设从中萃取精华、汲取能量。任何社会的有效转型都是在试图以较小的代价走出传统,完成现代化,深藏于法家肌体之中的现代性基因,有助于在社会转型的过程中减少变革阻力,实现传统文化的创造性转化和创新性发展,使之在当今时代释放出强大生命力。

(三)法家思想对于文明行为促进立法的启示

不同于商鞅等法家早期人物,战国末期的韩非等并未一概排斥道德的作用,他们对德治的否定主要出于(他们认为的)德治在治理中的无效性。法家后期的代表人物韩非曾师从荀子,受荀子性恶论的影响,他将荀子的"人之性,恶;其善者,伪也"[4] 进一步阐释为"夫民之性,恶劳而乐佚"[5] "好利恶害,夫人之所有也"[6],即人天生有好逸恶劳、趋利避害的本性。荀子指出人性的"恶",并非意在批判"恶",荀子认为

---

[1] 梁启超:《梁启超全集》,北京出版社1999年版,第1269页。
[2] 梁启超:《梁启超全集》,北京出版社1999年版,第1865页。
[3] 梁启超:《梁启超全集》,北京出版社1999年版,第3677页。
[4] 《荀子·性恶》。
[5] 《韩非子·心度》。
[6] 《韩非子·难二》。

那是人的自然属性，与生俱来，与道德无关，但是，既然人性本恶，就当教化使人为善，"故圣人化性而起伪，伪起而生礼义"①。荀子是在借判定人性之恶以突出道德教化和隆礼重法的必要性。因此，"古者圣王，以人之性恶，以为偏险而不正，悖乱而不治，是以为之起礼义，制法度，以矫饰人之情性而正之，以扰化人之情性而导之也，始皆出于治，合于道者也"②。

但是韩非的性恶论却在伦理观上得出了与荀子相反的结论。韩非认为所有的社会关系皆由利益而结成，即便君臣，亦不过是相互利用罢了。在韩非看来，"故王良爱马，越王勾践爱人，为战与驰。医善吮人之伤，含人之血，非骨肉之亲也，利所加也。故舆人成舆，则欲人之富贵；匠人成棺，则欲人之夭死也。非舆人仁而匠人贼也，人不贵则舆不售，人不死则棺不买——情非憎人也，利在人之死也"③。

从伦理学上来看，韩非的性恶论接近伦理利己主义，它相对更看重实用理性，主张选择符合自身利益最大化的行为模式。概而言之，法家坚持人性本恶以及恶的不可变更性，同时，法家相信权力能带来规范和社会秩序，若将其上升到理论的高度，就是法家秉持人性悲观主义和秩序乐观主义。

历史已经证明，在道德教化与法治压制之间，法家选择了后者。但这并不意味着法家彻底放弃了道德，它只说明法家放弃了道德的价值，即道德对人作为主体的意义。在法家将人视为工具的理论逻辑下，法家对道德有这样的态度倒并不足为奇。法家试图通过制裁的方式来规范社会成员的意愿，并以此来避免因社会成员个体的道德能力较低而与社会规范之间产生的冲突，从而维护法家之治下的社会秩序。法家认为，只要社会成员没有足够的道德上向善的能力，他们就不会有充分的认知能力发展出独立的自我意愿，但另一个角度来看，他们没有这种自我意愿，就挑战不了对于法家而言至关重要的社会秩序。法家反对个体道德、蔑视私德，原因即在于此。可惜的是，法家没有意识到，如果人们需要谨

---

① 《荀子·性恶》。
② 杨柳桥：《荀子诂译》，齐鲁书社 1985 年版，第 647 页。
③ 陈奇猷：《韩非子新校注》，上海古籍出版社 2000 年版，第 322—323 页。

慎地服从外在规范，他们就必须同时对这些规范有所意识，这就可能潜在地对规范本身构成挑战，因为任何意识都可能是反思的开始。[①] 秦末农民起义，即是例证。自陈胜吴广始，起义者对秦律的了解，恰恰加速了秦朝的败亡。

在社会秩序的建立与维护中，法家对于道德并不指望其内化于心，只一味迷恋法度制裁对社会成员所产生的威慑力量，这就给自我规范的形成造成了无法逾越的困难，也让道德能力与规范之间的张力无法弥合。虽然法家因其学说体系和法治观中的现代性元素能跨越时空而与现代法治相连相通，但法家对道德的态度是文明行为促进立法需引以为戒的。如果文明行为促进立法也试图通过压制社会成员的行为以实现立法者设定和自认为的文明秩序，而不是通过规则和机制的设计调动社会成员遵守规范的主动性，那这样的秩序即便在一定条件下达成——比如来自公权力的压制力在执法和司法资源上充足到可以实现令行禁止的效果，却仍然无法保证其连续性和可持续发展。一旦压制力消退，对秩序的破坏行为就会反弹，而且这种压制力最多只能让社会成员屈从于现有的设定秩序，若秩序的内容有扩展和更新的需要，则必须增加新的压制力进入到原有的治理系统当中，否则，现有的压制力是鞭长莫及的。

很多时候，人们对于文明行为促进立法的认知只停留在其能禁止什么或命令什么，或者再加上倡导什么和鼓励什么，将其视为一部单纯的行为规范，却忽视了，文明行为立法旨在建立一套完整的文明行为促进机制，包括以各种类型的教育实现文明行为的自我规范。自我规范意味着行为主体的内在良心（conscience）取代了外在权威的作用。在弗洛伊德看来，如果自我规范得以形成，那么，一个人有羞耻感就不仅是因为他做了什么坏事，即使他想到要去做一件坏事，这样的想法便会让他感到羞愧，因为这个想法无法逃避他的良心这个内在权威的审视。[②] 法家之所以不愿意促成这种自我规范，在于一旦规范被内化，权力就失却大部分的权威了，这对于法家而言是无法忍受的。文明行为促进立法本不意

[①] 汤云：《权力、道德与社会秩序：法家论道德的主体性》，《四川大学学报》（哲学社会科学版）2020 年第 2 期。

[②] Freud, Civilization and Its Discontents, p. 124.

图扩张任何行政主体的权力,自我规范与内在权威的形成,正是文明行为促进立法所乐见的。某种意义上来说,由于两千年来法家思想的遗存已融入中国传统文化的社会意识,每逢治理出现危机或者治理目标遇到挑战时,人们总是受这种自幼且潜移默化间被灌输的社会意识影响,第一反应即是寄望于严刑峻法、重典治世、以法代德、以罚代教,也因此,人们对于文明行为促进立法中倡导性规范等软法的作用,时常产生怀疑,不相信道德教化、德治教育、意识形态工作的效应与意义。但是,这恰恰证明了将价值观内化于心的必要性和可行性,人的认知和思考能力不仅源于自身生理结构,更取决于外界的信息输入,文明行为促进立法能够推动社会意识重塑,建立有效的教育引导机制,促进道德自我规范渐入人心,实现事半功倍的治理效果,这是法家思想带给文明行为促进立法的反向启示。

当然,法家并不视道德为仇敌,法家只是不相信和不愿意社会成员个体的道德塑造,法家所要建立的是一个"强不凌弱,众不暴寡,耆老得遂,幼孤得长,边境不侵,君臣相亲,父子相保,而无死亡系虏之患"[①]的社会,所以商鞅认为:"法者,所以爱民也"[②]。法家在春秋战国那种乱世自认为看透了人性的虚伪和人心的险恶,故而釜底抽薪,索性放弃道德说教,以厚赏重罚驱动民众,以强权重构社会,以暴力重建文明。可惜的是,由于法家过于急功近利、刻薄寡恩,实质上自身也陷入到了一种另类的理想主义之中,才导致其高光时刻昙花一现,只能退居儒家之后,再未在历史舞台上作为独立的国策而存在。但是法家是在诸子学说中最早做出具有现代性的探索的,法家坚持"法不阿贵,绳不绕曲"[③]"能法之士,必强毅而劲直,不劲直,不能矫奸"[④]"不别亲疏,一断于法"[⑤]。前已说过,法家思想的这种现代性体现,正是法家历两千年而名声未毁,且仍对当代文明行为促进立法具有借鉴意义之所在。文明行为促进立法不能站在道德的高地上而无视人性的差异,需要正视社会

---

① 《韩非子·奸劫弑臣》。
② 《商君书·更法》。
③ 《韩非子·有度》。
④ 《韩非子·孤愤》。
⑤ 《李悝·法经》。

成员之间的利益冲突,需要因势利导,通过培养社会成员的法治意识以推进道德规范意识的养成。

第三节 民俗习惯的双向作用

民俗习惯作为一种特别的历史储存,对社会成员的思想和行动有着各种可见和不可见的影响,甚至在一定条件下会左右社会发展的路径选择。民俗习惯虽常常在个体的行为中体现,但其作为一个整体概念却是一种集体行动,是一种特定地区特定群体在日常生活中长期形成并世代相传的集体知识的集合。马克斯·韦伯认为:"如果并且只要在一定范围的人群内,社会行为的意向有规律地实际出现的机会,仅仅发生在实际的实践中,那么,这种机会便可称之为习惯。如果实际的实践建立在长期习惯的基础上,习惯就可称之为风俗"[1]。民俗习惯与法律对社会成员行为的调整,既有相交的部分,又有着一定范围独自发挥作用的领域,它们之间既可能相包容而保持默契,亦可能相冲突而斗争激烈。民俗问题集中体现了传统与现代性之间的复杂关系,并贯穿了法律发展的全程。即便在今日,民俗习惯依然以特定的方式影响着现代人的法律生活。萨维尼曾讲道:"一切法律本来是从风俗与舆论而不是从法理学形成的"[2]。这说明民俗是深层文化观念的外化形式,是文化秩序和社会规范的重要组成部分。因此,新时代的中国法治特别是文明行为促进立法应当把"法理"和"民俗"有机结合起来,使现代法律精神和传统文化有效结合,融为一体。

一 民俗习惯的规范性功能

(一) 民俗与法律的共性

民俗与法律皆属于社会规范的范畴,社会规范除此两者外,还包括前文已充分讨论过的道德,以及对道德、法律、民俗均有着渗透的宗教。

---

[1] [德] 马克斯·韦伯:《社会学的基本概念》,胡景北译,上海世纪出版集团2005年版,第130页。

[2] 法学教材编辑部:《西方法律思想史资料选编》,北京大学出版社1983年版,第528页。

民俗的特别之处在于，它融合了人们对传统的敬畏、对朴素的乡土或民族情感的依恋、取悦公共意见的愿望和对神秘与未知的好奇之心。正因此，民俗产生的社会生活惯性才能使社会成员在很多时候并非是因为被裹挟或强迫而遵从民俗。从这一点上看，文明行为促进立法也是通过希望建立起一种法律秩序的惯性，以实现文明之治，而非暴力之治。显然，文明行为促进立法与民俗在调整模式上是有相通之处的。

法律的实施从外在表现来看，总是体现出明显的暴力性，反过来讲，若毫无暴力性，便也不是法律了，即便有"软法"之说，也是因为有"硬法"的存在，软法是相对于硬法之"软"的。因此，法律倾向于以国家强制力来解决社会中的各种矛盾。然而，无论中国古代还是在世界上其他早期文明，自古以来的法总是需要在不同程度上体现出其正当性，各民族对于法的正义性虽然有不同的表述和理解，但大体上都以不同方式认同"恶法非法"的价值观，暴君暴政恶法，难有长久而不被各种反对势力借以类似"替天行道""救民水火"的名义推翻的。故此，历来明智的统治者会试图通过宣教阐释法律的社会价值，以取得人民的认同。在中国古代，受汉以来儒家思想的影响，法律的宣教功能被推向了极致，以致对法律本身的独立价值造成了冲击，使法律在某种意义上成了宣扬道德的手段。从这一点上而言，中国古代的法律，与民俗在"正人心、施教化"的出发点和手段上，亦有着共通的传统。

（二）西方法律文化语境下对中国民俗的误读

在孟德斯鸠看来，"人类受多种事物的支配，就是：气候、宗教、法律、施政的准则、先例、风俗、习惯。结果就在这里形成了一种一般的精神"，这就是"法的精神"。法的精神"存在于法律和各种事物所可能有的种种关系之中"。这些与法律相关的现实事物包括"国家的自然状态""寒、热、温的气候""土地的质量、形势与面积""农、猎、牧各种人民的生活方式""政制所能容忍的自由程度"和"居民的宗教、性癖、财富、人口、贸易、风俗、习惯"等[1]。因此，为了获得真正的"法的精神"，必然要考察一个民族的风俗、习惯、伦理、道德等。孟德斯鸠

---

[1] ［法］孟德斯鸠：《论法的精神》（上册），张雁深译，商务印书馆2005年版，第7页。

对中国古代的民俗与法律间的关系做出了自己的解读:"中国的立法者把宗教、法律、风俗、礼仪都混在一起。所有这些东西都是道德,都是品德。而这四者的箴规就是所谓礼教。""把法律、风俗和礼仪混淆在一起,我们不应当感到惊奇,因为他们的风俗代表他们的法律,而他们的礼仪代表他们的风俗。"①

由于孟德斯鸠本人从未到过中国,他的这种认识到底有多大的依据,一直受到后人的争议。"看来,孟德斯鸠只不过复述了几个欧洲商人的流言蜚语,这些商人因无法让中国商人上当受骗而大失所望"②。文艺复兴以来的近代西方,一些如孟德斯鸠者,论及中国传统的法律文化及至民俗习惯,总不免带有傲慢的情绪,比如认为东方人器官的纤弱会滋生精神上的懒惰,而此种懒惰又令法律与风俗习惯虽历经千年而毫无改变。若仅是此种认识,倒也只是荒谬罢了,孟德斯鸠甚至认为中国人缺乏诚信而欺诈成风,贸易时中国商人无商不奸且法律对此熟视无睹。在一些西方人(如黑格尔)看来,中国的民俗之所以有这样的呈现(实际上并非事实),是因为缺乏对"自由概念"在本质上的"自我意识"③。

对中国历史有较多了解的人,自然对孟德斯鸠等关于中国礼俗的一些说法是大不以为然的,比如给中国人贴上善欺诈的标签,比如断言中国的风俗千年不变,等等。但是,由于他们在西方文化史上的影响力,这样的说法不仅影响了欧洲人的中国观,甚至随着西学东渐,变成了近代以来西方法律文化语境下不少中国人对本国传统民俗习惯的认知。于是,他们一谈及传统民俗习惯,无外是"贪婪、虚伪、宗法禁锢、缺乏自由精神"等评语。放眼至更广阔的世界范围,自 18 世纪后,西方人不再采纳"圣善天堂"的东方观,而逐步将远东的中国视为"邪恶帝国",继而再视为落后的"黑暗大地"。

缺乏对历史和现实的有效考察,自然就得不出可靠的认知。如果按照西方政治哲学传统来思考问题,一遇到社会发展中的积弊和阻力,第

---

① [法]孟德斯鸠:《论法的精神》(上册),张雁深译,商务印书馆 2005 年版,第 373—374 页。
② [法]艾田蒲:《中国之欧洲》,许钧、钱林森译,河南人民出版社 1994 年版,第 123 页。
③ 李荣添:《历史的理性:黑格尔历史哲学导论述析》,学生书局 1993 年版,第 175—176 页。

一时间想到的便是根除人治、实行彻底的法治，对于社会中尚存的"陋俗"，大概依现代治理方法便可破除之。然而，在中国古代，许多目光深远的政治家、思想者和改革者认为，帝王愈专制则法治愈严密，若要松动专制统治，第一要务是先从简省法律、扩大人治（实质上是增大治理的灵活性）入手。如果是对暴政专制的彻底颠覆，则必然要应之以法律的高度简省，汉高祖的"约法三章"即是诠释。由此，法律的触角收缩，民俗方能有作用之空间，其在社会基层中的治理效应方能凸显。所以，对民俗规范作用的认识，若不能跳出西方法律文化语境下的误读，就无法正确认知现代法与中国传统民俗习惯之间的关系，并在此基础上实现两者之间的调整协同。

（三）公权力对民俗规范功能的影响

在前现代化的社会生活中，一个人从孩童到少年到青年的成长过程也即其社会化过程，实质上就是对民俗习惯的顺应过程。但是，自法律独立运行于社会系统中以来，公权力就一直试图在改变民俗知识的构成与内容，即便不使之消灭，也至少要将其改造或重释。从历史上看，民俗传统所构筑的可以广泛吸纳社会成员参与的活动空间，统治者每每会别有用心地加以利用。因此，尽管民俗自产生之刻起即发挥着显著的规范作用，但由于国家的出现，这种作用便掺入了公权力的影响，且影响力愈来愈大。

马克斯·韦伯将社会行动分成了四种类型，即：其一，目标合理的行动，即能够达到目标取得成效的行动；其二，价值合理的行动，即按照自己信奉的价值所进行的行动，不管其有无成效；其三，激情的行动，即由于现实的感情冲动和感情状态而引起的行动；其四，传统的行动，即按照习惯而进行的活动。在传统社会中，后两种行动占主导地位。而在工业社会中，前两种行动占主导地位，而且只有这两种行动才属于合理的行动。相反，"严格的传统举止——正如纯粹的反应性模仿一样——完全处于边缘状态，而且往往是超然于可以称之为'有意义的'取向的行为之外。因为它往往是一种对于习以为常的刺激的迟钝的、在约定俗成的态度方向上进行的反应"①。民俗行为属于韦伯所言的传统的行动,在现代社会中,的确往往属于边缘状态,若要求取到生存空间,就有着迫切的压力去成为目标合理的行动和价值合理的行动。但是,在现代法律秩序和公共治理秩序中,目标与价值是由公权力来界定和操控的,民俗为了避免与公权力的冲突,就必须去迎合这些目标和价值。比如,由于现代义务教育系统和高等教育系统已经高度法治化和国家化,对青少年的习俗和道德养成,民俗早已无从插手,其主动权是在公权力手中的,即便公权力向青少年推行一定范围的民俗教育,也是基于国家治理中文化建设的需要。在现代社会,有些民俗不可能获得自由发展的空间,它们除了背负沉重的历史包袱,还要承受政治、经济、文化的重压。正在逐渐失去自我和自由的这些民俗,其规范力量自然难于充分展示出来。

在中国问题上孟德斯鸠虽有偏见,但他对民俗有着相对客观的认识,反对用法律强制改变习俗。孟德斯鸠指出,要改变一个国家民族的风俗和习惯,不应当用法律去改变,那会显得过于横暴:"应该用法律去改革法律所建立了的东西,用习惯去改变习惯所确定了的东西;如果用法律去改变应该用习惯去改变的东西的话,那是极糟的策略……我们有防止犯罪的手段,就是刑罚。我们有改变我们习惯的手段,就是创立典范"②。

公权力对民俗习惯或传统秩序的介入,所产生出的效果有时是出乎其本意的。旧时,以局部地区而论,在宗族势力对社会基层的控制中,拐卖人口并非易事,本乡本土的无赖之辈也无经济来源收买人口,宗法结构虽对内压迫,却也对外形成一套自卫机制。如果,在宗族势力解体的前提下,新体系中的社会保障制度与政务监督制度之间却又存在着断层,就不免会有官僚损公肥私,培植私人势力,庇护恶行。正如法律道德化的主题一样,公权力对民俗也并非不能染指,然而,对旧体系的破坏是以新体系的更完善为条件的,否则,对民俗就莫不如顺其自然。

---

① [德]马克斯·韦伯:《韦伯文集》,中国广播电视出版社2000年版,第130页。
② [法]孟德斯鸠:《论法的精神》(上册),张雁深译,商务印书馆2005年版,第371页。

二　法律与民俗习惯的博弈

（一）近代民俗习惯的法律地位

近代的中国社会，由于经济结构的变革和商品经济的发展，并受到家族势力扩张与政权更迭的影响，民俗成为社会生活与法律调整中不可或缺的组成部分。基于各种利益考量，公权力或地方割据势力一定程度上认同民间组织和士绅的纠纷裁决权，司法机关接受援用民俗习惯进行审判活动，国家层面亦开展了两次全国性的民商事习惯调查运动，与之相对应，社会生活中形成了较为广泛的关注风俗民情、尊重本土资源的法律文化氛围。

在清代之前，民俗习惯并未深入到法律对社会的治理秩序之中，唐宋以来，中华法系法律系统运作的核心要素一直是法典化的国家律法。但是到了清代，民俗等习惯法元素在社会治理中的作用开始为统治者所正视和重视。"在疆域辽阔，政治经济发展极不平衡的清朝，习惯法的类别是多种多样的，其中包括地方习惯、乡规民约、家法族规、行会规约、礼俗与个别判例等。有些是成文的，有些具有自治法规的性质。就适用的范围而言，或全国，或部分地区，或部分民族、家族"[1]。及至近代，受内外因素的影响，中国社会传统的经济结构和生产方式开始瓦解，清政府为缓解人口压力与治理危机，开始大规模拓展土地垦殖，农业集约化程度亦随之日渐提升。"在一个土地私有关系日益普遍的时代，土地的开垦和改良遂成为地权分化的一个重要契机。……随着土地关系的松懈，契约关系上升为土地交易中的主要模式，各种类型的土地契约因此而迅速地发展和流行起来，在人口稠密的地方，商品生产逐渐成为家庭生计中不可或缺的部分"[2]。受社会客观因素和立法自身缺陷的影响，当时的商品交易很难在官府的法制之下得到有效保护，加之商品交易自身降低交易成本的需求，使得民俗习惯特别是交易习惯，起到了填补立法缺失的作用。

---

[1] 张晋藩：《清代民法综论》，中国政法大学出版社1998年版，第23页。

[2] 梁治平：《清代习惯法：社会与国家》，中国政法大学出版社1996年版，第167—168页。

近代是中国社会发生剧烈变革的时期,"人民既愤独夫民贼愚民专制之政,而未能组织新政体以代之,是政治上之过渡时代也;士子既鄙考据词章,庸恶陋劣之学,而未能开辟新学界以带之,是学问上之过渡时代也;社会既厌三纲压抑虚文缛节之俗,而未能研究新道德以带之,是理想风俗上之过渡时代也,……例案已烧矣而无新法典"①。在梁启超所言的"过渡时代",以民俗习惯为代表的民间规范体系因官家制度的空白而获得了相对自由的拓展空间,这个时期的各级各类政权对民俗习惯在私权纠纷中所起到的调整作用,通常持放任态度。此种情况的出现,固然有政权更迭和社会变革带来的影响,但也与传统中国立法与司法权力对社会中下层的渗透力有限有着直接的关联。正所谓"皇权不下乡",这是上层统治者与民间士绅阶层达成的长期默契。清代百姓本有健讼的风气,在战乱与革命交织的时局之下,地方衙门渐渐丧失权威与公信力,民众自然将定分止争的需求求诸千百年来传承不断的乡土秩序与规则。

自清末的 1905 年起,慈禧政权主导的变法开始引入西方法制,其中即有由修订法律馆和礼学馆起草的民法典,史称《大清民律草案》。《大清民律草案》共分五编,为总则编、债权编、物权编、亲属编、继承编,其中,后两编吸收了大量中国传统社会历代相沿的礼教民俗。《大清民律草案》完成后,辛亥革命爆发,清廷被推翻,此草案遂被搁置。在 1922 年华盛顿会议之前,民国政府并未再有民法典立法的实质之举。因此,在民国初年,"一切民事仍依民间习惯,设遇民事上发生纠葛,若不明悉当地习惯,则办案之法官、律师或行政官无可依据"②。连当时的最高审判机关大理院亦高度重视习惯法的作用。《大理院判例要旨》曾对适用民俗习惯的判例进行了例举,如民国 3 年 12 月 23 日上字 954 号债务纠葛一件,同年 10 月 12 日上字 909 号钱债涉讼一件,民国 2 年 9 月 24 日上字 115 号匿财拖欠一件,民国 3 年 7 月 21 日上字 554 号立继纠葛一件,民国 2 年 7 月 17 日上字 540 号堤工纠葛一件,民国 3 年 7 月 14 日上字 526 号赎地纠葛一件,民国 2 年 12 月 13 日上字

---

① 梁启超:《过渡时代论》,载《清议报》1901 年 6 月 26 日。
② 施沛生等:《中国民事习惯大全》,广益书局 1924 年版,第 1 页。

177号赎田纠葛一件等。① 不过民国初年的审判机关对民俗习惯也非一味遵从，而是根据需要并确立一定原则进行取舍。大理院等曾归纳了援用民俗习惯的要件：一是"法律已设规定即无适用习惯的余地"；二是"是否有利于法律关系的弱者"；三是"以不违反公序良俗者为限"；四是"必须是公信公认的"。此外，民国5年上字51号判例还表达了援用习惯与遵从当事人意思自治之间的关系："不关公益之习惯法则与契约相抵触者，为尊重当事人意思起见，自应以契约为准。"②

（二）以禁放烟花爆竹为例看现代社会中民俗与法律的冲突

任何国家在建设现代法治的过程中，都不免和民俗发生正面的碰撞甚至冲突。一般而言，对于幅员辽阔、人口众多、社情复杂的大国，其施行于全国范围的法律，考虑到各种因素，会对民俗留有较大的余地，不会直接取缔、禁止或强制改变那些对公共秩序负面影响较小的传统民俗或地域性民俗。不过，在地方立法中，由于区域公共治理的需求和压力，并在一定程度上受到地方政府政绩驱动的影响，包括文明行为促进法律规范在内的诸多地方法规，往往会对民俗施加以强制性规范、义务性规范、禁止性规范，限制民俗活动的范围甚至一禁了之。其中，最为典型的就是地方立法中对烟花爆竹的限放与禁放。

燃放烟花爆竹可谓中国最古老的传统民俗之一，《周礼·春官》中即载有"九祭"中的"爆祭"，《诗经·小雅·庭燎》则曰："庭燎晰晰，君子至止"。"爆祭"与"庭燎"均是爆竹燃放的早期形式，这表明至早在周代，爆竹已与中华传统礼俗有了深切的结合。而王安石的《元日》一诗更是深入人心，及至现代，孩童仍多能脱口背诵："爆竹声中一岁除，春风送暖入屠苏。千门万户曈曈日，总把新桃换旧符。"自古以来，在中国民间举凡辞旧迎新、驱灾祈福、崩穷求富、狂欢喜庆，燃放烟花爆竹始终是最重要的表达方式之一。直至当代，中华文化圈的民众在过春节时仍然是把燃放烟花爆竹和办年货、祭灶、扫尘、贴春联贴福字贴窗花、除夕守岁、吃年夜饭吃饺子、收压岁钱、拜年、逛

---

① 北洋政府司法部：《大理院判例要旨·民律》，司法公报临时赠刊，1927（43），第2—4页。
② 周东白：《最新大理院判决例大全》（卷下），大通书局1927年版，第30—31页。

庙会、吃元宵吃汤圆、看花灯、猜灯谜等并列在一起，视为"中国年"的基本要素。

有趣的是，对烟花爆竹的禁放并非始自当代。1907年2月3日，天津巡警总局在《大公报》发布公告："入冬以来，风高物燥，瞬届年节，竞放花爆。起花双响，高入云霄，遗火落下，贻害非小。贩卖燃放，均于禁条。特先晓谕，广为劝告，父戒其子，兄为弟导，子弟有犯，父兄枷号，倘敢故违，决不宽饶"①。这应是中国历史上有据可查的、首次由官方颁布的城市燃放烟花爆竹禁令。自此，禁放烟花爆竹这类的民俗与法律秩序的冲突就成为社会各界争议不断的一个焦点问题。

民国成立之初，袁世凯政府仿效日本，改旧历（农历）为新历（公历），废除旧历春节，改过公历新年，并一度禁放烟花爆竹。袁世凯政府甚至派出督察小分队沿街巡视，不许贴春联和放鞭炮，但最终禁令不了了之。北洋政府对烟花爆竹的敌视态度到了19世纪20年代终于破防。"燃放爆竹，本为官厅所禁止，自民国九年始，警厅忽取放任主义，于是家家户户，每至年底，争先购置。当子正初交时，乒乓之声，即不绝于耳"②。1928年，南京政府亦曾严令将"旧历年节"之娱乐、赛会及习俗上点缀品、销售品一律加以指导改良，对包括烟花爆竹在内的过年民俗予以干涉。当时的南京政府，官方过公历新年，而百姓则只认农历春节，民俗与"官俗"一直博弈到了蒋介石发起"新生活运动"的1934年，南京政府终于不再折腾，在事实上默认了这种"二元新年"的局面。

新中国成立之后特别是改革开放以来，随着城市管理的形势变化，各地对燃放烟花爆竹的政策和法律规定经历了一个从限到禁，从禁到解禁，从普遍解禁再到重新限制的演进过程。每当地方公权力对烟花爆竹的燃放限制较为宽松的时候，法律与民俗之间的关系就显得不那么紧张，群众的抵触情绪就能得到较多的缓解。事实上，从禁到解禁，本身即体现了公权力对民意的听取与尊重，也就是说，民俗的基础是民意，表面上的法律与民俗之争，实际上是公权力与私权力的界限划

---

① 天津巡警总局：《鞭炮禁放公告》，《大公报》1907年2月3日。
② 胡朴安：《中华全国风俗志》，河北人民出版社1988年版，第14页。

定之议，反映的是公权力对民意的态度取舍。因此，当随着社会的发展、观念的改变，民意已不再对一些民俗抱有强烈的执念之时，通过法律途径而革新民俗，所谓移风易俗，也就水到渠成，不会受到强烈的社会阻力了。

（三）法律能否移风易俗

在穗积陈重看来，"法之原质之社会的规范"有三种，分别是信仰规范、道义规范和习俗规范①。大多数学者并不否认法律与民俗习惯间的渊源关系，但在借以法律手段实现"移风易俗"的问题上，理论界的观点是两极分化的。卢梭即认为，如同建筑师在施工之前需先检测土壤，立法者欲制定出良法也需考察当地的民俗。在卢梭看来，改变已经确立的民俗既危险且徒劳（哪怕立法者将这样的民俗视为陋俗），因为人民不会忍受他人去消除自己的缺点②。而马克思基于辩证唯物主义的视角则认为，民俗习惯和法律作为上层建筑的内容，皆由一定的经济基础所决定并受到物质生活条件的制约，同时，它们作为上层建筑的一对矛盾，在一定条件下可以相互转换，相互影响。在马克思主义看来，法律从产生之日，就带有改变环境和人的行为方式的使命，是人的主观能动性的发挥。因此，民俗习惯必然能够被法律改变。

但是，从法理上承认法律可以作用于民俗并改变民俗，并不意味着"移风易俗"不会受到宪法的限制。由于民俗习惯具有鲜明的地域性和民族性，对民俗习惯的变革，不可能不涉及民族问题。又由于民族不仅是一个集合概念，还包括了民族的全体成员，因此民族的权利不仅是一种集体权利，也是公民的个人权利。基于此，《宪法》第四条第四款中"各民族都有……保持或者改革自己的风俗习惯的自由"的规定表明，任何旨在移风易俗的立法都必须满足合宪性的要求，不能因强行改变民俗而违宪。

---

① ［日］穗积陈重：《法律进化论》，黄尊三、萨孟武、陶汇曾等译，中国政法大学出版社1997年版，第280页。

② ［法］卢梭：《社会契约论》，何兆武译，商务印书馆2003年版，第55—56页。

三 民俗对文明行为促进立法的影响

(一) 民俗支持文明行为促进立法的逻辑进路

其一,必要性。转型社会中易出现的信仰危机、暴力活动频发、权利缺失,会渐次撕裂国家制度正义,伺机吞噬社会肌体理性,将国家与社会推向张力凸显的对抗状态,也因此,文明行为促进立法不可能不在其作用范围内加以应对,且力求有效地应对而非流于形式。信仰的生成与作用发挥总是离不开客观社会条件,它是人类主体与社会结构互动交融的产物,特定社会结构的变迁不可避免地导致新旧文化、思想、价值观念的交汇与碰撞,进而使社会成员面临信仰危机。而暴力则是一种分解社会秩序与规范的行为,社会的转型期,家庭暴力、校园暴力、网络暴力、街头暴力等暴力活动以不同样态频发于社会生活的各个空间,这种现象从外在成因上看源于公共治理失序、资源占有失衡、阶层流动失能等因素,但其内在的动因则是社会的信仰虚无。民俗不是宗教,固然不能直接解决社会成员信仰对象缺失的问题,但民俗能够填补正统宗教信仰相对缺失造成的信仰真空,其信条中教人敬畏、主张抑恶扬善的成分,也不乏自律和操守的成分,亦会对信仰者的行为举止起到一定规范作用。社会治理是逐渐去中心化的过程,其本质在于还权于民。然而,在国家治理叙事或基层治理实践中,社会却往往处于从属的角色。从文化根源上来看,自秦汉以来,传统中国政治上的高度集权体制,经由儒家礼制的意识形态教育与文官选拔的官僚阶层,固化了国家主义对社会空间的主导地位,湮没了个体本位及其权利确认,导致了社会治理的国家导向与社会权利不足现象。现代社会治理既应有戒于此,又不能放弃对中国社会传统文化与治理资源的转化与利用。作为本土化的基层信仰资源,民俗信仰反映了地域化的生产生活方式,占据着本地社会成员的时空场域,能够促使社会个体归于平静、理性。

其二,可能性。文明行为促进立法与适应了现代社会的民俗共通于以人及其关系为依托的美好生活。无论是在传统社会,还是在现代社会,社会成员能够通过民俗所构筑的文化力而获取战胜困厄的精神动力,能够通过民俗信仰增强集体认同感和凝聚力,培育扶助孤老的公益精神以及从事文明行为促进的参与意识。从实践的角度来看，文明行为促进立法的话语提出与践行为民俗拓展了社会空间，使民俗作为根植于地方生产生活的文化，在日益宽松的政治环境与治理场域下，逐渐获取"文化身份"的建构与认同，为其参与文明行为促进活动奠定了话语基础。习近平总书记在纪念孔子诞辰2565周年讲话时指出："当代人类也面临着许多突出的难题，比如，贫富差距持续扩大，物欲追求奢华无度，个人主义恶性膨胀，社会诚信不断消减，伦理道德每况愈下，人与自然关系日趋紧张，等等。要解决这些难题，不仅需要运用人类今天发现和发展的智慧和力量，而且需要运用人类历史上积累和储存的智慧和力量"[1]。而民俗能够以为文明行为促进立法供给文化支撑的方式，用一定的道德取向与内在价值观引导社会成员自律善行、和谐处事，并参与乡土社会的社会公益、生态环保、纠纷调解和文化教育，纾解公权力的治理压力。

（二）民俗对文明行为促进立法的显性支持

其一，民俗能够为塑造个体人格与增进文明意识提供精神支持，实现文明行为促进立法的社会价值建构。民俗植根于相应地域社会，在长期的发展过程中与特定的人文自然环境共生，形成了具有融合性、共享性、适应性的区域文化特征，往往具有劝人向善、与人和善的道德内核。并且，民俗中道德观念的建构，通常发轫于当地族群的自发自觉行动，并通过社会成员的流动而扩散开来，形成一定地区民众的信仰特色和族群标识。在许多地区的乡土社会中，中青年人奔波于生计，流动于城乡之间，而年老年幼者则长期停留于乡土社会。在年长者们的交流互动环境下，年幼者潜移默化接受了长辈言传身教的地方性知识，经由持续性的社会化，民俗所蕴含的包容、奉献、感恩等美好道德因子与文化精神逐渐被下一代所接纳与认同，而社会个体从中习得了民俗文化精神，或与之相关的规范意义，明了为人处世、接人待物的基本规则。因此，传统的民俗文化作为一种本土化的社会规范资源，反映了民间社会的生产生活方式与习惯，更容易被社会成员所接受和认同，能够为文明

---

[1] 习近平：《在纪念孔子诞辰2565周年国际学术研讨会上的讲话》，新华网，http://www.xinhuanet.com/politics/2014-09/24/c_1112612018.htm，2022年1月1日。

行为促进立法提供价值观的支持。

其二，民俗能够发挥文化的社会冲突化解功能，为文明行为促进立法消解社会矛盾提供路径参考和解释维度。不同于其他社会规范，民俗是通过文化精神和文化载体来遏制社会中的不文明行为，对因之产生的社会纠纷进行预防、解决，并最终达到恢复社会公共秩序的目的。民俗文化化解社会冲突的过程建基于三个条件：超自然的权威、共同价值和信仰者的服膺。现实中，民俗中的诸多禁忌和忌讳，往往和公序良俗相关，触犯禁忌的行为，大多数都为公序良俗所不容。同时，出于朴素的信仰和普通人不愿深究原理的神秘感，人们赌咒发誓或者诅咒失德，亦会对一定社会行为产生微妙的影响力。兼之民俗具有明确的文化边界，反映了特定地域范围内社会成员的日常生活方式与心灵图式，使得民俗能够内化成社会个体的思想意识，并外化于社会成员的日常行为之中。对于具有较多软法因素的文明行为促进立法而言，如何消解因不文明行为丛生而引发的社会矛盾，民俗的这种文化功能，是足资借鉴的。

（三）民俗对文明行为促进立法的隐性背反

从社会发展的自身规律来看，包括民俗在内的社会系统在促进社会秩序建构的同时，也暗藏着减少社会适应的消极反馈。固然，民俗能够通过社会价值建构、社会冲突整合、社会结构互动等显性功能在文明行为促进中发挥积极的支持作用，文明行为促进立法若能处理好对民俗的调整与引导，会对社会整体的文明进步起到加速性的推动。然而，由于民俗在构成和来源上的复杂性，以及不可避免地受到资本和权力的裹挟，民俗在演进中也呈现出了阻碍民众思想开化、传播迷信、沦为少数人牟利、浪费社会财富工具等与文明行为促进立法目标正相悖的诸多客观问题。

即以迷信为例，改革开放以来，一些旧民俗复苏，附着其上的一部分迷信也随之死灰复燃。梁漱溟认为，"迷信实根于人们要向外有所求得之心理而来"[1]。迷信本质上是一种缺乏理性实质的信仰，是对自然和社会现象的迷惘信服和盲目相信，它往往将原本没有联系的现象或事

---

[1] 梁漱溟：《中国文化要义》，上海人民出版社2018年版，第133页。

物看成是具有因果关系的，甚至将某种现象归于某种神秘、不可测的力量。当迷信披上民俗的外衣甚至企图摇身一变而成"非物质文化遗产"之时，迷信的破坏力就远不只是愚人骗财，而是成为麻醉人的思想、阻遏文明意识的传播、解构道德信仰的社会之癌。虽然在现代语境中，"封建迷信"是作为迷信这一概念的通常表述而出现的，但是，迷信系统实际上与封建主流文化亦有着明显区别，某种程度上说，迷信是原始宗教巫术的遗留产物。即便在通说的中国古代封建社会中，迷信也有着与封建主流文化系统相干扰的一面，它既是愚昧、落后、非文化、反文化的麇集之地，又经常成为反主流、反社会的排泄渠道，甚至成为异端的旗帜和造反者的组织手段，总体上是为封建主流意识形态所不齿和诋毁的，从未获得像佛教、道教那样的官方地位。也正因此，纵观中国历史，迷信与民俗的时常结合，每每招致中央与地方政权的不时打击。然而，若要民俗与迷信作彻底的切割，以民俗的实质和运行规律来看，是极难做到的。甚至可以这样判定，完全消除了迷信因素的民俗，恐怕也就算不上是所谓的民俗了。

　　文明行为促进立法旨在推动全社会的文明进步和全体社会成员文明意识的提升。在文明秩序中，社会成员的行为必须有充分的合法性，包含社会文化的、行政的、意识形态的和法律上的合法性。文明行为促进立法自身能够在一定范围上赋予民俗行为在法律上的合法性，但是民俗法律上合法性的基础是社会文化的合法性，而社会文化合法性的判定标准并不能只看社会接受度或认可度，还应考虑其是否遵循了文明的发展趋势。显然，当社会环境处在普遍反智的状态，或者陷入逆文明潮流而动的漩涡，民俗中的负面因素就会沉渣泛起，四处泛滥。因此，文明行为促进立法应警惕民俗的隐性背反，并从改造社会环境入手，将包括民俗在内的社会行为引入正确的轨道，不能过度追求"顺其自然"而失却法的社会改造功能。

第四章 文明行为促进立法的地方立法实践

第一节 文明行为促进立法拓展了地方立法的广度与深度

一 对地方立法主题的扩充

（一）地方立法的常见主题

自2005年以来，设区的市成为地方立法的主力，立法数量迅速增长，仅以"条例"命名的地方法规总数即已超过26000部[①]，立法的主题主要集中在推动经济高质量发展、改善民生和社会治理、推进生态文明建设和弘扬社会主义核心价值观等方面。以民生和社会治理立法为例，地方立法发挥"最后一公里"作用，结合当地实际，对国家法律法规相关规定予以细化，主要体现在物业管理、新能源交通工具管理、安全生产、特殊人群保护等方面。比如《盘锦市物业管理条例》《海南省电动自行车管理条例》《福建省儿童乘坐机动车使用安全座椅的规定》《广西壮族自治区预防未成年人犯罪条例》《江苏省老年人权益保障条例》《吉林省铁路安全管理条例》等。

再以社会主义核心价值观入法为例，作为社会主义法治的灵魂，将社会主义核心价值观入法入规，法律法规才能真正为人们所信仰、所尊重、所遵守，法治建设才能坚定鲜明立场、坚守价值导向、坚持正确方向，进一步筑牢各族人民团结奋斗的共同思想基础；因此，在立法实践

[①] 北大法宝网站，https://www.pkulaw.com/，2022年2月19日。

中，各地立法机关积极推动社会主义核心价值观有机融入引领，突出弘德立法时代主线，以立法承载社会主义核心价值观，使制定和修改的地方性法规既充分体现国家的价值目标、社会的价值取向、公民的价值准则，又在保障民生发展、弘扬传统美德、强化法治意识、促进公序良俗等方面发挥积极的作用。比如，为弘扬红色文化，传承红色基因，培育和践行社会主义核心价值观，上海市制定了《上海市红色资源传承弘扬和保护利用条例》，对红色资源的调查认定、传承弘扬、保护管理和相关保障措施作出规定；为弘扬长征精神和遵义会议精神，坚定理想信念，增强文化自信，贵州省制定了《贵州省长征国家文化公园条例》，加强对长征文化公园的保护、建设、利用与管理。

（二）文明行为促进立法实现了道德入法的制度创新

文明行为促进立法固然不是道德入法的开先河者，但在道德与法律相结合的路径探索上，在拓展地方立法的主题上，文明行为促进立法无疑推动了道德入法的制度创新。以立法而言，道德的法律化实践贯穿古今，西周时期，礼制是为最主要的社会规范，彼时更多的是"道德化的法律"，"道德法律化"的命题在礼制之下是毫无存在意义的。自先秦法家变法以来，国家视严刑峻法为最基本的法治类统治工具，纵有"德主刑辅"之说，也不过是官方价值观的宣示罢了，在实际统治中，由秦汉至明清，就未见有一朝一代不将重刑主义用作威吓手段的。这种情况之下，道德元素对专制法律的影响，取决于专制统治者对社会情势的判断和其个人对何种驭民之术的偏好。国家法律沦为统治者的玩物，全凭其个人喜好而任性立法，如此荒谬之事在史上不止一次地发生过。同处于中华法系文化圈且崇尚儒家的日本江户幕府将军、当时日本实际上的最高统治者德川纲吉，即曾颁布《生类怜悯令》等一系列法令，如果这位幕府的五代将军再多些理性，《生类怜悯令》本可成为东亚生态文明立法的先驱，然而，德川纲吉的这套生物保护法愈到后期愈丧失法律逻辑和政治伦理，以致将动物的生存权凌驾到了人类之上。这与其说是立法理念超前，倒不如说是将军的权力任性。

因此，专制时代的道德法律化是脆弱且带有一定伪诈性的。自古不乏理想主义的政治家，却少见理想主义的君主。只要道德法律化没有跳出统治术的窠臼，就谈不上道德入法的真正科学理性。文明行为促进立法是关于文明建设的综合立法，旨在提升公众的文明素质和社会的文明程度，它以文明行为促进为发力点，而社会生活中的文明行为与不文明行为均受其调整，由于所涉社会关系的复杂性和所涉社会生活领域的广度与深度，在道德入法领域，文明行为促进立法堪称集大成者。在这一点上，文明行为促进立法之前的地方立法主题，即便有涉道德入法，却并未达到实现制度创新的程度。

地方立法中的道德入法探索始自20世纪90年代，最具有代表性的就是见义勇为行为立法。截至2022年2月，各地共颁布了38部鼓励和保护见义勇为行为的专门性地方法规。不过，这些立法对见义勇为行为的鼓励与保护仍未脱离社会治理的范畴，它们强调的是国家对见义勇为者权利的保护和损失的补偿，带有较强的公法化色彩，其主要义务主体是公权力机关，在立法主题上与规定调整某一类特定社会关系的行政法规并无本质区别。

与之相比，各地的文明行为促进立法中，虽同样明确倡导和鼓励见义勇为行为，但文明行为促进立法是将见义勇为行为纳入整体性的文明行为体系，强化其道德色彩，并依托系统的文明行为工作机制对其予以促进的。对于见义勇为行为而言，见义勇为者终究是基于道德责任感挺身而出，救助弱者或者被害人，如果全凭利益驱动或过于瞻前顾后，那便不是见义勇为了。由于见义勇为者可能因其义举而面临人身利益和财产利益的严重损害，无因管理等私法制度不足以完成对见义勇为者的全面救济和保障他们的后续权益，所以社会和国家理应对其予以充分的保护和制度保障。但见义勇为行为作为典型的道德行为和文明行为，其要旨在于"义"与"勇"，这意味着它的动机出于道德，它的结果带有风险，因此再完善的保障制度也不应将其推向义务化，成为法律上"应当"的行为。从见义勇为之例可以看出，文明行为促进立法对社会主义核心价值观的贯彻落实、对公民道德的培育、对中国传统美德的弘扬，是通过柔性规范与刚性规范的结合，通过对不文明行为的明令禁止、对文明行为的认定与保护，通过建立各种平台、制度和机制并明确各公权力部门在文明行为促进工作中的职责从而实现的。某种意义上来说,可以将文明行为促进法规比拟为一部微型的地方文明行为"宪法",它突破了传统立法中道德入法的纯粹微观视角,以微观和宏观结合的方式进行立法中的系统化安排,显著拓展了地方立法的主题,并从立法技术的角度实现了地方立法实践中的制度创新。

(三) 实现文明行为促进工作的法治化

文明行为促进立法是一部综合性的立法,它并非只担负了道德法律化这一单一的任务,文明行为促进立法等地方法规作为新时代中国特色社会主义法律体系的重要组成部分,是中国特色社会主义制度的重要载体,是国家治理体系和治理能力的重要依托,为推动社会治理能力现代化提供着必要支撑和试验探索。

国家治理体系和治理能力的现代化,就是国家治理体系能够适应经济社会发展不断调整完善,国家治理能力能够因应经济社会发展持续优化提升。历史发展表明,现代国家治理的基本方式是法治,法治是最可靠、最稳定的治理。现代法治的核心是良法善治,现代法治不仅为国家治理注入了良法的基本价值,也为国家治理提供了善治的创新机制,因此,国家治理法治化构成国家治理体系和治理能力现代化的核心指标和主要标志,也是国家治理体系和治理能力现代化的必然要求。[1]

近年来,各地在精神文明建设方面取得了显著的成果,积累了一定的工作经验和工作方法,这些丰富实践,在推动当地社会治理体系和治理能力现代化建设中发挥了重要作用,需要通过文明行为促进立法加以巩固和深化。然而,在以往的地方立法主题上,尽管各地的立法涵盖了社会治理的诸多方面,却往往呈现碎片化状态,无法自成体系,只是传统立法主题下的分支或局部放大,并非拓展出新的领域。对于精神文明建设和文明行为促进工作而言,长期缺乏系统的专门性立法,使地方在文明行为促进和不文明行为治理中容易出现中央、地方、政府、市场与社会组织多头不管的治理盲区。

实际上,地方在治理中通常背负有较多的"创建"任务,且大多和文明行为促进工作密切相关,因而具有涉及面广、时间紧、任务重等

---

[1] 张文显:《法治与国家治理现代化》,《中国法学》2014 年第 4 期。

特性，需要多个职能部门和社会组织来协同完成。可是，由于缺乏对相关责任主体的责权利的明确规定，现实中的齐抓共管变成了"九龙治水"，出现"齐抓"都不抓、"共管"都不管的合作困境。因此，地方对于实现文明行为促进工作的法制化有着较为迫切的要求。

这些国家级的城市文明创建活动见表 4-1。

表 4-1　　　　　　　　国家级的城市文明创建活动

全国文明城市	全国青少年普法教育示范市
全国卫生城市	全国民族团结示范市
国家级园林城市	全国法治政府建设示范市
国家森林城市	全国科普示范市
国家智慧城市	信息惠民国家试点城市
国家创新型城市	国家级服务型制造示范城市
中国优秀旅游城市	国家文物保护利用示范区
国家级生态文明建设示范市	国家公共文化服务体系示范区
国家安全发展示范城市	全国创建社会信用体系建设示范城市
国家食品安全示范城市	全国社会治安防控体系建设示范城市
国家电子商务示范城市	全国学习型家庭创建示范城市
国家消费帮扶示范城市	全国婴幼儿照护服务示范城市
国家知识产权示范城市	全国市域治理现代化示范城市
国家新能源示范城市	全国残疾人工作示范城市
国家公交都市建设示范城市	全国工业互联网示范城市
国家文化和旅游消费示范城市	全国旅游标准化示范城市
全国医养示范城市	全国民营经济示范城市
全国版权示范城市	全国质量强市示范城市
全国禁毒示范城市	全国放心消费示范城市
全国生活垃圾分类示范城市	

由于中央坚持的是一种管制型的央地关系建构思路，中央在给地方下放权力的时候，保留了目标管理权。这种目标管理权又通过垂直化的组织管理来实现。这种管理通过自上而下的强激励和问责机制，促使下级部门必须重视上级提出的刚性任务，并予以加码，再将指标分解给基层组织，同时建立更强的问责约束，从而能在体制内广泛调动各方资源，确保上级提出的刚性任务得到落实。在这种强大压力型体制下，地

方往往会采取一种运动式治理的模式。这种治理是一种打破制度、常规和专业分际的治理活动，它通过政府强大的组织动员能力，来实现上下级之间、政府与社会之间的高度联动，携手解决突出矛盾，化解潜在风险。为了完成上级设定的目标，它要求在短期内暂停常规的运作方式，突破既定规则和程序。因此，这种地方治理体现出强烈的结果导向的特征。面对地方治理的非制度化及带来的一系列问题，中央允许地方进行一定的立法权扩容。这种立法权扩容具有先行先试的特点，它既能够在一定程度上规范地方的治理行为，又能够有效地降低国家治理能力现代化提升的探索成本。当时机成熟时，中央即可根据形势发展经由国家立法机关修改法律，将这种试点和探索正式制度化。

文明行为促进立法便是在这样的背景之下成为近几年来地方立法机关在立法实践中的重要主题的。文明行为促进立法能够发挥地方在治理中的信息优势和自治空间，调动地方在治理中运用法治手段的积极性，并在此基础上构建起现实有效的法治化的文明行为促进工作体系，使法律发挥出其应有的社会控制功效。

二　对地方立法治理效应的扩展

随着中国特色社会主义法律体系的形成和不断完善，我国立法工作的重心已从解决无法可依转向实现良法善治。从2013年的第一部文明行为促进立法——《深圳经济特区文明行为促进条例》诞生至今，文明行为促进的立法实践已近十年，已颁行的文明行为促进地方立法超过200部，深圳甚至已制定了第二部文明行为立法——《深圳经济特区文明行为条例》（取代第一部）并已经过两次修正，文明行为促进立法作为一种法律现象和法律规范系统在国内已有了长足的发展，未制定文明行为促进立法的地方亦大多有了相应的立法规划。因此，如果欲使全国范围内的文明行为促进立法有着高质量的持续产出，就必须探讨完善文明行为促进立法扩展地方立法治理效应的机制。

与传统的管制型治理相比，文明行为促进立法以法制的形式为文明社会建设构筑了一个综合性和系统化的法律规范体系，并以纲领性的条款为地方政府日后通过行政规章等形式落实文明行为促进工作留足了合法性空间。

长久以来，不同地区、不同时期的地方文明行为治理往往具有较强的地域色彩，比如当地居民的文化传统、风俗习惯、人口结构等因素均会对文明行为治理的政策取向产生不小的影响。这些问题若达不到上升至国家层面的程度，国家立法必然对其是难以涉及的，因为全国性的法规不可能对地域问题时时加以特别的关注，它只能仰赖于地方性的文明行为促进立法对本地问题加以总体把握和系统规制，进而优化地方治理决策，改善地方治理氛围，增进地方治理共识，提高地方治理效能，推动地方治理能力现代化。

文明行为促进立法由于其立法主题和调整范围贴近基层、贴近群众，在畅通利益表达渠道方面有天然优势，各利益主体能够通过多种方式参与到文明行为促进立法的进程之中，从而拓展民主立法路径、提升民主立法实效，使各方利益诉求既能充分有序表达又能有效取得"最大公约数"，保障治理制度和治理方式充分吸纳人民意见、体现人民意志，实现全过程人民民主，降低地方治理阻力。对文明行为进行立法，其意义不仅在于将道德入法以增强其规范效力，更在于以法治的手段进行道德建设和精神文明建设，通过法律的制定与实施贯彻社会主义核心价值观，能够保障地方治理在法治化的轨道上科学运行，有效避免"以文件代替法律""以长官意志代替法律"等权力行使的任性。而且，相比其他的地方社会规范，文明行为促进立法以法治的样态展现，公信力更强，并有强制力保证其实施，能够保障治理的严肃和权威，避免治理政策与目标的朝令夕改，给予社会公众稳定的预期，营造出良好的治理环境。

文明行为促进立法是一项系统工程，立法的针对性、可操作性和系统性等质量特征主要取决于立法机制的科学性和有效性。地方立法机制是地方立法运行的制度依托，包括一系列制度、程序和机制安排。尽管地方立法机制的基本体系已经确立，各地在立法机制上也多有探索，但基于国家治理体系和治理能力现代化的要求，支撑和保障高质量地方立法的制度体系和运行机制仍然需要与时俱进，在创新中不断完善。

三 突破"景观式立法"的困境

(一) 何谓"景观式立法"

"景观式立法"指的是近年来地方立法中呈现出的不考虑法规实际操作的可行性,不重视法规的实施效果,片面追求"花架子"的一种立法现象。"景观式立法"的产生源自立法抄袭、立法重复甚至"立法污染",也即不恰当的立法会随着立法抄袭而不断扩散,乃至以讹传讹。而对于一些地方的立法实践而言,不求创新,但求无错,立法中紧紧追随上位法,以致几乎成了上位法的翻版,造成立法资源的无谓浪费。

(二) "景观式立法"的负面作用

随着地方立法权的不断扩容,经由数十年的地方立法实践,在全国范围已形成了规模庞大、种类繁多的地方法规体系。但是,地方立法规模的膨胀也在潜移默化间让一些地方形成了对立法的惯性依赖,"言必称立法",过分追求立法的速度和规模,相对忽视立法质量和法律实施。个别地方甚至将此作为政绩的表现,立法数量和速度贪多求快,使地方立法的质量难以保证。比如,有些地方法规中,甚至写入了便器外便溺罚款100元、公厕内的苍蝇数不得多于2只、打喷嚏时应遮掩口鼻等条款[①],不仅陷执法者于窘境——管则力不从心,不管便是有法不依执法不严,更有损法律的严肃性,使旁人观之有哗众取宠之嫌。

一些地方的立法中,为了求得本地立法看上去"大而全"、体例完整、形式漂亮,往往将大量内容空泛、实践中并无操作性的条文硬塞进法规的各个部分,使得地方立法中可能闪现的"亮点"湮没在长篇累牍的繁复条文当中。虽然这并不一定损害上位法的应有功能,但其"身躯庞大"并不意味着这些法规的可操作性和实效性就能当然地相应提高。相反,这种立法体例、结构的选择,不仅容易丧失地方立法及时、简洁、灵活的优势,更使得各法律主体在理解、遵守和执行时不得要领。显然,这种"景观式立法"既是对立法资源的一种浪费,也是

---

① 孙春牛:《地方立法别搞"景观化"》,载《人民日报》2013年9月30日第5版。

地方立法价值的一种损耗。

(三) 文明行为促进立法破除"景观式立法"的路径

文明行为促进立法因为关涉多方面的社会关系以及多领域的专业知识,立法的技术难度较之普通的地方立法要大得多,需要针对起草、论证、听证、评估、协调、审议等立法的全过程建立起有效的机制。文明行为促进立法看似与一地行政区域内活动的所有人和所有单位相关,每个人每个单位均能对其提出自己的见解,不像一些专业性色彩明显的法规,若欠缺相关专业知识背景,即便有参与立法建言的机会,却未必能在讨论中插得上话。但实际上文明行为促进立法在立法尺度的把握上要求极高,并需要精深的立法技术,否则同样难以跳出"景观式立法"的窠臼。

正基于此,文明行为促进立法应探索委托第三方起草的立法模式,并广泛听取专家、学者、执法者和市民的意见,不能止步于对当下的文明水平做简单的归纳,也不能脱离社会实际盲目攀高造成"普遍违法",通过专业化操作和集思广益相结合,才能制定出"跳起来、够得着"的具有实施价值的立法,才能真正发挥文明行为促进立法应有的引领和推动作用。

由于文明行为促进立法暂时并无上位法的牵制,因此在遵守不抵触原则的前提下,文明行为促进立法可适当放开手脚,大胆创新,这是避免文明行为促进立法沦为"景观式立法"的最有效途径。比如,针对社会中普遍存在的不文明行为,不必刻意回避矛盾,不应避重就轻,可着力加强相关可操作性条款的设计,通过细化、量化、实质性、具体性的条款规定去实现矫正不文明行为的目的。文明行为促进立法可以划出不文明行为的重点治理清单,并通过文明行为促进法律规范的实施予以集中整治。由于文明行为促进立法最需要广集民意,也由于市民对于文明行为促进立法的关注度普遍高于一般性的地方立法,类似问卷调查等调研方式能够充分征集社会各界的意见,特别是亟待整治的本地不文明行为。鉴于诸多不文明行为具有经常发生、反复出现等特点,对那些群众反映强烈、危害性较为突出的不文明行为即可明确列入文明行为促进法规之中,对其进行重点整治。而且,这个清单是可以随着形势的变更而更新的，如有必要，文明行为促进法规颁行一段时间之后可根据具体情况进行调整和修订，由此确保文明行为促进立法可操作性的长期效应。

第二节　文明行为促进立法对地方立法质量提升的助推

一　提高立法中的公众参与水平

（一）完善立法听证制度

立法听证制度是提升文明行为促进立法公众参与度的一种基本形式，是决策科学化和立法民主化的重要保证。立法听证制度是立法主体在立法过程中就权利义务设置等立法问题，依据一定程序听取相关法律主体的意见和建议，并将这些意见、建议作为立法决策的依据或参考的一种制度性安排。听证制度源于英美法系，最初适用于司法领域，之后逐渐扩展到立法和行政领域。理论和实务界通说认为，1999年广东省人大常委会举行的《广东省建设工程招投标管理条例》听证会是立法听证制度在中国立法领域的首次应用。

现行《立法法》第三十六条明确规定了立法听证制度："列入常务委员会会议议程的法律案，法律委员会、有关的专门委员会和常务委员会工作机构应当听取各方面的意见。听取意见可以采取座谈会、论证会、听证会等多种形式。法律案有关问题专业性较强，需要进行可行性评价的，应当召开论证会，听取有关专家、部门和全国人民代表大会代表等方面的意见。论证情况应当向常务委员会报告。法律案有关问题存在重大意见分歧或者涉及利益关系重大调整，需要进行听证的，应当召开听证会，听取有关基层和群体代表、部门、人民团体、专家、全国人民代表大会代表和社会有关方面的意见。听证情况应当向常务委员会报告。常务委员会工作机构应当将法律草案发送相关领域的全国人民代表大会代表、地方人民代表大会常务委员会以及有关部门、组织和专家征求意见。"党的十八届三中全会明确指出："完善人大工作机制，通过座谈、听证、评估、公布法律草案等扩大有序参与立法途径"①。截至2022年1月，国内已有《宁夏回族自治区人民代表大会常务委员会立法听证条例》《深圳市人民代表大会常务委员会听证条例》《汕头市人民代表大会常务委员会立法听证条例》《山东省人民代表大会常务委员会制定地方性法规听证规定》《天津市制定地方性法规听证办法》《广东省人民代表大会常务委员会立法听证规则》《甘肃省人民代表大会常务委员会立法听证规则》《青海省人大常委会立法听证试行规则》《长沙市人民代表大会常务委员会立法听证办法》《哈尔滨市立法听证规定》《福州市人民代表大会常务委员会立法听证办法》等11部规定了立法听证制度的地方法规。在文明行为促进立法的过程中，通过立法听证制度的实施，能够使立法主体广泛听取各方面的意见，充分反映民意、集中民智，有效提升文明行为促进立法的质量。相比于全国人大立法而言，文明行为促进立法等地方性立法的听证活动在适用范围上相对集中，对所涉及的法律对象具有更加直接的影响。因此，完善文明行为促进立法等地方立法活动中的立法听证制度，应着眼于意见表达与利益整合、信息搜集与科学立法、政治参与与民主训练。

随着社会的发展和公众法治意识、权利意识的提升，当社会中出现与社会成员群体或个体切身利益相关的问题时，社会成员往往萌发出表达意见的强烈意愿。可以讲，地方立法机关的立法听证制度为公众的意见表达提供了正式平台和正规渠道。在立法听证会上，与听证主题具有利害关系的陈述人一般都能在事前做足功课以便充分阐述自己的主张、表达自己的观点。听证会上，甚至会有不同观点的交锋，会产生激烈但有序的辩论，但这也为立法主体进行利益整合提供了契机，立法主体可以通过听取陈述人的阐述和辩论，更加清晰地了解不同群体的利益主张以及争论焦点，动态性地把握社会公众的利益关系并加以整合，进而将之反映在法规的制定中。

在文明行为促进立法中，立法主体还应通过多渠道收集信息以充分汲取民意，体现公众诉求。在听证会的陈述人构成结构上，应力求多元

---

① 《中共中央关于全面推进依法治国若干重大问题的决定》，《人民日报》2014年10月29日第1版。

化，使利益相关者能够提供全面的社情民情信息与社会意见，使持不同观点者能够在辩论和质询的过程中，激发出更多的事实与真相。从本质上来看，地方立法机关的立法听证制度亦是一个与社会各界协商、沟通的过程，这种协商与沟通能够使法规更加集中民智、体现民情、反映民意，有利于增强文明行为促进立法的科学性和民主性。另一方面，立法听证会的公开举行，以透明的方式向社会公众展示了听证过程和辩论内容，便于群众监督，对立法主体的决策行为形成社会舆论约束，促使其最终制定出能够相对平衡各方利益的立法。

党的十八大报告明确提出："加快推进社会主义民主政治制度化、规范化、程序化，从各层次各领域扩大公民有序政治参与，实现国家各项工作法治化"[①]。按照亨廷顿和纳尔逊的划分，政治参与可以分为动员参与和自动参与，前者是受人策动的参与，后者是本人自发的参与。在中国过去的政治活动中，动员参与情形较多而自动参与机会较少。地方立法机关的立法听证制度为公民直接、主动地参与到关系自身切身利益的立法决策过程中开辟了制度性渠道，使他们能够影响，甚至改变决策。与此同时，通过立法听证制度的政治参与又为公民的民主训练提供了规范的政治空间。地方立法机关的立法听证制度能够借助其运行开展有效的民主教育和民主宣传，是公民直接参与全过程人民民主的重要场所。相较于论证会、专家咨询会、座谈会等形式，地方立法机关的立法听证制度具有比较成形的程序与规则，对陈述人的遴选、听证的环节等均有明确规定，公众通过这样的方式参与立法过程，可以通过程序化的手段表达各自的利益诉求，并在潜移默化间锻造公民意识和公民能力，这契合于建设社会主义法治国家的战略部署，也符合国家治理体系和治理能力现代化的总体目标。

（二）在立法中应用大数据技术提升公众参与度

在设区的市一级的地方立法实践中，由于地方立法机关和相关立法主体获得相对立法自主权的时间并不长，缺乏充分的立法经验积累，因而使设区的市地方立法的公众参与仍有很大的提升空间。传统的立法模

---

① 胡锦涛：《坚定不移沿着中国特色社会主义道路前进　为全面建成小康社会而奋斗——在中国共产党第十八次全国代表大会上的报告》，《人民日报》2012年11月18日第1版。

式下，公众只是被动地接受法律，无法真正参与到立法活动中，公众的智慧无从展现。大数据时代的来临，在给传统立法模式带来冲击的同时，也产生了立法模式创新的契机。随着参与渠道的多元化，公众参与立法的积极性和主动性不断加强，最终促使立法的公众参与由象征性参与向实质性参与转变。对于文明行为促进立法而言，大数据与立法的结合，能够极大提高立法工作的效率和质量。

大数据处理技术符合文明行为促进立法的公众参与需求。大数据有四个特征：数据体量大、数据类型多、价值密度低、处理速度快。由于文明行为促进立法较之一般地方立法有着更高的关注度，能够获取的公众意见不止千条万条，因此，借助现代社交媒介平台，辅之传统线下问卷和调研，只要立法者愿意，文明行为促进立法能够最大限度地征询到当地居民以及各单位几乎每个主体的意见。在海量的数据面前，处理数据的速率就显得格外重要，而大数据处理技术的基本特征与文明行为促进立法公众参与的需求极为吻合。这是文明行为促进立法应用大数据技术提升公众参与度给地方立法创新带来的契机。

大数据运用到文明行为促进立法的公众参与中，会为公众意见数据的整合分析带来两个转变：一是可以分析更多的公众意见数据，甚至可以处理文明行为促进立法活动相关的所有数据，而不再依赖于传统的随机采样；二是数据量之多可以使立法工作者不再热衷于追求单个意见的精准度，而是更加注重文明行为促进立法数据的全面性。大数据的核心价值在于预测，通过对过去和现在的数据对比分析，在海量的数据信息中，挖掘和整合出大范围、全方位的数据，推演出事物之间的相互关系，依靠对这些关系的把握，做出对未来的判断，从而更好地进行成本—收益分析。

并且，大数据技术能够拓展文明行为促进立法参与主体的范围和参与方式。传统立法的参与模式通常是立法者组织进行立法听证会，而举办者往往因为场地等条件限制，需要对参加人员的数量和层级进行筛选，如果参与人数过少，会导致样本量不足，影响结果的科学性和民主性，如果参与人数过多，又会出现场地不足、秩序混乱、难以管理的状况。随着在线社交媒介平台的兴起，与传统立法公开征求意见的方式相比，现代公众更愿意通过这些社交媒介平台表达自己对某个法律草案、立法活动或法律事件的意见，并且这些数据的类型不仅仅局限于文字，还有大量的音频、视频、超链接以及图片等传统采集方式难以统计分析的信息。而大数据的在线信息挖掘技术，可以采集这些多种类型的数据并自动分类、自动排重、自动校对。

同时，数据可视化能够使公众参与文明行为促进立法的反馈更易理解。公众自愿参与到文明行为促进立法中，大多希望自己的意见能在立法中体现，但目前各地的立法机制中，欠缺立法建议的有效回应机制，其原因之一即在于征求的意见数量过多，整合回应成本过大，无法完成对全部意见的反馈。而且，在面对数量庞大的公众意见时，想要通过纯文本或纯表格的形式将其表现出来是非常困难的。大数据的可视化技术是将数据以不同形式展现在不同系统中，可以把文明行为促进立法中公众参与的结果计算以简单直观的方式展现出来，将筛选后的公众意见，通过"数据—知识—数据"的循环过程，将整合分析结果以图像等交互式可视化形式展现，更加直观、形象，便于公众理解和立法机关使用，在文明行为促进立法的公众参与中，可以有效解决公众参与后的回应反馈难的困境。

对于文明行为促进立法而言，大数据技术的参与，使得立法的精细化、民主性和科学性能够带来可期的增长空间。目前，大数据应用于文明行为促进立法主要呈现以下两个趋势：其一，文明行为促进立法活动由"精英化"向"大众化"转变。由于大数据技术能够促进立法的公众参与，使文明行为促进立法活动更多地为民意所引导，而不再是专家、领导的"一言堂"。其二，文明行为促进立法走向"数据化"。通过大数据挖掘技术，立法者能够及时发现公众的关注点和社会发展的趋势，广泛收集不同领域、不同区域、不同层次的民意，构建制度框架，实现"立法设计数据化"。

为保证应用大数据提升文明行为促进立法中公众参与度的效能，应做到以下两点：

其一，更新文明行为促进立法研究方式和人才培育机制。将大数据技术应用到文明行为促进立法乃至文明行为促进工作各个领域中的关键在于技术和人才。大数据应用到文明行为促进立法不是立法技术、法律条文和大数据技术的简单堆积,而是需要学术界和实务界共同努力将其构建成一个完整的系统。传统的思维和研究方式以及人才培育机制已不能满足大数据时代的需求,必须建立新的思维方式和人才培养模式。无论是传统的法学研究还是立法实务工作,早期的学者和立法者面对的数据数量和形式都是比较单一稀少的,在研究某一问题时,往往可以穷尽资料来获取答案,即使是通过实证调查取得的数据也可以相对简单地整合分析。随着信息时代的不期而至,立法和法学研究可资获取的信息资源爆炸式增长,虽提升了立法工作和法学研究的效率与深度,却也超过了传统人力能够处理的限度,甚至对研究和实务工作产生了反作用,使得法律工作者面对浩如烟海般的数据一时无从下手。将大数据技术应用到文明行为促进立法中还离不开对交叉人才的培养。当前工作在第一线的立法工作者尽管有着丰富的实践经验,但也意味着他们已经形成了固化的工作模式,需要通过有针对性的培训提高他们对大数据的重视程度,了解大数据应用于立法中的优势。而对于高等院校法学相关专业的学生,则应培养他们应用大数据解决立法问题的基础能力和创造性思维,以适应大数据时代的立法工作需求。

其二,建立安全成熟的文明行为促进立法数据共享平台,保障个人数据的信息安全。将大数据技术应用到文明行为促进立法,需要建立起一个安全成熟的、包含法规数据库、立法文件数据库、公众立法意见数据库、立法评估数据库、立法机构及工作人员数据库、立法疑难数据库的综合性大型立法数据共享平台。在保证公民个人信息受到保护的前提下,可以将挖掘到的数据以及文明行为促进立法过程中产生的各类数据向国内所有立法机构及专家乃至公众共享开放。

二 在立法中落实全过程人民民主

(一)全过程人民民主的科学内涵

2021 年 7 月 1 日,习近平总书记在庆祝中国共产党成立 100 周年大会上的重要讲话中强调,要"践行以人民为中心的发展思想,发展全过程人民民主",这是以习近平同志为主要代表的中国共产党人首次正式提出"全过程人民民主"概念,提出"发展全过程人民民主"重大战略命题。2021年10月13日至14日,习近平总书记在中央人大工作会议上发表重要讲话进一步强调:"民主是全人类的共同价值,是中国共产党和中国人民始终不渝坚持的重要理念。评价一个国家政治制度是不是民主的、有效的,主要看国家领导层能否依法有序更替,全体人民能否依法管理国家事务和社会事务、管理经济和文化事业,人民群众能否畅通表达利益要求,社会各方面能否有效参与国家政治生活,国家决策能否实现科学化、民主化,各方面人才能否通过公平竞争进入国家领导和管理体系,执政党能否依照宪法法律规定实现对国家事务的领导,权力运用能否得到有效制约和监督。"

党的十九届六中全会通过的《中共中央关于党的百年奋斗重大成就和历史经验的决议》将"发展全过程人民民主"列为习近平新时代中国特色社会主义思想的重要内容,将其纳入党的十八大以来党和国家事业取得的历史性成就进行总结,从面向未来的战略高度强调新时代中国共产党必须"发展全过程人民民主,保证人民当家作主"。[①]

习近平总书记关于发展全过程人民民主重要论述的科学内涵主要包括:一是总结了我国全过程人民民主的本质和特征。我国的全过程人民民主兼具完整的制度程序和参与实践,实现了过程民主和成果民主、程序民主和实质民主、直接民主和间接民主、人民民主和国家意志相统一,是全链条、全方位、全覆盖的民主,是最广泛、最真实、最管用的社会主义民主。二是人民民主的全过程性是评价国家政治制度民主性和有效性的重要标准。三是人民代表大会制度是发展全过程人民民主的重要制度载体。习近平总书记指出,发展全过程人民民主"要保证人民的知情权、参与权、表达权、监督权落实到人大工作各方面各环节全过程,确保党和国家在决策、执行、监督落实各个环节都能听到来自人民的声音。要完善人大的民主民意表达平台和载体,健全吸纳民意、汇集民智的工作机制,推进人大协商、立法协商,把各方面社情民意统一于

[①]《中共中央关于党的百年奋斗重大成就和历史经验的决议》,人民出版社2021年版,第73页。

最广大人民根本利益之中"①。四是发展全过程人民民主需要坚持和加强党的全面领导,推进全面依法治国。

(二) 立法领域的全过程人民民主实践

积极发展全过程人民民主,是新时代中国特色社会主义民主政治建设的重要探索和鲜活实践。党的十八大以来,"人大代表之家"和人大代表联络站实现乡镇、街道全覆盖,充分利用互联网完善和丰富人大代表联系群众机制,发展全过程人民民主的基础性条件日益完备。同时,完善代表述职制度,各地普遍在直接选举的代表中开展向选民述职工作,全过程接受群众监督。各地还积极探索实行"小切口"立法,在立法事项中探索引入第三方评估机制,加强专题询问制度,创新预算决算审查监督机制,健全和完善人大立法、监督制度。②

以华东某省某市为例,该市《2017—2021年地方立法规划》通过广泛征集群众意见,确定的15个项目中有13个是群众呼声高、反映强烈、参与度最多的民生事项。之后,相关地方立法工作陆续启动,一部部体现民意的法规接踵而来。2017年该市立法机关出台了《××市城乡规划条例》,对群众反映强烈的乱搭乱建、露天烧烤等问题进行了规范,2018年出台了《××市湿地保护条例》,维护湿地生态系统和生物多样性,以实现人与自然的和谐发展,2019年出台了《××市海岸带保护条例》,加大力度保护陆海生态系统,满足市民亲近海洋需求,2020年出台了《××市城市供水条例》,对当地群众关心关注的饮用水水源予以规范和保护。③ 在××市,立法机关通过群众"点题"的方式,让法规从群众中来,到群众中去,不断向民生细微处延伸,确保立法能够体现民情、汇聚民意、集中民智。

再以华南某省为例,截至2021年,该省建成人大代表中心联络站1611个,村(居)人大代表联络站6819个,基本形成以乡镇(街道)

---

① 《习近平在中央人大工作会议上发表重要讲话强调 坚持和完善人民代表大会制度 不断发展全过程人民民主》,《人民日报》2021年10月15日第1版。
② 杨雪冬、黄小钫:《人民民主的百年探索及启示》,《光明日报》2021年3月10日。
③ 《东营人大:做好全过程人民民主的"立法答卷"》,中国人大网,http://www.npc.gov.cn/npc/c30834/202112/6cdfac0beee340ecb28d54b16e88d8cd.shtml,2021年2月27日。

人大代表中心联络站为主,以村(居)人大代表联络站为辅的代表联系群众阵地建设网格化体系。在 F 市,代表联络站 24 小时不打烊,群众在家门口的联络站(点)或者上网就可以找到人大代表;S 市线下线上结合收集民声,"S 人大"微信公众号成为随时随地让选民反映问题、让代表听取民意和回应民声的线上平台。①

党的十八大以来,全国各级立法机关将大部分法律法规草案面向社会公开征求意见,社会各团体和各阶层踊跃参与,极大地提升了我国科学立法和民主立法的水平。立法机关的工作普遍以系统周密的考察调研、座谈论证和听证咨询等民主程序为基础,各级人大成为党扩大政治参与渠道、发展全过程人民民主和提升人民民主运作质量最基础、最重要的渠道与平台,成为我国发展全过程人民民主的鲜活实践。

(三)文明行为促进立法中践行全过程人民民主的重要价值

立法是实现人民民主的国家形式与重要途径,法律是人民民主的智慧结晶和制度形态。卢梭指出:"立法是对人民意志的记录;是人民自己为自己作出的规定"②。孟德斯鸠亦认为:"民主政治有一条基本规律,就是只有人民可以制定法律,立法权应该由人民集体享有"③。马克思在评论法国大革命后立法权属于人民的转变时指出:"凡是立法权真正成为统治基础的地方,它就完成了伟大的根本的普遍的革命"④。结合改革开放以来中国立法取得的伟大成就与存在的突出问题,习近平总书记深刻指出,"不是什么法都能治国,也不是什么法都能治好国;人民群众对立法的期盼,已经不是有没有,而是好不好、管不管用、能不能解决问题"⑤。要制定出人民群众满意、管用、能解决问题的法律,就必须抓住最广泛、最真实、最管用的全过程民主立法这个关键。唯此,才能在立法的全部过程和各个环节听取各方面意见,才能不断创新立法民主的工作形式,发挥中国特色全过程民主的立法优势,推动新时

---

① 张天培:《全过程人民民主的生动诠释》,《人民日报》2021 年 10 月 10 日。
② [法]卢梭:《社会契约论》,何兆武译,商务印书馆 1997 年版,第 125 页。
③ [法]孟德斯鸠:《论法的精神》(上),张雁深译,商务印书馆 1997 年版,第 12 页。
④ 《马克思恩格斯全集》第 1 卷,人民出版社 2001 年版,第 312 页。
⑤ 《习近平论立法质量:不是什么法都能治好国》,中国共产党新闻网,http://cpc.people.com.cn/xuexi/n/2015/0512/c385474-26985149.html,2022 年 2 月 2 日。

代中国立法的高质量发展，使各项立法整体上代表最广大人民的根本利益，不断满足人民日益增长的美好生活需要。

通过建立健全民主开放包容的文明行为促进立法工作机制，拓展人民有序参与立法途径，使立法全过程能够广泛倾听人民群众的意见建议，确保民主立法目的的实现。同时，人民群众全面参与到文明行为促进立法中并表达自身的利益诉求，能够使立法机关更加准确全面地了解群众的呼声与关切，在广泛沟通的基础上，找到全社会民意的"最大公约数"，推动文明行为促进立法的科学决策和民主决策。并且，人民群众全程参与文明行为促进立法，更利于群众准确地了解文明行为促进立法的立法宗旨、立法精神和立法依据，更容易培育起对文明行为促进条例的认同感，为其实施奠定坚实的民意基础。

（四）挖掘基层立法诉求以贯彻全过程人民民主

文明行为促进立法相较于普通的地方立法，涉及面广、综合性强、技术要求高，立法所涉领域和内容虽受限于篇幅，其广度却几与百科全书相当。因此，在汇集基层立法诉求上，需要涵盖社会公众、地方政府部门、相关立法智库等多方意见，并充分顾及各方主体的利益考量。文明行为促进立法需要打通每一个立法诉求收集领域的微循环，培育文明行为促进立法参与主体的多元性。对于文明行为促进立法的主力——设区的市一级立法机关而言，由于其与基层立法联系点的关系相对更为紧密，并聘有数量不一的立法咨询专家，在一定程度上形成了立法专家智库。因此，可通过立法机关主动开展调研座谈、书面征求意见建议、人大代表进联络站等方式，重点倾听基层立法诉求，同时促成立法咨询专家智库和基层立法联系点间的常态化互联互动，形成专家驻点、基层互动、群策群力的开门立法格局，有效实现文明行为促进立法等地方立法诉求的科学、民主表达。

地方人大常委会法工委等部门应将基层群众提出的文明行为促进立法相关诉求逐一归类、建档、分析、研究，并主动收集本地、本行业的相关立法需求以及对现行的文明行为促进立法等地方性法规的修改、完善建议，邀请相关专家参与到基层立法诉求的分析与解读中，及时发现相关诉求背后所蕴含的实践基础和现实背景，并将之融入到地方立法机关的立法需求预测库中。为确保文明行为促进立法等地方立法的价值观、理念、法律实施效应能充分为群众所了解，应鼓励各基层立法联系点适时邀请相关立法咨询专家开展立法宣讲。此外，还可通过吸收专家文明行为促进立法诉求，进一步完善立法智库建设，并在立法的各个阶段征求相关立法咨询专家、相关行业资深代表的文明行为促进立法诉求，拓宽立法机关进行文明行为促进立法的视野和深度。

三　推动地方立法评估制度的完善

(一) 传统立法评估技术存在的问题

我国的立法评估机制虽已形成较为成熟的评估流程和配套措施，但放眼全国，地方立法的评估仍处在试点、探索和创新的阶段，诸如评估主体、数据收集、评估程序以及评估回应等方面仍存有较大的优化空间。现行地方立法的评估主体属于典型的内部评估，主要由公权力机关或其内部机构承担，这种评估模式虽然使评估主体在数据获取、经费保障、结论采纳等方面有着一定的便利，但其缺陷也同样明显。首先，由于立法评估通常与政绩考核挂钩，因此，作为评估主体的公权力机关在评估时难免会受到相关利益主体的影响，无从保证立法评估的客观公正。其次，内部评估缺乏有效的监督，评估活动往往流于形式。最后，任何评估主体的具体评估行为终究是由人来承担的，而评估主体则通常将评估工作委派给其内部人员来完成。由于他们并不一定具备相关专业知识和技术理论，其评估结果容易使公众产生质疑。

在评估过程中，评估数据的获得与评估结果的应用同样会遇到较大阻碍。虽然可以通过机制改革使公众参与到地方立法的评估中来，但受制于各地公众参与度和相关机关管理水平的参差不齐，公众参与往往流于形式。面对激增的评估数据和日益复杂的各类事务，无论是传统的公权力机关主导的内部评估模式，还是公众参与模式，皆无法真正做到真实高效的独立评估。因此，如何构建一个多元化的、不受人为操纵干扰的、可以获取大量真实完整信息数据的第三方评估制度，是当前地方立法评估活动的关键所在。

评估主体在对收集的评估数据分析、对照和比较并形成评估结论后，还需将此结论以相关形式展示出来，实现立法评估的回应，以此结束整个立法评估程序。如果地方立法评估的回应受到阻碍，就有可能丧失评估行为的初衷和目标，导致治理资源的浪费。立法评估报告的内容和表现形式，对决策者做出的回应有着直接的影响。立法评估报告的表现形式包括文本、图表以及混合形式。随着评估技术的不断完善以及决策者对评估活动重视程度的加深，评估报告所需展现的内容必然会越来越多，会直接影响决策机关的判断。比如 2016 年的《杭州市港口管理办法》立法评估报告，字数多达 65000 余字[1]。

（二）利用大数据完善文明行为促进立法评估制度的必要性

信息时代，传统正在为技术所改变，在立法活动中广泛运用大数据已成为未来立法趋势之一。传统立法评估制度存在的困境已经限制了其自身的运行与发展，需要引入大数据等新的技术手段予以克服。运用大数据能够改变立法评估制度的信息收集方式，拓展评估主体范围，优化评估结果展现形式，增强评估活动的应用价值。前文已述及，文明行为促进立法对社会生活的调整无论其广度还是深度，均是一般地方性立法无法相比的。客观地讲，大多数法律主体，与诸多专门性较强的地方立法交集很少，不一定成为这些立法的直接义务主体，文明行为促进立法则不然，几乎每一个法律主体的工作与生活都会与文明行为促进立法的调整内容密切关联，文明行为促进立法之实施对所有法律主体的影响甚至堪称全方位无死角全时段。也因此，对文明行为促进立法的评估就更显重要。良法方能善治，善治方能大同。文明行为促进立法评估旨在能够展现其实施后取得的成效和存在的问题，有助于分析文明行为促进立法有关制度设计的针对性、合理性、操作性和效益性，进而提出改进文明行为促进立法修法工作和执法工作的意见、建议，以进一步促进地方立法质量的提升，推动文明行为促进法规的全面贯彻实施，为文明行为促进工作提供有力的法治保障。

正由于文明行为促进立法先天的创新性与开拓性，在对文明行为促进立法的评估中，创新评估的技术手段同样应是其题中应有之义。大数

---

[1] 《杭州市港口管理办法》法后评估报告，杭州市人民政府法制办网站，http://www.hangzhoufz.gov.cn/html/201601/04/7483.html，2022 年 2 月 1 日。

据在文明行为促进立法评估中的运用,既能有效改进文明行为促进立法的评估效果,亦能为完善地方立法评估制度提供可靠进路探索。

大数据技术是一系列收集、存储、管理、处理、分析、共享和可视化技术的集合。大数据中的信息挖掘技术、整合分析技术、可视化技术、预测技术可以帮助完善文明行为促进立法的评估制度。相比于传统的由公权力机关内部主导的立法评估模式,公众参与或者委托第三方机构参与立法评估活动,固然能够改善评估效果,但是,在实际操作中它们并不能真正作为主导力量独立进行立法评估活动,除了分散性、不确定性、利益衡量以及认知水平外,参与技术也是制约因素之一。互联网的发展为公众参与立法评估提供了手段,大数据技术为全样本处理提供了可行性。在社交网络媒介时代,社交平台成为公众表达意见的重要渠道。将大数据处理技术引入文明行为促进立法评估后,公众的参与方式可以变得更加灵活,任何在公开场合或社交网络媒介中发表过的相关意见均可被大数据收集分析,打破评估主体和参与方式的限制,从而更好地把握民意、汲取民智。另一方面,大数据挖掘技术能够革新评估数据的收集处理方法。数据收集是文明行为促进立法评估的前提和基础,真实有效的数据既是评估的最初判断标准,也可以作为最后的评估尺度,甚至可以讲立法评估的整个过程就是收集数据、处理数据的过程。将大数据应用于文明行为促进立法评估制度中,体现出数据资源的优势,关键在于有效地挖掘和分析数据,从各种类型的数据中发现有价值的与文明行为促进立法相关的数据。信息数据挖掘应同时结合线上和线下的数据资源,整合不同部门、人群、利益团体之间的半结构化、非结构化数据。大数据信息挖掘技术可以拓宽文明行为促进立法评估的信息收集渠道,提升处理评估数据的速度,建立起覆盖全社会的信息网络系统,最大限度地避免数据的遗漏、失真,以确保评估结果的真实性和全面性。文明行为促进立法评估数据挖掘得越充分,就越能获得完整、通畅的信息流,其下一步的数据分析也就越科学。在评估数据准备充分的基础下,要实现评估数据的效用,关键在于通过大数据分析方法和数据建模对评估数据进行科学分析解读。数据分析方法可以选择神经网络分析、相关分析、回归分析、时间序列分析和聚类分析等事前预测法。

将大数据信息挖掘技术应用到文明行为促进立法评估中，用数据的整体代替传统评估主体的抽样数据样本，具有更高的客观性，数据量越大，其得出的结果就越有价值。这是以调查问卷、实地调研主要手段的评估数据收集难以跨越的鸿沟，因为即使花费再多的人力和精力也无法做到全样本采集。大数据挖掘技术的全样本采集能力可以有效地解决"数据遗漏"问题。此外，由于文明行为促进立法评估指标体系的静态性特征，传统评估数据采集的抽样限制会使评估数据存在时效性局限，降低对长期趋势和波动幅度的可预测性。利用大数据挖掘技术可以获取持续的、周期性的评估数据，以无限接近文明行为促进法律规范实施后的社会真实状态。

同时，大数据可视化技术能够优化文明行为促进立法评估报告的形式和公布方式。在大数据时代，以人力整理海量的数据如同天方夜谭，想要从数据中发现有价值的信息或知识，有必要借助数据可视化的途径。可视化技术通过创建图片、图表或动画等，方便对大数据分析结果的沟通和理解。可视化运用在文明行为促进立法的评估中，可以从两方面对评估报告进行优化。一是可以优化文明行为促进立法评估报告的数据表现形式。当前的立法评估报告一般以纯文字形式为主，辅以少量的传统图表，但是当数据量逐渐增大到大数据级别时，传统的电子表格等技术已不能清晰展现海量数据的特点，因此需要采取可视化手段，将评估数据转换为图形或图像更为直观地展示出来。例如时空数据可视化技术，充分结合地理制图学以及数据可视化技术，展现文明行为促进立法在不同的空间和时间下的实施效果和可操作性等问题。二是扩大文明行为促进立法评估报告的受众范围。可视化技术使得大数据能够被更多人理解、使用，将评估报告的使用者从少数决策者和专家扩展到更广泛的社会公众。

法律的稳定性要求立法者要有一定的预测能力，然而在日新月异的现代社会，各种新事物层出不穷，大大增加了立法预测难度。传统立法评估的预测方法主要有两种：一是定性预测方法，立法者依靠熟悉立法理论知识、具有丰富立法经验和综合分析能力的人员，依据已经掌握的立法资料和直观材料，运用个人经验和分析判断能力，对法律事实的运行情况做出判断，然后再通过一定形式综合各方面的意见，作为立法预测的主要依据。二是定量预测方法，是立法者根据已掌握的比较完备的统计数据，运用一定数学方法进行科学加工整理，借以揭示有关变量之间的规律性联系，用于推测法律规范未来的发展变化和运行情况。定性预测方法容易受心理因素或知识水平等主观因素影响，并且处理过程复杂且费时；定量预测方法除了受评估者分析水平的影响外，主要受所收集数据的真实性和全面性的影响。将大数据的预测方法引入文明行为促进立法评估中可以强化评估指标体系的预测功能，使立法者清晰看到预测与实际效果的差距，及时调整法律规则，改变立法滞后的弊端。

（三）利用大数据完善文明行为促进立法评估制度的可行性

近年来，我国立法工作的重心由早前强调法的创制逐步向法的修改、补充、废止转变，特别是2015年之后设区的市普遍获得了地方立法权，地方法规的数量骤增，使得国家越来越重视对现有法律的评估。立法评估活动需要公众的广泛参与，随着公众法律意识不断提高，政治热情日益高涨，特别是在与公众切身利益相关的评估活动中，公众表现出了较高的参与度。这些评估的参与主体不仅包括公民，还有各类利益团体和各种社会组织，它们会因不同的立场、地位、价值信仰、利益倾向等方面的差别，对文明行为促进立法的实施产生不同的感受。总体而言，评估主体收集到的信息数据呈快速增长态势，已达到传统人力难以整合的地步，而运用大数据处理技术则能更为方便有效地解决此问题。

以往的评估信息数据尽管数量庞大，但通常是事先规定好的以文本为主的结构化数据。相对于结构化数据，如今评估活动中收集到的非结构化数据大量存在。文明行为促进立法的评估活动并不是单纯的指标量化计算，其指标体系包括：法规的贯彻执行情况、法规与上位法抵触情况、法规可操作性、立法技术评估、成本效益评估。其中的很多评估指标并非能够简单地通过数字表达清楚，可能会以音频、视频、图片等多种表现形式呈现出来，这些都属于非结构化数据，具有分散、无序、难以统计等特点。大数据的特点和立法评估数据的变化为两者的有效结合提供了内部条件与外部条件，使大数据技术应用到文明行为促进立法评估制度中具备了可行性。

第三节　二十部文明行为地方法规的文本分析

一　样本的选取

（一）选取原则

截至2022年2月，各地的文明行为促进立法已达210部，笔者选取了其中10%作为样本进行分析，计21部。考虑到文明行为促进立法由省、自治区、直辖市和设区的市、自治州、经济特区以及自治县三级地方立法体系构成，故在样本的选取上，上述行政区域立法机关的文明行为促进立法样本均应有所选取。在地理区域的分布上，东部、中部、西部地区，南方地区与北方地区，以及东北、华北、西北、中原、华中、华南、华东、西南等主要区域亦应各有相关城市的立法样本作为选取对象，以充分体现区域的全覆盖性。考虑到经济布局因素，还应选取到沿海地区、内陆地区、边疆地区和超大城市、特大城市、二三线城市以及少数民族地区、革命老区的文明行为促进立法样本。同时，考虑到部分地方的文明行为促进法规中并未一概以"文明行为促进条例"命名，因此样本的选取应以"文明行为""精神文明""社会文明"等为法规的关键词。

（二）选取结果

按照上述原则与标准，笔者满足之前预设的选取条件，并辅之以随机原则，共选取了《北京市文明行为促进条例》等21部文明行为促进地方法规作为分析样本。为保证样本的代表性，在这21部文明行为促进法规中，计有直辖市文明行为促进立法3部，省级立法1部，自治区立法1部，经济特区立法1部，市级立法13部，自治州立法1部，自治县立法1部。从区域分布上来看，作为分析样本的21部文明行为促进地方法规，按照不同的区域划分标准，东北、华北、华东、华南、西北、华中、西南等地区的城市，东部、中部、西部地区的城市，以及边疆地区、沿海地区、内陆地区、革命老区、少数民族地区的城市均有样本选取，覆盖全国21个省、直辖市、自治区。其中，文明行为促进立法样本中的北方和南方城市立法各9部，东部、中部和西部地区的立法样本数量亦大体相当，我国三大水系——长江、黄河、珠江流域的城市亦都在样本中有所分布。此外，这些城市中，有3个城市为第一批全国文明城市，两个城市有第一批全国文明城区，10个城市有第一批全国文明村镇，4个城市为超大城市，3个城市为计划单列市，两个城市为省会城市，1个城市为经济特区。因此，本章的文明行为促进立法样本分析中，尽管只选取了十分之一的样本，但在其立法主体所在地区和城市的类型分布上仍能体现出一定的代表性。

这些文明行为促进立法样本如下：

《北京市文明行为促进条例》

《天津市文明行为促进条例》

《重庆市文明行为促进条例》

《海南省文明行为促进条例》

《内蒙古自治区文明行为促进条例》

《广州市文明行为促进条例》

《武汉市文明行为促进条例》

《厦门经济特区促进社会文明若干规定》

《苏州市文明行为促进条例》

《大连市文明行为促进条例》

《青岛市文明行为促进条例》

《吉林市文明行为促进条例》

《沧州市文明行为促进条例》

《普洱市文明行为促进条例》

《南阳市文明行为促进条例》

《山南市文明行为促进条例》

《金昌市文明行为促进条例》

《赣州市文明行为促进条例》

《绵阳市文明行为促进条例》

《海西蒙古族藏族自治州文明行为促进条例》

《木垒哈萨克自治县文明行为促进条例》

详细情况见表4-2。

表4-2　　　　　　　　文明行为促进立法样本详情

地区或城市选取标准	华北地区	东北地区	华东地区	华南地区	西北地区	华中地区	西南地区	中原地区	边疆地区	沿海地区	内陆地区	革命老区	少数民族地区	超大城市	计划单列市	首批文明城市	省会城市	省	自治区	直辖市	经济特区	设区的市	自治州	自治县
北京市	√										√			√						√				
天津市	√									√										√				
重庆市							√				√			√						√				
海南省				√					√	√		√						√						
内蒙古自治区	√								√				√						√					
广州市				√						√				√		√						√		
武汉市						√					√			√								√		
厦门市			√							√					√	√					√	√		
苏州市			√							√												√		
大连市		√								√					√	√						√		
青岛市			√							√					√							√		
吉林市		√									√											√		
沧州市	√									√	√											√		
普洱市							√	√			√											√		
南阳市								√			√											√		
山南市							√	√	√				√									√		
金昌市					√						√											√		
赣州市				√							√											√		
绵阳市							√				√											√		
海西蒙古族藏族自治州					√						√		√										√	
木垒哈萨克自治县					√				√		√		√											√

二 法规文本的体例结构分析

(一) 法规体例结构的比较分析

对于地方立法而言，体例是指一部法规的表现形式和结构安排，立法体例的选择对体现地方立法特色有独立的价值体现，从立法形式上表现了地方立法的针对性。在地方立法实践中，地方性法规常用的体例，主要有条例、规定、办法等。一些地方性法规对体例的选择作了规定，如《湖南省地方立法条例》第五十条规定："属于对国家某项法律的部分内容做具体实施规范，或者在国家没有专项规定的情况下，根据本地实际对某一方面社会关系做比较全面、系统规范的，称条例；属于全面实施国家某项法规的，称实施办法；属于只对某一方面工作做专项规定的，称规定"。

结构是指一部法规其文本内部各个组成要素之间的搭配与排列，即法规章节、条款、项目的划分。通常而言，立法主体在起草法律时，根据内容层次的不同，会将一部法规划分为若干章节，节下再设条、款、项等；部分立法会采取简易结构，在法规文本中直接罗列条款，不再设章节等复杂结构。文明行为促进立法选择何种结构属于立法技术问题，并直接决定着法规的质量和水平。在各地的文明行为促进立法中，尽管不免有相互借鉴与模仿，但在法规的结构问题上，仍缺乏统一、规范的结构选择标准。

对21部文明行为促进法规样本的体例结构设置进行梳理分析，20部以"条例"为名，仅厦门的文明行为促进立法称"规定"，即《厦门经济特区促进社会文明若干规定》。在章数设置方面，最多的是《武汉市文明行为促进条例》，共设置7章；不分章的法规1部，为《沧州市文明行为促进条例》；其余的法规样本中，13部设6章，6部设5章。在条文数目方面，平均数是47条，条文数目最多的是《天津市文明行为促进条例》，共81条，最少的是《吉林市文明行为促进条例》，为21条。总体而言，样本中省、自治区、直辖市级的文明行为促进立法条文数目较多，均超过50条。

文明行为促进立法中，大部分法规在其第二章中设置为"文明行为基本规范""文明行为规范"或"规范与倡导",此次选取的文明行为促进法规样本中作如此设置的即有 18 部,占样本总数的 85.7%。由于各地在文明行为促进立法时倾向于对文明行为和不文明行为的表现作列举式表述,因此,其第二章包括其他章节的相关条款之下大多又分出若干项,21 部法规样本中,设项的条文平均单条之下项目数达到 5 项。这种情况使得文明行为促进立法虽然平均总条文数与一般立法持平,但篇幅仍超过一般地方立法。统计 21 部文明行为促进法规样本,总字数达到 134000 字,平均每部 6381 字。

(二)法规结构存在的问题

其一,法规体例选择单一,偏好"条例"为名。条例是对某一方面的事项作出较为全面、系统的规定,且属于自创性的。样本中 95% 以上的文明行为促进立法选用了"条例"这一体例较为完整的形式,表明大部分地方立法主体普遍存在追求体例完整性的倾向。但是,客观而言,并非所有的文明行为促进地方立法所需规范的内容均能满足"条例"的内容要求,因此,一些法规中不得不填充一些不宜在地方性法规中出现的内容,比如上位法已经规定的或各种原则性规范。

其二,部分法规内部结构有追求"大而全"之嫌,条文数目偏多。虽然从相关立法中能看出地方对于精神文明建设和文明行为促进求治心切,但如果立法技术上处理不慎重,会使法规呈现诸多不尽如人意之处。文明行为促进立法中常见的重复立法、雷同立法,与这种结构问题有不小的关联。比如样本中有的立法,法规总计 52 条,分为 5 章,章下又分节,有的节仅有 3 条,而有的条又分出 9 项,整部法规总则、附则齐备,章、节、条、款、项一应俱全。这样的情况,结构虽然看似完整,但逻辑却相对杂乱,关键问题往往语焉不详,空有条文堆砌。

其三,部分法规结构过于简易,章与项安排失衡。对于立法而言,一部法规可分章而章下不必设节,若法规条文总数偏少,不设节亦无不可。但是,法规的内部结构安排应总体平衡,不应追求章节的简化而将内容的层次化于条文的分项之中。比如样本中,有的法规总计近 4000 字,却仅设 27 条,且并未分章。不仅如此,该部法规在有的条文中最多分出 16 项,仅一条的字数就占法规全文篇幅的 12%,在立法技术的处理上有失精当，不利于彰显法规的严肃性。

三　法规文本的内容分析

（一）立法目的与调整范围

在21部文明行为促进法规的第一条中，阐明了文明行为促进立法的目的，其中，"社会主义核心价值观"出现21次，"社会文明"出现17次，"促进文明行为"（或类似表述）出现15次，"中华传统美德"出现7次。这四项表述是法规样本中立法目的一条的高频词汇。可以看出，社会主义核心价值观入法、传承中华传统美德、促进文明行为和提升社会文明程度是文明行为促进立法的最重要目的与基本主题。除此四项外，在立法目的中带有显著行政区域色彩的表述有3部，如《天津市文明行为促进条例》第一条的"建设文明幸福的现代化天津"，《海南省文明行为促进条例》第一条的"推进海南自由贸易港建设"等。此外，"提高公民思想觉悟""推动高质量发展、创造高品质生活""治理社会陋习"等表述亦出现在一些法规的立法目的中。客观地说，在法规文本的语言表述中，特别是针对立法目的的条文，出现较多的非法律化语言是并不合适的。立法目的的表述应以清晰、简明、中性为宜，不应掺入口号式或过于口语化的表述。

在调整范围上，样本中的21部文明行为促进法规，将调整范围表述为"本市（自治县）行政区域内的文明行为促进工作（及相关活动）"的有9部，表述为"本市（自治区、州）行政区域内的文明行为促进及其相关工作"的7部，表述为"本市行政区域内的文明行为促进活动"的2部，表述为"本市行政区域内文明行为的规范、不文明行为的治理和文明行为的保障与促进工作"的1部，其余2部立法未就调整范围作规定。尽管第一种表述为数最多，但在文明行为促进立法的调整范围问题上，此种表述是值得商榷的。"文明行为促进工作"通常由各地文明办具体负责，由各公权力机关特别是行政机关按分工负责和配合实施，究其所产生社会关系的性质，应属于行政关系，调整此类关系的法规应属于行政法。但是，前文已论述过，根据对各地已颁行的文明行为促进法规特别是21部样本法规内容的考察，以及探求文明行为促进立法的目的，文明行为促进法规显然不属于传统意义上的行政法。因此，将文明行为促进立法的调整范围在总则中限定于"文明行为促进工作"是与其自身在后面章节所展现的实际调整范围相矛盾的。文明行为促进工作的主体是公权力机关及取得公权力机关授权的相关社会组织，普通的社会成员并非文明行为促进工作的主体而最多只能是"文明行为促进活动"的主体。如果一部文明行为促进法规将调整范围规定为"文明行为促进工作"，却同时又要求"公民应当衣着得体"，是违背立法逻辑的。"公民衣着得体"不是不能纳入法律规范，但此处应表述为相关文明行为促进工作主体倡导、鼓励、督促乃至要求公民应衣着得体，而非公民应当……在立法中如果将"工作"的主体泛化，实践中就会产生公权力过度侵入私人领域的法律效果，是应慎重而为的。

与之相比，将文明行为促进立法调整范围表述为"文明行为促进及其相关工作"和"文明行为促进活动"就不易产生上述立法表述中的逻辑争议，而"文明行为的规范、不文明行为的治理和文明行为的保障与促进工作"这样的表述，虽看似不够凝练，却在对文明行为促进立法范围的概括上要相对更准确。

由于本章所做的样本分析中选取的仅是 210 部文明行为促进立法的十分之一，实际上各地的文明行为促进立法在调整范围上存在的界定不准确问题是较为普遍的，在此不作赘述，究其原因，虽无法一一考察各地立法时的原始意图，但相似率如此之高的争议性表述存在于各地文明行为促进立法的调整范围条款中，一定程度上反映了各地文明行为促进立法在立法创新和法理研讨上的主观态度。

（二）对文明行为的定义

如何定义文明行为对于文明行为促进立法至为重要。在法规的总则或开篇中对法规中所涉的概念作明确定义，是我国立法的一大特点，这样定义通常体现在法规的第二条或相近条款中。文明行为促进立法同样秉持了这一模式。在 21 部法规样本中，有 15 部对文明行为进行了界定，基本上均定义为："本条例所称文明行为，是指遵守宪法和法律规定，体现社会主义核心价值观，符合社会主义道德要求，维护公序良俗，引领社会风尚，推动社会文明进步的行为"，具体表述略有差别，仅《赣州市文明行为促进条例》在文明行为的定义中加入了"传承红色基因，弘扬优秀客家文化"这样鲜明的地方元素。按照中央文明办发布的《全国文明城市测评体系》，市民文明行为包括"公共场所道德""市民交通行为""公共设施维护""人际互助"等方面，从测评体系中的要求上来看，这些市民文明行为显然是"遵守宪法和法律规定，体现社会主义核心价值观，符合社会主义道德要求，维护公序良俗"的行为。基于文明行为促进立法与各地创建全国文明城市工作的关系，文明行为在立法中的这一定义某种程度上是对测评体系中文明行为的概括。但是，文明行为的定义在文明行为促进立法中呈现公式化的趋势，恐与各地立法活动因相互借鉴而形成的思维定式和从众心理有关。从最早的文明行为促进立法——《深圳经济特区文明行为促进条例》（已失效）算起，国内前8部文明行为促进立法均未对文明行为下定义，直至 2017 年 10 月 1 日施行的《贵州省文明行为促进条例》，其第三条中将文明行为界定为："遵守宪法和法律、法规规定，符合社会主义道德要求，体现社会主义核心价值观，维护公序良俗、引领社会风尚、推动社会文明进步的行为"。从此遂成潮流。

（三）文明行为规范所涉范畴

选为分析样本的 21 部文明行为促进法规，均对文明行为规范作出了明确规定，其中，14 部法规作了专章规定，4 部法规以"规范与倡导"为名设为一章。考察 21 部法规中所列文明行为规范涉及的范畴，选取具有典型意义者，见表 4-3。

表 4-3　　文明行为促进法规分析样本所涉范畴、数量及占比

所涉范畴	爱国主义	维护英烈	公共场所	公共卫生	交通出行	旅游观光	观赛观演	健身锻炼	社区生活	医疗秩序	生态环保	饲养宠物	网络电信	移风易俗	家庭家风
立法数量	12	7	21	17	21	18	14	14	13	13	17	18	18	13	14

续表

所涉范畴	爱国主义	维护英烈	公共场所	公共卫生	交通出行	旅游观光	观赛观演	健身锻炼	社区生活	医疗秩序	生态环保	饲养宠物	网络电信	移风易俗	家庭家风
样本占比（%）	57	33	100	81	100	86	67	67	62	62	81	86	86	62	67

从表4-3能够看出，文明行为促进立法普遍关注公共场所、交通出行、饲养宠物、旅游观光、网络电信等方面，这也与近年来为公众和舆论所关注的不文明现象出现较多的社会领域相吻合。各地在文明行为促进立法中，考虑到公众的呼声以及在社会治理中感受到的压力，倾向于推动立法主体将本地突出的不文明行为纳入文明行为促进法规禁止的范畴，并在重点领域将相关文明行为规范设置成义务规范。这就是为什么表4-3中所呈现的这些方面，在其具体关涉的文明行为中，大多被立法设置成"应当"为之。各地对于构建文明社会秩序的急切心态，往往反映在本地的文明行为促进立法之中。诸如"公民应当夫妻和睦""公民应当宽厚正直""公民应当知晓××历史文化""公民应当践行低碳、绿色生活方式"等表述，将本应倡导的文明行为设定成公民的法定义务，正是这种情形的体现。文明行为促进立法终究是应将相当篇幅和侧重点放在"文明行为促进"上的，也即各相关法律主体应在文明行为促进立法所确立的法定机制和保障之下，履行其法定职责与义务，以现实的工作与作为实现文明行为的促进。如果文明行为促进法规在事实上简化成了文明行为规范，则不仅冲淡了文明行为促进立法的职能，亦存在着突破道德与法律分界的危险，使文明行为促进法规变成强制版的市民规约，导致一边强调道德一边消灭道德的结果。这也就不难解释为什么大多数地方的文明行为促进立法，在"文明行为规范"一章中，将社会成员应予为之的文明行为如此罗列与排序了。这种看似杂乱无章的条文表述，可能反映着立法者对相关领域问题的重视度，或者是其本

地公众对相应问题的关注度，又或者索性就是随心所欲的。当立法中越是试图把所有问题都一一展现，就越会留下未尽事项，即便有兜底条款存在，随着新问题不断涌现，立法者的耐心终会消磨殆尽，最后必然以修法补充入新问题新规定而告终。

（四）法律责任

由于对越权的顾忌，文明行为促进立法很少在法律责任一章中大刀阔斧地展开对不文明行为的处罚规定。尽管很多文明行为促进立法中，对不文明行为的治理甚至专设一章，但在对应的法律责任上往往虎头蛇尾。21部样本法规中，法律责任设置最少的仅为2条，大部分在10条以内，且多以类似"违反本条例规定的不文明行为，由相关执法部门依照有关法律、法规的规定予以处罚"的表述为主。仅《天津市文明行为促进条例》是为特例，其在"执法与处罚"一章中，规定了30条之多，并对诸多不文明行为明令施罚。如条例第五十五条："有下列行为之一不听劝阻的，由接到报警的公安机关责令改正，拒不改正的处五十元以上二百元以下罚款：（一）在公共场所赤膊的；（二）在应当保持安静的公共场所大声喧哗的；（三）乘坐公共交通工具、电梯或者等候服务，随意插队的；（四）在公共场所或者乘坐公共交通工具，抢占他人座位的；（五）其他有损城市形象，影响公共秩序或者他人正常生活的"。又如第五十七条："观看体育比赛、文艺演出，辱骂运动员、教练员、裁判员、演职员等人员或者毁坏设施的，由公安机关处二百元罚款"。这种较之设区的市或自治州一级的立法机关有着更大的底气进行大开大合式的立法，与天津市立法机关的位阶级别有关，设区的市在进行文明行为促进立法时，在法律责任的设定上仍以相对保守的立场为主流。

第四节 文明行为促进立法现存的主要问题

一 形式主义困境

（一）可操作性不强

实际上，缺乏可操作性并非文明行为促进立法一家的问题，这是我国当前地方立法中普遍存在的通病。在具体表现上，一些文明行为促进立法中的条款本身表述不清或含义模糊，而有些规定则过于笼统和抽象，一旦法规生效，进入实施阶段，执法者便会发现这些条款难以真正执行和落实到位。文明行为促进立法因此自身性质和特点，固然缺少不了倡导性规范与鼓励性规范，但若在立法中口号性的条款过多，反之具体化的条款较少，必然陷入"景观式立法"的尴尬境地。即便有些条款相对规定较为明确，比如"不强行劝酒"[1]"使用公厕后即时冲水"[2]"轻声接打电话"[3]等，甚至设定有对应的法律责任，但如果这些规定超出了执法力量的能力边界，或者设定了过高的道德标准，又或与当地民俗冲突较大，那么，这些规定大概率也是会被束之高阁的。

同时，文明行为促进立法的一项重要价值即在于"衔接"，在于解决上位法中相关规定因其过于原则而落实难的问题，而不是一味地"中转""传递"上位法。所以，文明行为促进立法应采取"一事一法"的体例，不必过于追求"完美"的体系，反而忽视了可操作性标准，流于立法标准泛化的困境。上述"不强行劝酒"等例证并非意味着文明行为促进立法不该关注具体事项，而是其自身由于过于琐碎以致执法力量无法顾及，且有失文明行为促进和社会治理的格局，所以应在立法中尽量避免作类似规定。归根结底，"一事一法"应着眼于解决当地的实际和突出的问题，需要在考察民情民意上下深功夫，而现实中文明行为促进立法可操作性不强的情况在各地屡屡出现，恰恰是忽视民意，闭门造车的结果。

（二）执行力不足

任何一部立法，最忌出现"法不责众"的局面。文明行为促进立法的本意，乃是为了促进社会成员的文明行为，同时对公众反映强烈的不文明行为设定惩处的法律依据，从而兴利除弊，鼓励社会成员主动遵循社会文明准则，自觉维护文明环境。但是，文明行为促进立法的关键是执行，唯有将法律规定落实到位，对相关主体的不文明行为依法处

---

[1] 《重庆市文明行为促进条例》第十六条第二项。
[2] 《海南省文明行为促进条例》第十一条第四项。
[3] 《内蒙古自治区文明行为促进条例》第十五条第三项。

罚，才能让缺乏自觉意识的一部分社会成员真正建立起对法律的敬畏之心，不敢再轻易逾越雷池。这方面最为典型的正面案例就是新加坡在社会治理中的执法力度与决心。然而，执行力仍然是地方法规的短板，文明行为促进立法由于涉及面广，较之专业性较强的地方立法，执行力往往更容易受到各种因素的制约。各地进行文明行为促进立法实践已近10年，各地文明行为促进法规颁行之初，宣教声势不可谓不大，群众反响不可谓不热烈，但法规的执行力并不只取决于立法机关，更与公共管理的地方资源密切关联。文明行为促进立法规定得越细致，实际上对行政机关及其下属部门等公共管理主体在法规之行使上的压力就越大。以《广州市文明行为促进条例》为例，其第二章"文明行为基本规范"中，对单位和个人等文明行为主体以义务性规范的形式作了190项具体要求，如果单位和个人在这些"应当"或"不得"为之的行为上与法规相违背，执法主体将如何处置？笔者在率领立法团队起草《盘锦市文明行为促进条例》的过程中，深入各行政执法部门开展调研与座谈，有些部门委婉地表达，文明行为促进条例在有些行为的法律调整问题上，规定宜粗不宜细，他们表示，有些行为建议不写入立法，因为若法规中体现了对某些不文明行为的禁止，而行政执法资源又无法完全实现对这些不文明行为的制止与制裁，则法规和执法部门的公信力都将受到影响。这是一个现实且无法回避的问题。文明行为促进立法不能逞一时之快，违背法治发展和立法规律，将包袱甩给行政机关和执法部门，仍应将精力放在重点领域重点问题上，在立法时即应评估法规未来的执行力并作出针对性制度安排，以解决当地文明行为促进工作中的实际问题。

（三）法律责任条款设定偏弱

与管理型立法相比，文明行为促进立法设置的法律责任条款偏少，有的索性通过转致性条款推给上位法了事。即便设置法律责任条款较多的文明行为促进立法，与同地的其他类型立法相比，仍在数量上居于下风。比如《北京市文明行为促进条例》，其设置的法律责任条文共7条，在文明行为促进立法中已经不算少的了，但是《北京市消防条例》设置的法律责任条文为15条，而《北京市市容环境卫生条例》设置法律责任的条文数量达到35条。总体而言，后两部条例更偏向于两部管理型立法，其调整的社会关系通常包含于文明行为促进立法调整的社会关系之中，大多数文明行为促进立法对消防和市容环境卫生均有一定规定，但是调整范围呈现综合性的文明行为促进立法法律责任条款却更少，从法律逻辑上来讲，其执行力从制度设计上是不可能高过前两者的。再如《武汉市文明行为促进条例》设置的法律责任条文有4条，且其第四十四条和第四十五条分别为："有本条例第四十三条所列行为，情节严重且行为人拒不改正的，行政执法部门可以将行政处罚决定告知行为人所在单位或者居民委员会（村民委员会）。""行为人因不文明行为受到罚款处罚的，可以依法申请参加并按要求完成有关行政执法部门安排的社会服务，以替代罚款。"严格而言，算不上是法律责任。但《武汉市控制吸烟条例》设置的法律责任条款则有6条，其中，第三十条、第三十一条、第三十二条分别规定："个人违反本条例第七条、第八条规定，在禁止吸烟场所吸烟的，由本条例第二十六条规定的有关部门按照职责责令改正，可以处五十元罚款；拒不改正的，处二百元以上五百元以下罚款。""禁止吸烟场所的经营者、管理者未履行本条例第十一条规定义务的，由本条例第二十六条规定的有关部门按照职责责令限期改正，处二千元以上五千元以下罚款；逾期不改正的，处五千元以上一万元以下罚款。""违反本条例第十四条第一款规定的，依照《湖北省实施〈中华人民共和国未成年人保护法〉办法》的规定处罚。烟草制品经营者违反本条例第十四条第二款规定的，由市场监督管理部门予以警告，并责令限期改正；逾期不改正的，处二千元以上五千元以下罚款。"与《武汉市文明行为促进条例》相比，《武汉市控制吸烟条例》对违法行为的处罚力度要大得多。

在立法的强制性程度上，文明行为促进立法的责任类型以行政责任为主，行政责任中又以警告和罚款居多，而在管理型立法中，其责任的类型虽然也是以行政责任为主，但是其处罚较重。以《济南市文明行为促进条例》为例，其中法律责任类型以行政责任为主，行政责任中以警告和罚款居多，其中罚款的金额最少为二十元，最多为一万元。而《济南市河道管理保护条例》中虽然也是以行政责任为主，但是行政处罚的种类中并未涉及警告这种轻微的处罚，几乎都是罚款与责令性行为，而且罚款的幅度也比《济南市文明行为促进条例》的幅度更大，最少为五百元，最多为五万元。

（四）缺乏配套保障能力

客观而言，当前一些地方的文明行为促进立法在实施效应上，各类社会组织的主体作用发挥不够，群众自我管理能力较弱。城市管理仍然主要靠行政部门推动，社会化参与程度不高。社区居民自治总体上仍处在初级发展阶段，对政府依赖过多，居民主动参与程度低，社区自治的组织结构和功能有待完善。有的地区和部门受客观条件限制，实施文明行为促进法规的配套保障能力相对薄弱。

二 创新性不足

（一）缺乏地方特色

目前，各地虽然普遍制定了文明行为促进领域的地方法规，地域范围涵盖全国29个省、直辖市、自治区。然而，其中并非所有的文明行为促进立法均体现了地方立法本应具有的差别性和地方特色。按理来讲，如果地方立法完全千篇一律，则地方立法权的存在或者地方立法行为就失却了意义，既然都规定成一个样子，或者大同小异，那何不由上位法统一作规定，又何必浪费立法资源和行政资源。在文明行为促进立法的实践中，有些地方的文明行为促进法规甚至成了"拼盘式立法"，只是将兄弟省市文明行文促进法规的相关条款进行简单的拼接，若缺掉其文明行为促进法规名称的城市前缀，则完全看不出是何地的立法。如果说表述有些属于文明行为促进立法中的"规定动作"或者通用表述，可是如果两地或多地的文明行为促进立法间在一些语句中表述上分毫不差，若以"不谋而合"以蔽之就说不过去了。立法固然离不开移植与借鉴，立法活动中也并无"抄袭"之说，择其善者而用之，是立法中的常规做法。但是，全无创新，只凭"拿来主义"来立法，不仅欠缺严谨的立法态度，也会使立法因缺乏地方特色，进而失去在本地的可操作性土壤。即便是在立法技术上下过一番功夫的文明行为促进立法，如果在调整领域毫无本地特点体现，其实施效应也很难尽如人意。因为从治理规律来讲，没有本地突出的、亟待治理的问题，要么是管理者视而不见，要么就是管理者有意掩饰。现代城市文明治理有诸多共性之处，因此，在文明行为促进立法中写入诸如遵守公共秩序、爱护公共卫生、文明乘坐公共交通工具等行为的规范理所应当，但若尽是这些，则不仅表明当地的文明行为促进立法毫无地方特色，亦说明当地的城市治理丧失了准头。

对于文明行为促进立法而言，无论其调整范围过窄过宽，实质上都是缺乏立法地方特色的结果。文明行为促进立法和社会生活密切相关，自应从本地区实际出发，充分考虑本地的经济社会、自然条件、风土人情、民族习惯等情况，充分把握本地区特点和规律，有效解决本地区的文明行为促进相关事务，具有明显地方性、地域性和特殊性。再者，从对立法资源的利用效率角度来看，当上位法有规定时，文明行为促进立法也不再重复立法，而是应当结合本地特点进行必要的细化和补充，当上位法无规定时，则应在法定权限内有自己的先行、创新或自主立法。在立法中缺乏地方特色，就不免导致一些地区的文明行为促进立法，要么其法条所规定事项实则是对上位法的重申，要么就是彼此间模仿、抄袭，造成立法内容的雷同。

(二) 与上位法重复

文明行为促进立法虽然没有直接的上位法，但是由于其涉及面大、调整的社会关系复杂，且柔性规范与刚性规范并存，使得文明行为促进立法的技术要求较之一般地方立法更高，在尺度把握上更难，如果立法者在立法中抱着"不求有功（创新），但求无过（抵触上位法）"的心态，极易出现与上位法重复的立法表现。这种重复虽然不是整体上的，但文明行为促进立法在一些条款的设置上其表述与相关上位法的表述别无二致，或者上位法中的部门法对相关事项已有明确的规定，而文明行为促进立法为求调整内容的体系化，仍然加以规定，最多在表述方式上有所变化，这些还是典型的重复立法表现。

实际上，为回应地方性法规重复上位法问题，《立法法》于2015年修订之时对其作出了顶层设计，确立了"不重复上位法"原则，用以规范地方性法规的制定活动，即《立法法》第七十三条第四款："制定地方性法规，对上位法已经明确规定的内容，一般不作重复性规定。"然而事实证明，这并未取得明显的实质性成效，反而在几年中重复立法的现象蔓延至了设区的市一级。

从实践情况看，文明行为促进立法重复上位法在条文表述上一般有三种方式：其一，直接照搬上位法的条文。其二，变相重复上位法的规定，即变动、调整上位法的字句，以有异于上位法的表述来重复上位法的规定，且并没有增加细化、具体化的内容，没有对上位法规定的假定条件、行为模式和法律后果等作任何变动。其三，对上位法的内容作无意义的指引性规定，比如"违反本条例规定，法律、法规已有处罚规定的，从其规定""违反本条例规定，……的，依照《中华人民共和国治安管理处罚法》的规定处罚"等。

由于重复上位法问题在文明行为促进立法中普遍存在，一些地方立法机关乃至执法者甚至产生了某种认识误区，即"一般不重复，重复即重要"，似乎上位法的规定要经过地方立法的"确认"才需要在本地方施行。如此，重复上位法的做法，不仅有损于文明行为促进立法等地方立法的地方特色，更是"肢解"了上位法，危害了整个法治体系的健康运行。

（三）"伪特色"

如果关注各地关于本地文明行为促进立法的宣传报道，不难发现，在立法地方特色的问题上，各地均是如数家珍，能罗列出数点乃至数十点"创新"之处来。尤其是很多地方在文明行为促进立法中"为了特色而特色""没有特色制造特色"，将法规调整对象的当地独有性视为"地方特色"，比如将本行政区域内的某一处风景名胜或某一项非物质文化遗产或某一些特殊地理符号写入立法之中。比如《××市仙女湖水体保护条例》《××市虹山湖公园管理条例》《××市关圣文化建筑群保护条例》《××市须弥山石窟保护条例》《××市中山路骑楼建筑保护条例》《××市亚鲁王非物质文化遗产保护条例》《××市忻城土司文化遗产保护条例》《××市客家围龙屋保护条例》《××市御窑厂遗址保护管理条例》《××市左江花山岩画文化景观保护条例》等。这的确是别人没有的，从文化和旅游的意义上来讲，这些地方独有的资源也的确是一种难得的地方特色,要将其写入立法也并非不可,它们也确实属于《立法法》第七十三条所规定的"地方性事务"。但是,如果将这些作为文明行为促进立法的"地方特色"而立法而宣扬,就或多或少有取巧之嫌了。

一个地方立法特色的体现,并不在于其规范对象的独特性。地方立法特色理应是指该地方立法在分配管理资源的方向和力度上形成了某种区域特点,又或者体现为立法切入点、法规形式、规范内容、立法手法、立法时机等方面。在文明行为促进立法中,一些地方立法者往往囿于种种制约因素,故意绕过法规内容的针对性、制度设计的实效性等法规规范本身的特色,退而求其次地追求规范对象的当地独有,以求法规的识别度。这固然强于毫无当地元素的立法,但这种特色也不过是"伪特色"罢了,并没有实现真正意义上的立法创新。

三 "不抵触"原则带来的影响

(一)对"不抵触原则"的违背

前文已论述过,"不抵触原则"应是文明行为促进立法所应坚守的基本原则之一。"不抵触原则"意味着地方立法机关在立法时,应坚守立法内容不违反上位法、不超越法定权限的底线,不作出与上位法已有的明文规定相抵触的规定。然而,在《行政处罚法》2021年修订之前,特别是第十二条第三款制定之前,在行政处罚领域地方补充性立法的问题上,中央从未松口,甚至地方立法设置的处罚规定如果与上位法的立法原则和精神相违背,也不被容忍。2015年因一起行政强制执法引发的《杭州市道路交通安全管理条例》争议即是如此。当时,市民潘洪斌骑一辆外地车牌的电动自行车,被杭州萧山区交警拦下,并开具行政强制措施凭证,当场扣留电动车。而当其领车时,又被告知外地电动车要托运回原籍,托运费由当事人出。具体依据的是《杭州市道路交通安全管理条例》(2007)第四十八条,即"被扣留的车辆,由市、县(市、区)人民政府收购、置换或者托运回原籍。托运的相关费用由车辆所有人承担"。然而,《行政强制法》(2012)第九条、第十条、第十一条规定,地方性法规可以在尚未制定法律、行政法规且属于地方性事务时，设定查封、扣押行政强制措施；而法律中未设定的行政强制措施，地方性法规也不得设定。扣留非机动车并强制托运回原籍，这是行政强制措施的一种。但是《道路交通安全法》（2011）和《道路交通安全法实施条例》（2004）并未规定这种强制措施，因此杭州市的这一地方性法规违反了上位法的有关规定。最终，潘洪斌致信全国人大常委会建议审查杭州市这一地方性法规。全国人大常委会法制工作委员会法规备案审查室收到审查建议后，向杭州市人大常委会发出函告并征求意见，而全国人大常委会法制工作委员会对杭州市人大常委会反馈意见的研究结论是，杭州市这一地方性法规中关于扣留非机动车并强制托运回原籍的规定与《行政强制法》的规定不一致。最终，在2017年6月28日杭州市人大常委会通过关于修改该地方性法规的决定，删除了"将外地电动自行车托运回原籍，并由当事人出托运费"的规定。

现实中，由于各地普遍强调依法从严的政策导向，容易造成地方立法权限的过度扩张，包括文明行为促进立法在内的某些地方性法规经由取消或者提高行政处罚下限甚至改变行政处罚幅度、改变行政处罚的种类、扩大行政处罚的范围、增设行政强制措施等方式，将法律、行政法规赋予其具体细化的法定授权予以虚置化处理，很大程度上背离了法律位阶原则和国家法制统一的整体要求。行政处罚本身系属于一种损益性行政行为，从法效结果层面上看也是一种行政法律责任，因此中央在处理行政处罚的地方立法权问题上始终态度谨慎，而地方却认为法规不严则不足以解决本地实际问题，许多地方的立法机关也并不愿制定出的都是些"景观式立法"，于是，地方在文明行为促进立法中，在设定对不文明行为的处罚时，往往自行创设"黑名单"，变相扩大了行政处罚的范围。如果说，设区的市的文明行为促进立法尚且受到省一级立法机关合法性审查的约束，而省、自治区、直辖市一级立法机关制定的文明行为促进立法，在报全国人民代表大会常务委员会和国务院备案后，只有在"同宪法、法律和行政法规相抵触"或被认定为"不适当"的情况下，才分别由全国人大常委会和省、自治区、直辖市人民代表大会撤销或改变。因此，这一级的文明行为促进立法受到的法律审查相对较少一些，在文明行为促进立法中设定行政处罚时一些可能的与上位法抵触的行为就未能被审查程序的"过滤网"拦下来。比如某地的文明行为促进条例中，规定："有下列行为之一不听劝阻的，由接到报警的公安机关责令改正，拒不改正的处五十元以上二百元以下罚款"。这些行为中有一项是"在公共场所赤膊"。对扰乱公共秩序的行为进行处罚的上位法是《治安管理处罚法》，《治安管理处罚法》并未设定罚款处罚幅度的下限，而且，如果是男性的话（其立法本意也应该是整治男性公共赤膊的不文明行为），在公共场所赤膊这样的行为也很难说达到"扰乱机关、团体、企业、事业单位秩序，致使工作、生产、营业、医疗、教学、科研不能正常进行""扰乱车站、港口、码头、机场、商场、公园、展览馆或者其他公共场所秩序"或者"扰乱公共汽车、电车、火车、船舶、航空器或者其他公共交通工具上的秩序"的程度。由于该条例制定在《行政处罚法》修订之前，显然，这样的规定明显与上位法相抵触了。我国现阶段地方立法权扩容确系大势所趋，但并非可以肆意生长，文明行为促进立法的行政处罚规定权仍需恪守法律位阶原则，以维护统一的法治秩序。

（二）"绕道"立法

我国当前立法体制中对立法权限的严格设定，使文明行为促进立法在创新性和立法指向上都遇到了难题，无论是赋予社会事务管理者行政权，还是设定行政相对人义务，文明行为促进立法在选择调整手段上都没有更多的权力空间。为了回避立法权限上的越界风险，有些地方立法主体制定的文明行为促进法规大量设置原则性、倡导性、鼓励性的条款，有意减少规范权利义务的条款，而可操作性、可执行性的条款则少之又少。有些地方则把文明行为促进立法的注意力转向边缘领域，为了避免违背"不抵触原则"，甚至不惜"绕道"立法，寻求冷门领域和冷僻事项进行法律调整，导致立法的质量和效果大打折扣。

（三）"良性违法"的问题

各地积极进行文明行为促进立法，当然不能视为是政绩工程或跟风效应的产物，各地文明行为促进立法的根本动因是要解决当地文明社会建设的实际问题。但是，有时这种"有所作为"的美好愿望就会带来"良性违法"的问题。立法上的"良性违法"，通常系指地方立法机关基于中央立法趋于保守的现状，为了积极有效应对地方经济社会发展中出现的实际问题，在穷尽各种可能的合法路径后，不得不作出某种违背中央立法原则和规则的规定。

从我国立法权的总体设计来讲，现行央地立法系统中，地方立法应当对上位法发挥填充功能，即便是先行先试也不能违背上位法已有的原则和规则，但在"良性违法"的情形下，地方立法的功能发生了转变，实际上发挥了某种衡平和矫正的功能。然而，在我国的立法体制中，地方立法是不具备这一功能的。尽管"良性违法"有着"善意"的目的，甚至在克服地方法缺乏地方特色问题上有了一定的作为，如果没有上位法，它很可能造就一部良法，但无论怎样证成其"实质合理性"，"良性违法"也是违法，它违背了"有特色"的前提——"不抵触"，甚至可能违宪，这在法治社会中无疑是不被允许的。虽然改革意味着突破，凡事都在条条款款以内，就无改革之说了。在并不久远的历史中，一些改革措施最初的确突破了法律，但最后却成为了改革的先声。然而，特殊时代背景下的政治伦理不能取代法治健全社会下的法律伦理，"良性违法"中的"良性"不能成为"违法"的借口和挡箭牌。习近平总书记指出："凡属重大改革都要于法有据"①。党中央明确要求："一切违反宪法法律的法规规章和规范性文件都必须予以纠正"②。在全面推进依法治国的今天，任何改革和地方试验都不可能再被允许突破现有法律的限制，包括突破上位法限制的地方立法，否则会造成对我国法律权威和法治秩序的严重破坏。

---

① 中宣部：《习近平新时代中国特色社会主义思想学习纲要》，学习出版社、人民出版社2019年版，第90页。

② 《中共中央关于加强党领导立法工作的意见》（中发〔2016〕10号）。

第五章　盘锦市文明行为促进立法的个案考察

第一节　盘锦市文明行为促进立法的背景

一　盘锦市情

（一）盘锦市基本情况

盘锦市位于辽宁省西南部、辽河三角洲中心地带，毗邻渤海辽东湾，为辽宁省14个设区的市之一，是辽河油田总部所在地。盘锦市于1984年6月建市，下辖盘山县、双台子区、兴隆台区、大洼区，陆地面积4102.9平方公里，海域面积1425平方公里。2020年末盘锦市总人口138.9万人，其中城镇人口107.6万人，农村人口31.4万人，人口城镇化率达到77.4%。盘锦市油气资源丰富，累计探明石油储量22.4亿吨、天然气2133亿立方米，同时拥有良好的湿地生态，湿地面积占全市总面积一半以上，有国家级和省级自然保护区各1处、国家湿地公园试点2处、省级湿地公园3处。[1]

（二）盘锦市经济社会发展概况

2021年盘锦市地区生产总值1383.2亿元，一般公共预算收入完成158.6亿元，城镇常住居民人均可支配收入45398元，同比增长6.1%，农村常住居民人均可支配收入22583元，同比增长9.7%。全市总人口中，拥有大学文化程度的26.3万人，占总人口数的18.9%，高中文化程度的22.8万人，占总人口数的16.4%。盘锦市是全国首批36个小

---

[1] 盘锦市人民政府网站，http://www.panjin.gov.cn，2022年2月2日。

康城市之一,城镇登记失业率连续多年保持全省最低。盘锦市还是承担国家试点示范较多的城市,目前承担有东北地区民营经济发展改革示范城市、国家全域旅游示范区、全国首批"无废城市"建设试点市、国家食品安全示范城市、全国政务服务标准化试点市、国家文化消费试点市、全国居家和社区养老服务改革试点市等。①

(三) 盘锦市文明行为促进工作概况

盘锦市是"全国文明城市""国家卫生城市""国家园林城市",是辽宁省首批进入"全国文明城市"行列的城市,连续 10 年获全省文明城市测评成绩榜首,连续两届获全国文明城市称号。2017 年,盘锦市以全国综合排名第六的成绩荣获第五届全国文明城市,以总分第一的成绩获全国未成年人思想道德建设工作先进城市。近年来,盘锦市各部门各单位以培育和弘扬社会主义核心价值观为根本,坚持以人民为中心的思想,着力推进精神文明建设,城乡环境面貌、群众精神风貌明显改善,市民文明素质、城市文明程度显著提升。

二 盘锦市文明行为促进立法的实践基础

(一) 可行性

盘锦市自 2003 年起开启文明城市创建历程,在实践中积累了比较丰富的经验,很多做法都契合文明行为促进工作的立法及执行。2012 年以来,盘锦已连续 10 年在辽宁省文明城市测评中位居第一。盘锦市当地在机制体制上,已经形成了党政主导、文明委组织实施、文明办统筹协调、各县区属地管理、各部门齐抓共管、城乡联动、油(辽河油田)地联动、全体市民广泛参与的工作格局,能够保证在文明行为促进法规制定后的实施和监督。在工作模式上,盘锦市全域落实组织设置网格化、工作运行民主化、党员管理一体化、服务群众品牌化、保障机制标准化"五化"并举,形成了集成建设模式,提升了城市整体实力,有利于文明行为促进法规权威的维护和保证法规管辖的涵盖面。在道德力量凝聚上,盘锦市持续推进社会主义核心价值观建设,深化拓展各类

---

① 盘锦市人民政府网站, http://www.panjin.gov.cn, 2022 年 2 月 2 日。

群众性精神文明创建活动，文明村镇、文明单位、文明家庭、文明校园创建效果明显，市民文明素质持续提升，有助于促进市民对条例的自觉遵守。在群众基础上，盘锦市于文明城市创建工作的过程中，发动、组织市民自觉地投身到精神文明建设，使精神文明建设成为全民参与的事业，创建工作所涉及和解决的具体问题，同人民群众的切身利益密切相关，得益于创建工作推进，许多问题得以解决，使市民对文明行为促进工作的支持度和满意率显著提升，有助于提升市民对文明行为促进条例的认同。

为引导和规范公民行为，提升公民文明素质，盘锦市相继出台了城乡容貌和环境卫生条例、物业管理条例、养犬管理办法、禁止燃放烟花爆竹规定等地方法规和行政规章。虽然这些法规、规章仅涉及文明行为规范的某一方面，但从整体上形成了文明行为规范的制度体系，为盘锦市制定文明行为促进条例提供了较为全面的法律依据。同时，盘锦市在文明行为促进工作方面积累了丰富的实践经验，为盘锦市文明行为立法提供了丰富的素材，奠定了坚实的实践基础。

（二）必要性

其一，推动文明行为促进立法是提升市民文明素质的迫切需要。近年来，盘锦市民文明素质随着经济社会发展水平的提高不断提升。但与此同时，在经济社会生活的各方面，一些不文明现象、不文明行为仍然存在，占道经营、发放非法小广告、车辆乱停乱放、大型犬扰民等突出问题，虽经相关部门多次专项治理，但效果不佳，反弹严重，已成为影响市民文明素质整体水平的短板。因此，有必要通过立法以进一步规范人们的基本文明行为，实现软性倡导与硬性约束齐抓并进，逐步推动文明行为内化为个人自觉，固化为社会良好风尚。

其二，推动文明行为促进立法是巩固盘锦市文明城市创建成果的切实保障。盘锦在多年的精神文明创建道路上，先后摘得"全国双拥模范城""国家园林城市""国家卫生城市""全国文明城市"等国家级荣誉，积累了许多成功的经验，需要将这些成功经验上升为地方性法规，使一些基本道德规范上升为法律规范，也使法律规范更多体现道德理念和人文关怀。这就需要通过立法工作，系统总结盘锦市在精神文明创建中积累的管理体制、工作机制和方法载体等成功经验，并将其制度化、法制化，进而对一些社会文明治理中的顽症痼疾、问题短板予以重点整治和逐项提升。特别是要通过立法工作，把各级各部门在文明行为促进、管理和执法等方面所承担的职责任务厘清，做到有据可循、有法可依。

其三，推动文明行为促进立法是弥补文明方面立法不足的实际需求。在文明城市的创建过程中，盘锦市各相关责任主体深切感受到了缺乏法制保障所带来的桎梏。显然，荣誉称号的获得，并不等于过去没有解决的各种困扰不再存在。在盘锦市开展文明行为促进立法前，在国家、省级层面均无文明行为促进工作方面专门的法律法规。《盘锦市湿地保护条例》《盘锦市城乡容貌和环境卫生管理条例》《盘锦市物业管理条例》等虽然均有一定的文明行为规范内容，但由于角度不同，未能规范全部文明行为，亟待一部专门法律对文明行为促进工作进行规范。

文明行为促进立法的缺位使得相关领域亟待解决的问题日显突出，对文明行为促进工作形成了巨大的阻力。这些问题主要表现在：

（1）文明行为促进工作缺乏统一的法律调整。在涉文明行为规范和文明行为促进工作领域，由于多部法规之间在适用上缺乏文本的系统性、条款的兼容性和责任的准确性，在实践中，不同职责的部门认识不统一、步调不一致、管理方式不规范，加之权限划分、责任归属等方面的不明确，使得部门间的推诿扯皮现象时有发生，相互制约、相互支持难以实现，多城联创的效果大打折扣。

（2）专项整治缺乏长效管理的法律保障。盘锦市的文明城市创建过程中，曾经多次组织专项治理。盘锦市创城办为巩固创城成果，提高创建水平，根据《全国文明城市测评体系》标准和要求，制定了《盘锦市2015—2017年创建全国文明城市行动计划》，重点开展六项专项行动，可谓精准细致。但整治在前，反弹在后，再整治，再反弹，无法根除。其主要原因就是城市管理没有硬性的法律保障，只好进行突击性、战役性治理，致使劳民伤财、群众不满。

（3）倡导性行为缺乏法律的保障和引导。盘锦市曾在2017年制定出台了《盘锦市道德模范礼遇帮扶实施办法（试行）》，引起社会广泛影响，但由于在执行上缺乏保障，一些礼遇帮扶措施无法具体落实。此外，如诚信经营问题、志愿服务扶持和激励机制问题、家教家风问题，无不深刻影响着市民行为的选择。在人们莫衷一是的情况下，亟须文明行为促进条例的登场，在道德领域展示其导向。

其四，推动文明行为促进立法是凸显城市文明的重要标志。从国内外文明行为促进的立法实践来看，通过完善立法，加大对不文明行为的制裁力度，提高不文明行为的违法成本，减少与遏制不文明行为，是促进社会成员文明素质提升的有效途径。国内各地已出台的文明行为促进立法，通过将部分道德规范上升为法律规范、对不文明行为进行规范与制裁，取得了较好的社会效益，有效提升了社会成员的文明素质和城市的文明水平。为深化文明城市创建成果，促进文明行为，推进城市文明建设，提升城市文明水平，盘锦市同样需要一部系统全面的综合性地方法规，对倡导、鼓励的文明行为和禁止的不文明行为加以概括列举，并提供更为具体、明确的法律支持。

三 立法起草团队的组建和第三方立法的优势

（一）团队的组建

在《盘锦市文明行为促进条例》起草工作启动前，盘锦市人大法制委、教科文卫委与常委会法工委提前介入，积极与起草负责单位盘锦市文明办和盘锦市司法局沟通协调，成立了立法领导小组并召开了多场立法工作会。为了高质量完成草案起草工作，盘锦市文明办委托大连理工大学作为第三方机构代为起草法规草案。笔者作为受托方立法起草团队负责人和总执笔人，组建了由各界法律专家组成的立法起草团队，担当《盘锦市文明行为促进条例》的起草工作。团队成员大部分具有高级和副高职称，大多为国内双一流（985、211）高校教研中坚和资深法律专家，多人为博士生导师，从事法学研究和教育工作多年，成果卓著，学术地位举足轻重，学生桃李满天下，能够充分发挥高校专业人才聚集，智力资源丰富的优势。同时，团队延请了多位资深立法专家担任顾问，能够给团队的立法工作提供及时的专业指导。

从经验优势方面而言，立法起草团队成员法学实践工作资历深厚，且以"70后"和"80后"为主体，年富力强，有朝气、有想法、有视野、有阅历，多人具有丰富的立法经验，曾负责或参与过国内多项法律、行政法规和地方法规的立法起草工作，如受委托起草地方性草案专家建议稿、对法规草案提出修改意见或建议、开展地方立法论证、开展法规表决前评估和开展地方立法理论研究等。立法起草团队以大连理工大学为牵头，容纳全国多地智力资源，团队成员学缘结构合理，所在单位分布于全国各地区，因此对各地相关立法均有深入的了解甚至不同程度的参与，能够集思广益，且能同时提供各地的样本资料和相关数据，以利参考。

（二）第三方立法的优势

地方性法规立法，程序是"部门起草—政府审查—人大审议"，前期调研和文本起草通常由政府有关部门来承担。然而，部门立法不可避免地会具有不同程度的倾向性，所谓"有利则争，无利则推，不利则阻，他利则拖，分利则顶"[①]。基于此，国内地方立法中，委托第三方起草法规草案渐成趋势。受委托第三方大都来自高等学校、科研院所和律师行业，以盘锦市为例，《盘锦市城乡容貌和环境卫生管理条例》《盘锦市物业管理条例》《盘锦市文明行为促进条例》，即分别由起草单位委托了辽宁省某研究会、辽宁某律师事务所、大连理工大学等第三方团队来开展立法起草工作。

高等学校和科研机构专业素养高，其理论知识渊博，有助于立法内容的科学性和前瞻性，更重要的是其立场中立，一般与立法事项无直接利益关涉，可以消除"部门利益过度考量"的趋向，实现立法活动中的利益回避。实践中，各地选择高等院校的较多，选择科研机构的较少。二者相比，高校比科研机构具备更多的人力和多学科知识背景的人才，且高校起草团队的成员人脉丰富，社会关系多元，与国内外一流大学和著名学者以及知名法律界、政商界人士和资深法律从业者均有广泛合作和私谊，有丰富的社会、财经和信息资源，足可为立法工作提供多

[①] 雪敏：《对部门利益法制化说"不"》，《人民之声》2006年第7期。

形式多样化的支持，足以补齐立法起草部门人力不足和背景单一的短板。

律师事务所在作为受委托第三方从事立法起草的实践中，也较为活跃。由于律师的日常工作以代理案件和非诉业务为主，通过参与具体案件，经常与法律实务问题打交道。律师在参与具体案件的过程中，可以更为直观地发现立法存在的问题，比如法律依据缺失、法条操作性不强、法律规定不符合实际等，其更具丰富的法律实务经验，能更敏感地发现现行法律的漏洞。但律师参与立法起草比高校和科研机构更注重经济效益，在收益有限的前提下，更多希望通过参与立法起草达到广告效应，实现营销目的，其关注点往往不在立法起草工作及其完成质量本身。另外，受职业习惯影响，律师事务所在立法活动中，可能缺少全局规划和系统安排，而更多地注重细节。

以《盘锦市文明行为促进条例》的起草为例，委托方和第三方之间围绕条例起草形成了紧密的合作关系。第三方大连理工大学整合各方资源，成立了立法起草小组，多次赴外地和盘锦本地展开调研。同时，在第三方有关立法的前期理论研究的基础上，对立法所涉及的焦点问题，各方进行了充分的讨论论证，基本达成一致意见。这一运作过程不仅节约了立法时间，而且利用行政机关的资源优势，获得了更加全面的第一手数据资料。这种立法起草中委托方和第三方全程式的充分沟通、紧密合作的运作模式，可以形成双方人力资源、专业背景方面的优势互补，确保思路一致，避免立法思维冲突，避免法规草案脱离公共管理实际，出现纸上谈兵的状况，为完成立法起草任务节省了时间，提高了效率。

第二节　盘锦市文明行为促进立法的经过

一　考察与调研

（一）考察调研各地文明行为促进立法

立法起草团队与盘锦市文明办、盘锦市人大自 2018 年 3 月起展开了一系列的域内外调研工作，先后赴宁波、湖州、绍兴、无锡、南昌、宣城等文明行为促进立法先行城市进行考察调研，详细了解这些城市的立法程序、立法模式、立法经验，以及文明行为促进条例施行后的落实情况、运行情况与执法情况，为《盘锦市文明行为促进条例》的起草推进奠定了坚实基础。

在调研中，立法起草团队向各地人大常委会和负责当地文明行为促进条例起草的单位共提出了如下问题，并进行了充分的探讨与交流：

（1）文明行为促进条例的立法目的和目标是什么？是市民公约之类文件的法制化，还是一部社会行为规范的法律系统化？

（2）文明行为促进条例是主要靠道德引导来解决问题，还是发挥法的诸功能，满足立法的规范化要件？

（3）条例究竟应规制得较严，还是保留适度的宽松空间，不搞"严刑峻法"？

（4）能不能把现行法对社会秩序管理的空白和边缘之处都纳入文明行为促进条例，通过处罚条款来规制？

（5）在条例中需不需要对已有其他法律法规特别是上位法有较明确规定的不文明行为进行禁止性重申？

（6）对不文明行为的规制重点是什么？纳入到条例规制范围的不文明行为，其逻辑和依据是什么？

（7）条例中将诸多具体事项罗列详细，其出发点和必要性是什么？

（8）当地条例中，对于违反条例禁止的不文明行为没有在法律责任一章中规定明确的处罚条款，仅是援用其他法律法规，而不是像天津等地条例有明确罚则，条例会不会失去自身存在的价值？

（9）当地条例中，对不文明行为的处罚标准，其依据是什么？

（10）条例中"文明行为"的定义，依据是什么？

（11）当地条例中，"热爱祖国"等一般性表述为什么在条例中重申？

（12）当地条例第四条，市、县（区）精神文明建设工作机构如何定期评估和通报本条例的实施情况？

（13）当地条例中，相关表述为什么有时用"个人"，有时用"公民"？外国人在当地，受不受该条例的管辖？

（14）当地条例的法条当中，使用"喜闻乐见"等词，是否符合立法规范？

（15）当地条例中，倡导性规范，使用"不"字样，是否符合立法规范？

（16）当地条例中，第十二条第十项"规范停放公共自行车和互联网租赁自行车"，何谓"规范"？

（17）当地条例中，尊重宗教信仰写入文明行为促进条例会不会引起争议？写入此条的必要性是什么？

（18）当地条例中，"对文明行为及时以鼓掌、竖大拇指或者其他方式进行精神鼓励"这样的表述，写入立法是否严肃？

（19）治安管理处罚法中对大部分不文明行为都有一定的处罚规定，在文明条例中重申有无必要？重申的逻辑出发点是什么？

（20）当地条例第十四条，"禁止吸烟的场所"指的是哪些场所，法律依据是什么？"违反规定燃放烟花爆竹"，"规定"是什么？

（21）当地条例第十四条，在立法中使用"出水"这样的特别表述会不会引发歧义？

（22）当地条例第十四条，"过大音量"指的是什么音量？

（23）当地条例中，禁止的行为有些并无明确法律规定，条例本身又无自定罚则，执法部门该如何查处不文明行为？

（24）当地条例中，"携带宠物出户不采取必要的安全措施"，何谓"必要的安全措施"？立法需不需要详细阐释，还是留有解释空间？

（25）当地条例第十六条中，"乱停乱放"的定义是什么？

（26）交通法规已有详细规定，文明条例中再次罗列相关禁止事项的意义是什么？为什么列举这些事项？依据是什么？

（27）当地条例第十八条，患者应当尊重医护人员，那对医护人员的要求呢？后面第三十二条只有对医疗机构的要求，没有提医护人员。

（28）当地条例中，为什么有时提"单位"，有时提"企业、社会组织""机关、社会团体、企业事业单位""法人和其他组织"等表述，提法为什么不统一？

（29）当地条例第三十五条"城市管理、环境保护、市场和质量监督、民政、公安、文化、体育、旅游等部门"的提法是否规范？为什么做如此表述？

（30）当地条例第二章，既然规定了应当，而后面的罚则未覆盖所有违反第二章之文明行为基本规范的行为，那么法的威慑力和威信如何体现？

（31）当地条例中，禁止性规范大量使用"不"，是否规范？

（32）当地是否有物业和城乡容貌等方面的条例，如有，文明条例中的规定是否和其重叠？

（33）当地条例中，对噪声污染的规定比较笼统，是否有市政府的进一步规定？

（34）当地条例第三十九条，禁止携带犬只乘坐交通工具，为什么仅是导盲犬除外？其他工作犬呢？

（35）当地条例第十五条，"践行时代新风"的用语出现在立法中，是否合适？

（36）当地条例第十五条，"有害气功"应如何界定？

（37）当地条例第十七条，网络"低俗信息"应如何界定？

（38）当地条例中，为什么有时用"单位"，有时用"企业、社会组织"等不同表述？

（39）文明行为促进工作中的执法协作机制是如何建立和运作的？

（40）当地条例第四十一条，"公安、城市管理、物业管理等部门"的提法是否准确？

（41）条例在制定过程中，是否借鉴了他地的文明行为促进条例？

（42）条例制定过程中，最大的困难或难点是什么？当地是怎么克服的？

（43）当地制定文明行为促进条例的最大亮点是什么？是怎么体现出本地特色来的？

（44）条例施行至今，遇到了哪些问题，取得了哪些收效？有无待总结改进之处？

（45）条例施行中，市民的反应如何，执法部门有何反馈意见？

（46）人大在监督条例实施中履行了哪些职责？

（47）当地条例的体例安排，其逻辑是什么？为何做这样的设计？其优点是什么？

（48）条例的制定过程中，侧重点是立法的规范性还是其实用性？是追求词句严谨，还是语言通俗明了？

（49）条例制定过程中，法律专家的意见有哪些反映？

（50）文明行为促进条例的民意基础是什么？前期做过哪些调研和座谈工作？

（51）立法中，群众意见和各单位意见是否得到了充分尊重？他们的意见在最终的颁行条例中有哪些反映？

（52）立法委托了哪些团队来起草，其优势是什么？

（53）文明条例和其他立法相比，有哪些独特之处？比如法条中的用语、行文风格等？较之其他立法，是否有创新之处？

（54）公共信用信息平台是如何建立和运作的？

（二）以多形式多平台开展问卷调查

《盘锦市文明行为促进条例》在起草过程中采取开放积极、兼容并蓄的态度，注重开门立法、民主立法，拓宽公民有序参与的立法途径。为确定《盘锦市文明行为促进条例》需要重点治理的不文明行为，立法团队会同盘锦市文明办等单位组织开展了市民最反感的"十大不文明行为"问卷调查，线上问卷在《盘锦日报》《辽河晚报》、盘锦广播电视台以及"盘锦发布""文明盘锦"微信公众号等媒介发布，线下由盘锦市各县区文明办、市直机关工委、团市委、市妇联、市总工会、国资委等部门按照地域、系统分别组织问卷调查。截至 2019 年 1 月 18 日，线上线下共计 11.6 万余人次直接参与，其中线下回收调查问卷 85633 份，分别为大洼区 31702 份，兴隆台区 21548 份，双台子区 14882 份，盘山县 13187 份，市直机关 4314 份。

从投票结果看，盘锦市民广泛关注的不文明行为排名靠前的 10 种行为是：

（1）损坏公共设施；

（2）随意停放车辆；

（3）乘坐公交车、汽车、火车不排队，拥挤抢座；

(4) 携带犬只不束犬链进入公共场所，不及时清除在公共场所产生的排泄物；

(5) 从建筑物、构筑物内向外抛掷物品，在建筑物的阳台外、窗外、屋顶、楼道、走廊等空间堆放、吊挂危害安全的物品；坐车、行车过程中向窗外抛掷垃圾、杂物；

(6) 行人乱穿马路、闯红灯；

(7) 机动车乱鸣乱行、不礼让行人，夜间行车不关闭远光灯；

(8) 外卖车辆随意变道、逆行、闯红灯；

(9) 在禁烟场所吸烟；

(10) 在公共设施上涂写、刻画，擅自张贴宣传品、乱贴乱发小广告。

以上10条不文明行为平均得票率在35%以上。

这些市民反映突出、创建达标困难的不文明行为，为《盘锦市文明行为促进条例》的起草提供了重要参考依据。

二 意见征求与研讨论证

（一）广求意见

在《盘锦市文明行为促进条例》的起草过程中，立法起草团队会同盘锦市有关部门共召开了61场征求意见座谈会。其中，市级层面专题座谈会11场，涵盖64个市直部门，机关干部、一线职工、县区精神文明办主任、社区干部、国企负责人、社会组织负责人、志愿服务组织负责人及道德模范、"身边好人"、律师、民营企业家等400余人参加座谈，累计征集意见建议1650余条次。立法起草团队和立法起草单位还专程赴盘锦市兴隆台区、双台子区、大洼区、盘山县召开4场座谈会，各县区干部、职工及群众代表共100余人参会，累计征集意见建议200余条次。此外，立法起草团队和立法起草单位组织街道（镇）、社区（村）市民座谈会46场，基层干部、市民代表、社区居民等605人参加座谈，累计梳理汇总意见585条次。

（二）充分论证

立法起草团队会同相关部门，采取会议论证和书面论证等多种形式，听取多方意见建议，对文明行为促进条例起草工作中相涉的领域和问题进行充分论证。2019年4月间，立法起草团队协同立法起草单位先后组织市城管执法局、市市场监管局、市文旅广电局、市生态环境局、市交通运输局等执法部门召开论证会7场，就《盘锦市文明行为促进条例（送审稿）》涉及的罚则和执法可行性等相关问题，与执法部门详细探讨，逐项敲定。立法起草单位还书面征求了112家市直部门和中省直驻盘单位、32位离退休老干部、9位民主党派和工商联负责人及各县区四大班子领导意见。各部门各单位及相关领导、干部从各自实际出发，经过多次讨论研究，形成了书面意见并反馈给立法起草团队。

三　数易其稿

（一）起草的基本原则

《盘锦市文明行为促进条例草案（送审稿）》从盘锦实际、文明行为促进工作实际出发，力求短而精，目的明，效果好，立得住，真管用。一是坚持问题与目标导向的原则。《盘锦市文明行为促进条例（草案）》立足盘锦文明建设实际，充分考虑到各部门文明行为促进工作的内容、方式、主体、保障措施等，形成了一个严密的逻辑体系。二是坚持有地方特色的原则。《盘锦市文明行为促进条例（草案）》立足盘锦市情实际，满足人民群众对美好生活的向往，倾听市民呼声，在广泛调研、问卷调查、征求意见的基础上，把群众意见体现在重点治理部分。三是坚持不重复立法不越权立法的原则。立足盘锦法治建设进程，盘锦市已颁布实施的前三部条例中，有相当一部分规范涉及文明行为，并且处罚措施已经完备，在《盘锦市文明行为促进条例（草案）》起草及吸纳各界意见时，未再重复。对"法律责任"部分反复推敲论证，避免越权立法。四是坚持可操作性的原则。立足可操作性的实际，充分考虑和论证应处罚的行为，做到及时发现、有效制止、可调查取证、能严格执法。

（二）数稿版本的变化

在《盘锦市文明行为促进条例》的起草过程中，总共十五易其稿，经历了上百次大小修改，数次推倒重来，数次大刀阔斧地增删内容，并根据各方意见反馈，对条例草案不断地进行调整和修正。立法起草团队内部以及与立法单位联席共召开过30场以上的研讨会，直至条例草案送交立法机关审议前夕，立法起草团队与立法单位仍在对条例草案进行精益求精的审查，逐句逐字反复讨论，甚至并不夸张地讲，连标点符号都在力求规范准确。因此，若以有较大幅度修改的版本而论，《盘锦市文明行为促进条例（草案）》在形成送审稿之前，计有30余稿，在此仅列出与起草委托单位共同商定的正式历版草案稿。这数版草案稿是在向社会各界公开征集意见和送交市委市政府领导及相关部门审议审查时使用的版本，并在每次意见反馈后作了相应修改。

《盘锦市文明行为促进条例（草案）》第一稿共分5章49条，总计8000字，第四章"法律责任"是这一稿的重点，该章共设置了17条。第一稿中在第二章"文明行为基本规范"强调"不得以各种形式宣扬、美化侵略战争和侵略者""不在宗教场所或敏感场所做出引发冲突或有争议的行为"，是这一稿中较为有特点的表述。

第二稿共分5章54条，字数增加到9100字。第二稿中第二章"文明行为基本规范"里增加了"在博物馆、图书馆、美术馆、科学馆和纪念馆等场所参观或学习时，保持安静，遵守秩序和礼仪规范，听从场馆管理方疏导和安排""在动物园、水族馆等场所参观游玩时，不违规喂食动物，不投打动物，不干扰动物正常栖息或做出其他伤害动物的行为"等内容。这一稿考虑到文明行为促进条例为属地法，高铁霸座、赴外地旅游等不文明行为应由铁路或当地有关部门予以处罚、处理，故在条例草案中未作规范性规定。尤值一提的是，第二稿中增加了对街头涂鸦行为的规制，规定在条例草案第十四条中，表述为"除指定区域外，公民不得在永久或临时性建筑物、构筑物的外墙和公私场所的围墙等处进行各种涂鸦活动。在指定区域进行带有艺术创作性质的涂鸦活动，需事前向主管部门申请许可并征得建筑物产权所有人同意。申请许可的具体办法，由市人民政府制定。"此条有着鲜明的先锋立法意味。

第三稿与第二稿的篇幅和章节、条文数目大体相当，但增加了"未满四周岁的未成年人乘坐家庭乘用车，应当配备并正确使用儿童安全座椅""接送中小学生上下学时，不得占用机动车道停放车辆或以其他方式干扰正常交通秩序""不得随意将动物放生至户外环境，放生活动不得干扰当地居民的正常生活、生产，不得对生态系统造成危害""公民应合理使用公共空间，对拥有产权和其他合法权利的房屋、土地，在行使权利的时候，不得损害他人和公共利益"等内容。第三稿较之第二稿在多处条款的罚款处罚额度有所降低，以更适应当地实际情况。

第四稿中，在条例草案第三条，将文明行为定义为："本条例所称文明行为，是指遵守宪法和法律，践行社会主义核心价值观和新时代辽宁精神，尊重社会公德，遵守公共秩序，爱护公共财产和资源，立德修身，诚信友善，爱岗敬业，乐于奉献，有益于社会文明和进步的行为"。增加了"不得在机动车道上等车、发放广告、兜售物品、乞讨和变相乞讨等""公民应文明饲养宠物，及时为相关宠物注射必要的疫苗，携宠物出行时，应当遵守相关场合和交通工具禁止携带宠物的规定，并采取必要的安全和卫生措施"等内容。

第五稿将法条数目减至40条，在第二章"文明行为基本规范"后增加一章，为第三章"鼓励与支持"，原第三章变为第四章，为"保障与监督"。考虑到反馈意见中对文明行为定义的建议，借鉴贵州、郑州、太原、石家庄、银川、无锡、淮安、湖州、威海、晋城等数地的文明行为促进条例中的提法，这一稿中将文明行为定义为"遵守宪法和法律、法规规定，符合社会主义道德要求，体现社会主义核心价值观，维护公序良俗、引领社会风尚、推动社会文明进步的行为"。同时，在条例草案中增加了"文明行为促进工作遵循法治和德治相结合、他律和自律相结合、奖惩适度、正面引导为主的原则"等表述，并参考中央文明委《关于深化群众性精神文明创建活动的指导意见》对条例草案中文明行为规范的内容与条文排序作了调整。

第六稿将内容精简至7000余字，并在相关表述上作了仔细推敲。如条例草案第十四条第三项中，表述为"在建成区内携犬出户的，应当由成年人采用牵引带牵引、佩戴嘴套、嘴笼等方式约束犬只，不得携带除工作犬之外的犬只出入托儿所、幼儿园、中小学校和医院、商场、宾馆、饭店等人员密集场所的室内区域以及乘坐公共交通工具"。此处的"中小学校"涵盖了高中和初中，2016年中组部、教育部党组联合印发的中组发〔2016〕17号文《关于加强中小学校党的建设工作的意见》等文件即作如此界定。而对于其他学校类教育培训机构和大学，考虑到实际情况和各地通行做法，未做概括性禁止规定，如有禁犬需求，可由各高校和教育培训机构自行规定。由于托儿所和幼儿园不属于学校，故仍采取单列方式。

第七稿字数在上一稿基础上有所增加，并在"文明行为基本规范"一章中将相关条款按"倡导的文明行为""公共秩序""生态文明""交通文明""文明养宠""禁烟规定""特殊空间""社区文明"作了归类和排序。

第八稿的条例草案中涉及文明行为促进和创建的相关概念、原则、内容和体例顺序，依据2018年中共中央《社会主义核心价值观融入法治建设立法修法规划》、2017年中央文明委《关于深化群众性精神文明创建活动的指导意见》、2016年中共中央办公厅、国务院办公厅相关重要文件作了修正和调整。

第九稿大幅减少了"法律责任"一章中的处罚条款，增加了责任衔接和处罚标准条款，并增加了有关社会服务的规定，即"违反本条例规定，应当受到行政处罚的行为人，可以申请参加社会服务。行为人完成相应社会服务的，经相关主管部门认定，可以依法从轻、减轻或者不予处罚，并免予记入信用信息记录。社会服务的具体办法，由市人民政府制定。"

第十稿将字数进一步精简到6000余字，并在条例草案文本有关"生态文明"的部分增加了"保护红海滩湿地、辽河碑林、中日甲午末战殉国将士墓等自然资源和人文景观。在辽河口国家级自然保护区等湿地内不得破坏候鸟等野生动物繁殖、栖息地或鱼类洄游通道，不得擅自向湿地引入外来物种"等规定。

第十一稿在修改时综合各方意见，包括"文明行为促进条例不宜过度限制公民私权，不能设置过高的义务，对群众搞'道德绑架'，对不文明行为的处罚力度应加大，应切合实际，不搞大而空"等，在对各方相关意见作答复和解释的同时，也尊重民意对局部内容作了调整。同时，删去了"弘扬新时代辽宁精神""不得与同乘人员做出违反公共道德的行为"等非法律化色彩明显的表述,又比如,删掉了"接送中小学生上下学"中"中小"字样,扩大了接送"学生"的范围,避免存在适用漏洞。

第十二稿将条例草案结构修改为五章,分别为:第一章"总则",第二章"倡导与规范",第三章"职责与保障",第四章"法律责任",第五章"附则"。增加了"在公共场所配备相对独立的母婴室、第三卫生间等公共设施,设置自动体外除颤器等急救设备"等规定。根据盘锦市司法局意见,在"法律责任"一章中对禁止性规范作了逐一对应的处罚规定。因此字数增至7500余字。

第十三稿保持了上一稿的结构与篇幅,依据意见反馈,删去了"尊重各民族的宗教信仰、风俗习惯和语言文字"等表述,大幅度减少了对禁止吸烟等问题的具体规定。同时,这一稿对相关词句作了更为精确的表述,如立法目的中"提升城乡居民文明素质和社会文明程度",使用了"城乡居民"而非"公民"的概念,避免文明行为促进法规成为属人法,使外籍人士脱离于法规调整之外。又如,依据国务院《道路运输条例》,将条例草案中的"交通运输部门"改为"交通主管部门"。

第十四稿保持上一稿结构不变,在多部门的意见反馈之下,进一步删除了有关禁止吸烟的规定,仅保留了"禁止……未在依法禁止吸烟的场所设置明显的禁烟标志;在禁止吸烟的场所或区域内吸烟"的表述,由此亦可见在全社会推行控烟禁烟的难度。同时,增加了保护导听犬等规定,完善了各机关各部门文明行为促进工作职责的规定。

第十五稿较之上一稿,接受人大等机关意见,大幅度删减法律责任条款,仅保留了6条,且仅对违反条例第十一条第四项、第七项规定的行为明确规定了处罚内容。

(三) 对相关意见的回应

以盘锦市第八届人大常委会第十三次会议上常委们对《盘锦市文明行为促进条例(草案)》提出的意见建议及立法草案起草团队作出的回应为例:

有常委提出,第一章第一条中"城乡居民"的用词不考究、不准确,"中华人民共和国公民"的提法更准确。

立法起草团队回应：城乡居民，涵盖我国所有居民，包括城镇和乡村。从调整范围上来讲，文明行为促进条例不能只适用于中华人民共和国公民，而不适用于在华外国人和无国籍人。从用词上来讲，比如重庆市人大常委会 2008 年 7 月通过有《重庆市城乡居民最低生活保障条例》，南京市人大常委会 2004 年 7 月通过有《南京市城乡居民最低生活保障条例》等，"城乡居民"一词属于立法中经常使用的名词，而且含义确定，不致引起歧义。

有常委提出，第一章第十三条"各级人民代表大会常务委员会应当通过听取专项工作报告、开展执法检查等方式，对本级人民政府文明行为促进工作进行督查。"这里涉及各级人大常委会的职责问题，对政府监督在职能上不适合。

立法起草团队回应：依据《中华人民共和国各级人民代表大会常务委员会监督法》（2007 年 1 月 1 日起实施）第一章"总则"第五条之规定，"各级人民代表大会常务委员会对本级人民政府、人民法院和人民检察院的工作实施监督，促进依法行政、公正司法"，并依据第四章"法律法规实施情况的检查"第二十二条之规定，"各级人民代表大会常务委员会参照本法第九条规定的途径，每年选择若干关系改革发展稳定大局和群众切身利益、社会普遍关注的重大问题，有计划地对有关法律、法规实施情况组织执法检查"，以及《中华人民共和国地方各级人民代表大会和地方各级人民政府组织法》（1979 年 7 月 1 日起实施）第四十四条第六项之规定，县级以上的地方各级人民代表大会常务委员监督本级人民政府、人民法院和人民检察院的工作，联系本级人民代表大会代表，受理人民群众对上述机关和国家工作人员的申诉和意见；因此，各级人大常委会监督政府的文明行为促进工作于法有据。根据常委意见，拟将条例中的该条修改为："第十三条 各级人民代表大会常务委员会应当通过听取专项工作报告、开展执法检查等方式，对本级人民政府的文明行为促进工作实施监督。"

有常委建议洗车占道经营添加到条例中，并加大处罚力度。

立法起草团队回应：依据《盘锦市城乡容貌和环境卫生管理条例》第三十四条之规定，"禁止占用城市道路、公共场地从事机动车辆清洗、维修等经营活动。从事车辆清洗、维修经营活动的，应当具备符合规范要求的经营场所和污水、污泥、废油处理设施，防止污水、废油外流，保持周围环境卫生整洁。违反前款规定的，责令改正，处五百元以上两千元以下罚款。"因此，现有条例处罚力度已经足够，不必在文明行为促进条例中另行赘述。

有常委指出针对乱排油烟问题，建议加大处罚力度。

立法起草团队回应：依据《盘锦市城乡容貌和环境卫生管理条例》第二十三条之规定，"经营或者作业设置的排油烟口、排污水口，应当符合设计要求和城市容貌和环境卫生标准。……违反第二款、第三款规定的，责令改正；逾期未改正的，处五百元以上两千元以下罚款。"因此，现有法规处罚规定已经清晰，不必在文明行为促进条例中另行赘述。

有常委指出，第四章第四十七条"不文明行为实施人有下列情形之一的，应当在法定范围内从重给予处罚"中的"从重处罚"应该慎重。各违法行为，各相关部门已有处罚标准，避免一罪多部门处罚，多部门都可以管理情况。

立法起草团队回应：依据《中华人民共和国行政处罚法》（1996年10月1日起实施）第十一条之规定，"地方性法规可以设定除限制人身自由、吊销企业营业执照以外的行政处罚。法律、行政法规对违法行为已经作出行政处罚规定，地方性法规需要作出具体规定的，必须在法律、行政法规规定的给予行政处罚的行为、种类和幅度的范围内规定"，因此，文明条例中的"从重"是在法定范围内的从重，且从重情形规定明确，不会导致执法部门滥用职权，且各法律法规对行政执法职责职权规定明确，不会出现多头执法或相互推诿的局面。

有常委提出，条例第二章第八条在交通法中已有明确处罚规定，有重复立法之嫌。

立法起草团队回应：依据《中华人民共和国立法法》第七十三条之规定，"地方性法规可以就下列事项作出规定：（一）为执行法律、行政法规的规定，需要根据本行政区域的实际情况作具体规定的事项。"而《中华人民共和国道路交通安全法》的相关条款如第四十七条

"机动车行经人行横道时，应当减速行驶；遇行人正在通过人行横道，应当停车让行。机动车行经没有交通信号的道路时，遇行人横过道路，应当避让"等，仅规定了部分礼让情形，文明行为促进条例对此基于盘锦市情况，做了具体规定，即机动车需要在全路段礼让行人，符合立法原则。

有常委建议将关于红白事的监督内容加入条例中。

立法起草团队回应：条例第二十九条第二款规定："村（居）民委员会可以通过建立村（居）民议事会、道德评议会、红白理事会、禁毒禁赌会等机制，开展创建文明村镇、文明社区、文明家庭等文明行为促进活动。"对红白事的监督，以由村（居）民自治为宜，不宜由立法过度干涉私权。同时，由于有此条作为法律依据，村（居）民委员会建立红白事监督机制即于法有据。

有常委提出，条例总体完善，但缺少殡葬、祭扫，抵制封建迷信方面的条款。条例的出台是要引领盘锦公民在文明行为上监督、提升，在法律上有法可依据、有法可循。目前条例细则中，各条款在各部门、各法规已有相关要求。是否重复，有无异议，细节值得商榷。

立法起草团队回应：其一，殡葬、祭扫方面的具体规定有国务院颁布的行政法规《殡葬管理条例》，抵制封建迷信则应以引导为主，本条款草案以往数稿中有提及，如有必要，可在"倡导的文明行为"中增加这方面的表述。其二，如前所述，条例是在盘锦市市情的基础上对其他法律法规做细化规定，符合立法法的规定。

第三节　盘锦市文明行为促进立法工作的创新之处

一　《盘锦市文明行为促进条例》的特色与亮点

（一）将尊重、关怀、礼遇退役军人写入立法

《盘锦市文明行为促进条例》于2019年11月27日在盘锦市第八届人民代表大会常务委员会第十六次会议上表决通过，2020年3月30日辽宁省第十三届人民代表大会常务委员会第十七次会议批准，2020年5月1日起施行，时间上早于第十三届全国人民代表大会常务委员会第二

十三次会议于 2020 年 11 月 11 日通过，2021 年 1 月 1 日起施行的《中华人民共和国退役军人保障法》。《退役军人保障法》在国家立法层面明确提出：尊重、关爱退役军人是全社会的共同责任。国家关心、优待退役军人，加强退役军人保障体系建设，保障退役军人依法享有相应的权益。而《盘锦市文明行为促进条例》在地方立法层面首次将"尊重、关怀、礼遇退役军人"写入立法，并体现在《条例》的第九条第二项中。

（二）在立法中明确规定禁止在进行声乐（乐器）练习时产生超标噪声

《盘锦市文明行为促进条例》第十一条第四项规定，禁止"每日二十二时至次日六时及中考、高考考试期间，在进行……声乐练习等活动时产生超标噪声影响他人生活、工作和学习"。这是在国内立法中第一次对此类行为进行法律规制。尽管在此之前，如《广州市公园条例》对公园内的健身、娱乐等活动产生的噪声进行限制，《许昌市文明行为促进条例》第十七条则规定："在公共场所进行广场舞、唱歌等活动，应当控制音量，不得干扰他人正常生活、工作和学习。夏季每日 21 时至次日 6 时、冬季每日 21 时至次日 7 时，禁止进行以上产生噪声的文体活动。"但这些规定的适用范围仅限于公园等特定的公共场所，缺乏普遍性，而《盘锦市文明行为促进条例》对声乐练习等活动时产生超标噪声进行立法规制，是为国内首次。原《中华人民共和国环境噪声污染防治法》第四十六条规定"使用家用电器、乐器或者进行其他家庭室内娱乐活动时，应当控制音量或者采取其他有效措施，避免对周围居民造成环境噪声污染"，但并未提及声乐练习。《中华人民共和国环境噪声污染防治条例》第三十五条也是表述为"使用家用电器、乐器和在室内开展娱乐活动时，应当控制音量，不得干扰他人。"严格而言，声乐练习不能视为是"娱乐活动"。直到 2022 年 6 月 5 日起施行的《中华人民共和国噪声污染防治法》第六十五条第二款才将表述改为："使用家用电器、乐器或者进行其他家庭场所活动，应当控制音量或者采取其他有效措施，防止噪声污染。"

（三）在立法中明确规定禁止虐待、遗弃宠物

在国内立法史上，在《盘锦市文明行为促进条例》之前，从未有

将禁止虐待、遗弃宠物写入立法的。《中华人民共和国动物防疫法》第五十七条第三款规定，"任何单位和个人不得买卖、加工、随意弃置病死动物和病害动物产品"，禁止遗弃病死动物，但未涉及活体动物的遗弃问题。2021年11月26日《湖北省动物防疫条例》修订，其中第十九条第二款规定，"禁止遗弃饲养的犬、猫"，第四十一条第二款规定，"遗弃饲养的犬只的，由养犬登记机关收容犬只，并处1000元以上5000元以下罚款。"但《湖北省动物防疫条例》只是基于动物防疫角度对遗弃犬、猫作了规定，且处罚只针对遗弃犬只，未言其他。《盘锦市文明行为促进条例》第十一条第十五项规定：禁止"虐待、遗弃宠物"。虽然只是在立法表述中迈出了一小步，但对于人与自然和谐道德观的塑造，意义非凡。于2022年5月1日施行的《苏州市文明行为促进条例》第二十四条第三项亦规定"重点治理……虐待、遗弃宠物"，可以预见，未来对于宠物保护的立法将会不断增长，并成为推动社会文明进步的重要法治路径。

（四）在立法中明确规定禁止低俗网络直播

《盘锦市文明行为促进条例》第十一条第十九项规定，禁止"进行包含有色情、暴力或者低俗内容的网络聊天、网络宣传、网络直播"。进行色情、暴力的网络活动，不仅应受到相应的行政处罚，根据其情节，亦可能承担刑事责任，但对于低俗网络聊天、网络宣传、网络直播，尤其是低俗网络直播，一直缺乏有效的法律规制。《盘锦市文明行为促进条例》明确禁止低俗网络直播，开国内立法之先。由于上位法在《盘锦市文明行为促进条例》立法时对于低俗网络直播并无相应具体规定，而且《条例》对低俗网络直播的禁止与任何上位法的原则和精神均无抵触，因此这样的规定是有着先行探索意义的。随着《行政处罚法》的修订，地方立法在设定行政处罚时有了更多的自主权，很大程度上消除了"良性违法"产生的诱因，显而易见，这样的探索性立法会给文明行为促进立法在社会文明秩序的重塑中发挥更大作用的空间，也为地方政府通过行政规章进一步细化文明行为促进立法的实施确立了法律依据。

（五）在立法中明确规定陪同的成年人应约束未成年人遵守公共秩序

监护人有约束未成年人遵守公共秩序的义务，但是，如果陪同未成年人进入公共场所的不是其监护人,是否仍有这种法定义务?以往的国内立法,对此并无规定。现实中,监护人之外的成年人陪同未成年人活动的情形是十分常见的,若未成年人对公共场所的秩序产生较大影响,比如社会舆论中的所谓"熊孩子",陪同的成年人理应对其进行适当约束。《盘锦市文明行为促进条例》第十一条第二十项规定,禁止"监护人或者陪同的成年人没有约束未成年人遵守公共秩序以致损害他人合法权益",将此类行为明确列入禁止性规范。当然,这一条规定的指向是未成年人的监护人或陪同的成年人,而非未成年人,而且禁止的着眼点是"没有约束"和"损害他人合法权益",当这两个条件同时具备,对其禁止,乃至未来通过修法以增加其明确的对应法律责任,于情理,于法理皆是毫无问题的。

二 立法经验的总结

(一) 将工作经验上升为文明行为促进机制

文明行为促进工作牵涉面广,需要统筹领导,各部门和单位之间的工作合力,需要各部门和单位权责清晰、执行到位,做到"统""分"结合,科学部署,有序推进。多年来盘锦市在文明城市创建工作中形成的行之有效的文明行为促进工作机制,《盘锦市文明行为促进条例》将其纳入,固化为法律条款,作为文明行为促进工作的长效机制。如:党委统一领导、政府组织实施、各方分工负责、全社会积极参与的长效机制;各级精神文明指导委员会统筹推进各自行政区域内文明行为促进工作,定期召开文明行为促进工作联席会议,协调解决重大问题,并对各部门和单位履行文明行为促进工作职责开展指导、协调、督查、检查工作机制;公安、城市管理、交通运输等相关行政主管部门建立和完善检查监督、投诉举报、教育指导、奖励惩戒工作机制;各部门共同参与、协同配合的执法合作等工作机制;新闻宣传、信息管理等主管部门和公共新闻媒体在文明促进工作中的宣传教育、舆论引导的工作机制。同时新增了文明行为积分奖励、不文明行为曝光、参加社会服务可以依法从轻、减轻或者免除罚款、信用信息记录等多样化文明行为促进机制。

(二) 用鼓励性和支持性条款促进文明行为

《盘锦市文明行为促进条例》采取多种鼓励和支持措施,提高社会成员实施文明行为的积极性,形成文明行为的社会示范效应,引导市民向上向善。

一是对十二类引领性文明行为进行倡导。内容涵盖了社会公德、职业道德、家庭美德、个人品德、文明交通、文明旅游、文明观赛、文明观演、文明阅读、移风易俗、社会风尚、生态文明、保护知识产权等。

二是对八类高尚道德品质的文明行为进行鼓励。内容涵盖了公益活动、慈善活动、志愿服务活动、见义勇为、紧急现场救护、无偿献血、捐献人体组织器官、设立公益服务点、母婴室等。

三是鼓励公众人物做好表率。条例草案规定,国家工作人员、教育工作者以及公众人物应当在文明行为促进工作中发挥表率作用。

四是建立表彰、奖励、嘉许制度。规定市、县(区)建立本级文明行为表彰、奖励制度,建立健全先进模范人物帮扶、礼遇制度。对在践行十二类引领性文明行为、八类高尚道德品质的文明行为中,受到表彰的公民,应当获得礼遇,以此作为公民道德建设的风向标。

五是建立诚信记录制度。建立个人文明行为信用档案,个人参与本条例所鼓励的文明行为,获得相应文明行为信用积分,文明行为的信用信息记录长期有效;积分作为个人评先评优、获得各项政策优惠待遇的重要依据。

六是设立文明行为促进日。9月20日是全国"公民道德宣传日",把这一天作为盘锦市文明行为促进日,每年确立文明行为促进日主题,围绕主题开展相关活动,使精神文明建设具有常态化、针对性和实效性。文明行为促进日也可成为创城迎检的全民动员日。

(三)用强制性和惩戒性条款促进文明行为

《盘锦市文明行为促进条例》发挥强制性和惩戒性条款的法规作用,设置必要的行政处罚措施,强化对不文明行为的教育、警示作用。

一是对不文明行为进行处罚。《盘锦市文明行为促进条例》列举了涵盖公共秩序、交通出行、社区文明、环境、生态保护、公共卫生、虚拟空间和网络文明等禁止性不文明行为,并选取其中数项,规定了具体的处罚规定,分别由公安机关、城市管理执法部门、卫生健康部门履行相关执法职责。第四章"法律责任"规定,违反本条例规定的违法行为,不听劝阻的,由接到报警的公安机关给予警告,经教育不改的,处五百元以下罚款;法律、法规已有处罚规定的,按照其规定进行处罚;情节严重构成犯罪的,依法追究刑事责任。这些不文明行为,是通过市民问卷调查结果得出来的。规定了执法协查、从重处罚、处罚记录、社会服务、执法监督等问题。这些处罚规定,在起草时经过了精确的实证论证,并到相关部门调研,达成一致意见。

二是对不文明行为人或单位曝光。对不文明行为的个人,情节严重,社会影响恶劣的不文明行为,相关行政主管部门可以将其违法行为事实证据采取适当方式在适当范围和时限内予以曝光;对有关部门和单位,未履行文明行为促进工作职责,情节严重,社会反响强烈的,可以对其不履行职责的情形采取适当方式予以曝光。违反本条例规定,受到行政处罚的,行政执法部门可以将行政处罚决定告知行为人所在单位或者村(居)民委员会,单位或者村(居)民委员会应当对其进行教育。

三是建立负面信用信息记录。违反本条例规定并受到行政处罚的,记入文明行为信用信息记录,并扣除文明行为信用积分,不文明行为的信用信息记录期限为二年。对采取威胁、侮辱、殴打等方式打击报复劝阻人、投诉人、举报人或者违反相关规定,被依法处罚但拒不履行行政处罚决定以及其他情节严重,影响恶劣的行为予以信用信息记录。

四是设立从轻、减轻或者免除罚款。《盘锦市文明行为促进条例》规定,违法行为应当受到行政罚款处罚的,违法行为人可以向行政主管部门申请参加相关社会服务,行政主管部门可以根据违法行为和社会服务岗位设置的实际情况,安排其参加相应的社会服务,违法行为人参加并完成相应的社会服务,经相关行政主管部门认可的,可以依法从轻、减轻或者不予罚款处罚。

多样化的惩戒措施,有助于形成精神文明建设的良好氛围,有效抑制不文明行为发生。

(四)用社会共治的方式实现文明行为促进

拓宽社会共治渠道,强化社会监督,形成文明行动自觉,才能常态化巩固文明创建成果,提升文明治理水平。

一是确立投诉举报工作机制。《盘锦市文明行为促进条例》规定,任何单位和个人有权对文明行为促进工作提出意见和建议，对违反本条例的不文明行为和相关部门、单位不履行文明行为促进工作职责予以投诉、举报，市和区县（市）人民政府应当建立不文明行为投诉、举报平台，及时查处、反馈结果。

二是确立群众自治机制。《盘锦市文明行为促进条例》规定，鼓励村（居）民委员会、业主委员会、行业协会等组织在依法制定村规民约、居民公约、管理规约、行业协会章程时，可以根据本条例规定，对文明行为相关内容予以具体约定。动员居民、业主、职工等参与文明行为促进工作，形成社会自律。村（居）民委员会可以通过建立村（居）民议事会、道德评议会、红白理事会、禁毒禁赌会等机制，开展创建文明村镇、文明社区、文明家庭等文明行为促进活动。

三是确立执法合作工作机制。公安机关、城市管理、住房和城乡建设、交通运输、市场监管、生态环境、卫生健康等部门应当建立针对违法不文明行为的证据采集、信息共享、执法合作机制。

四是确立人大机关工作监督机制。《盘锦市文明行为促进条例》规定，各级人大常委会应当通过听取专项工作报告、开展执法检查等方式，加强对本行政区域内文明行为促进工作的监督。

《盘锦市文明行为促进条例》既涵盖了政府及其相关行政管理部门、单位在文明行为促进工作中承担的鼓励引导、违法惩戒、宣传教育、保障监督等职责，也包含了市民群众参与文明行为促进工作的方式、途径以及相关权利与义务，体现了文明行为促进工作主体的广泛性、方式的多样性、措施的实效性。在保持法规体例完整、结构清晰的同时，做到亮点凸显、重点突出，有较为显著的地方特色。

附录一 《盘锦市文明行为促进条例（草案）》送审稿

说明：由笔者执笔起草，提交人大审议的《盘锦市文明行为促进条例（草案）》送审稿

	《盘锦市文明行为促进条例（草案）》条款	法律、法规依据
立法目的及依据	第一条 为了培育和践行社会主义核心价值观，规范和促进文明行为，提升城乡居民文明素质和社会文明程度，根据有关法律、法规，结合本市实际，制定本条例。 （本条例使用了"城乡居民"的概念，较之"公民"更准确，涵盖范围更广。）	
适用范围	第二条 本市行政区域内的文明行为促进工作，适用本条例。	
概念界定	第三条 本条例所称文明行为，是指遵守宪法和法律、法规规定，符合社会主义道德要求，体现社会主义核心价值观，维护公序良俗，引领社会风尚，推动社会文明进步的行为。	
工作原则与机制	第四条 文明行为促进工作遵循法治与德治相结合、他律与自律相结合、问题导向、奖惩适度的原则，推进社会公德、职业道德、家庭美德、个人品德建设，构建党委统一领导、政府组织实施、各方分工负责、全社会积极参与的长效机制。 （"法治与德治相结合、他律与自律相结合"均出自习近平总书记讲话。其中，"他律与自律相结合"在全国首次写入文明行为促进条例。）	

续表

	《盘锦市文明行为促进条例（草案）》条款	法律、法规依据
职责界定	第五条 市、县（区）精神文明建设指导委员会统筹推进本行政区域内的文明行为促进工作，履行以下职责： （一）拟定文明行为促进工作相关规划和计划； （二）指导、协调相关单位开展文明行为促进工作； （三）督促、检查文明行为促进工作落实情况； （四）负责组织成员单位定期召开联席会议，协调解决相关重大问题，通报工作情况； （五）指导、协调新闻媒体开展文明行为促进工作新闻宣传和舆论监督； （六）其他有关文明行为促进工作。 市、县（区）人民政府及其工作部门、人民团体、具有管理公共事务职能的组织，应当按照各自职责做好文明行为促进工作。 镇人民政府（街道办事处）应当按照上级人民政府和精神文明建设指导委员会要求，做好本辖区内的文明行为促进工作。 村（居）民委员会应当加强文明行为宣传和引导，协助做好文明行为促进工作。 ["市、县（区）人民政府及其工作部门、人民团体、具有管理公共事务职能的组织"这样的表述更准确。]	
财政保障	第六条 市、县（区）人民政府应当将文明行为促进工作纳入本级国民经济和社会发展规划，将文明行为促进工作所需经费列入本级年度财政预算。	《中华人民共和国预算法》（1995年1月1日起施行） 第三十二条 各级预算应当根据年度经济社会发展目标、国家宏观调控总体要求和跨年度预算平衡的需要，参考上一年预算执行情况、有关支出绩效评价结果和本年度收支预测，按照规定程序征求各方面意见后，进行编制。各级政府依据法定权限作出决定或者制定行政措施，凡涉及增加或者减少财政收入或者支出的，应当在预算批准前提出并

续表

	《盘锦市文明行为促进条例（草案）》条款	法律、法规依据
财政保障		在预算草案中作出相应安排。各部门、各单位应当按照国务院财政部门制定的政府收支分类科目、预算支出标准和要求，以及绩效目标管理等预算编制规定，根据其依法履行职能和事业发展的需要以及存量资产情况，编制本部门、本单位预算草案。前款所称政府收支分类科目，收入分为类、款、项、目；支出按其功能分类分为类、款、项，按其经济性质分类分为类、款。
社会参与	第七条　国家机关、人民团体、企事业单位、社会组织（以下简称单位）和个人，应当积极参与文明行为促进工作。 国家工作人员、教育工作者、社会公众人物等应当在文明行为促进工作中起表率作用。 未成年人的监护人和学校应当教育、引导未成年人遵守文明行为规范。 （本条例使用了"个人"的概念，比"公民"一词涵盖更广，更贴切。）	《中华人民共和国宪法》（1982年12月4日起施行） 第二十七条　一切国家机关实行精简的原则，实行工作责任制，实行工作人员的培训和考核制度，不断提高工作质量和工作效率，反对官僚主义。 一切国家机关和国家工作人员必须依靠人民的支持，经常保持同人民的密切联系，倾听人民的意见和建议，接受人民的监督，努力为人民服务。 国家工作人员就职时应当依照法律规定公开进行宪法宣誓。 《辽宁省未成年人保护条例》（1989年3月1日起施行） 第二十八条　父母或其他监护人要根据未成年人的年龄特点，教育培养未成年人热爱祖国、关心集体、尊老爱幼、爱护公共财产的良好品德。

续表

	《盘锦市文明行为促进条例（草案）》条款	法律、法规依据
行为主体	第八条　单位和个人应当遵守法律、法规，遵守市民文明公约、村规民约、行业规范、学生守则及其他有关行为规范，自觉践行文明行为。 （本条例首次明确提出，文明行为的主体应该包括单位和个人。）	
文明倡导	第九条　倡导下列文明行为： （一）热爱祖国，维护民族团结； （二）尊重和关怀军人、退役军人及其家属，传承和弘扬英雄烈士精神，礼遇烈士遗属； （三）爱护公共财产，合理使用公共设施，节约公共资源； （四）遵守公共秩序，言行举止文明得体，尊重他人权利； （五）维护城乡环境和公共卫生，爱护园林、绿地和水体，文明如厕，做好垃圾分类，使用节能产品，减少污染排放； （六）保护辽河口国家级自然保护区、绕阳湾国家湿地公园、辽河国家湿地公园等湿地资源，保护辽河、大辽河、绕阳河、大凌河等河流水系，保护丹顶鹤、黑嘴鸥、斑海豹等野生动物的繁殖、栖息地以及鱼类洄游通道； （七）文明交通，绿色出行； （八）文明旅游，文明观看体育比赛和文艺演出； （九）尊重知识产权，购买、使用正版软件、书籍、音像作品； （十）移风易俗，文明节庆，文明婚丧，文明祭祀； （十一）诚实守信，爱岗敬业，热心服务，乐于奉献； （十二）尊老爱幼，待人宽厚，家庭和睦，邻里友善； （十三）其他引领社会风尚的文明行为。 （盘锦是全国园林城市，有丰富湿地资源，有丹顶鹤等珍稀野生动物，有大连理工大学知识产权学院和国家知识产权培训基地，在倡导的文明行为中体现了民意和盘锦特色。）	《中华人民共和国宪法》（1982年12月4日起施行） 第四条　中华人民共和国各民族一律平等。国家保障各少数民族的合法的权利和利益，维护和发展各民族的平等团结互助和谐关系。禁止对任何民族的歧视和压迫，禁止破坏民族团结和制造民族分裂的行为。国家根据各少数民族的特点和需要，帮助各少数民族地区加速经济和文化的发展。各少数民族聚居的地方实行区域自治，设立自治机关，行使自治权。各民族自治地方都是中华人民共和国不可分离的部分。各民族都有使用和发展自己的语言文字的自由，都有保持或者改革自己的风俗习惯的自由。 《中华人民共和国民法总则》（2017年10月1日起施行） 第八条　民事主体从事民事活动，不得违反法律，不得违背公序良俗。 《中华人民共和国物权法》（2007年10月1日起施行） 第五十六条　国家所有的财产受法律保护，禁止任何单位和个人侵占、哄抢、私分、截留、破坏。 《中华人民共和国英雄烈士保护法》（2018年5月1日起施行） 第三条　英雄烈士事迹和精神是中华民族的共同历史记忆和社会主义核心价值观的重要体现。国家保护英雄烈士，对英雄烈士予以褒扬、纪念，加强对英雄烈士事迹和精神的宣传、教育，维护英雄烈士尊严和合

续表

	《盘锦市文明行为促进条例（草案）》条款	法律、法规依据
文明倡导		法权益。全社会都应当崇尚、学习、捍卫英雄烈士。 《中华人民共和国野生动物保护法》（1989年3月1日起施行） 第五条　国家保护野生动物及其栖息地。县级以上人民政府应当制定野生动物及其栖息地相关保护规划和措施，并将野生动物保护经费纳入预算。国家鼓励公民、法人和其他组织依法通过捐赠、资助、志愿服务等方式参与野生动物保护活动，支持野生动物保护公益事业。本法规定的野生动物栖息地，是指野生动物野外种群生息繁衍的重要区域。 第六条　任何组织和个人都有保护野生动物及其栖息地的义务。禁止违法猎捕野生动物、破坏野生动物栖息地。任何组织和个人都有权向有关部门和机关举报或者控告违反本法的行为。野生动物保护主管部门和其他有关部门、机关对举报或者控告，应当及时依法处理。

续表

	《盘锦市文明行为促进条例（草案）》条款	法律、法规依据
鼓励的文明行为	第十条　鼓励下列文明行为： （一）参与救灾、抢险、扶贫、济困、助残、救孤等社会公益或慈善活动； （二）参与志愿服务活动； （三）见义勇为； （四）按照操作规范对需要急救的人员实施紧急现场救护或拨打相关急救电话，并提供必要帮助； （五）无偿献血，捐献造血干细胞、遗体、人体器官（组织）； （六）利用自有场所、设施设立公益服务点； （七）向社会免费开放单位内部厕所； （八）在公共场所配备相对独立的母婴室、第三卫生间等公共设施，设置自动体外除颤器等急救设备； （九）其他推动社会进步的文明行为。	《辽宁省防震减灾条例》（2011年6月1日起施行） 第三十条　政府鼓励企业、事业单位、社会团体组建民间地震灾害救援志愿者队伍，参与应急救援。地震工作主管部门应当对志愿者队伍的应急救援培训和演练提供技术指导。 《辽宁省脱贫攻坚责任制实施办法》（2017年2月6日起施行） 第二十四条　民营企业、社会组织和公民个人应当积极履行社会责任，主动支持和参与脱贫攻坚。 《沈阳市残疾人保障条例》（2014年5月1日起施行） 第二十五条　鼓励和扶持社会力量兴办残疾人托养、供养和康复等服务机构。 倡导社会组织和志愿者为残疾人家庭提供无偿服务。 《辽宁省社会救助实施办法》（2016年7月1日起施行） 第七条　鼓励社会力量采取捐赠、帮扶、志愿服务和承接政府购买服务等方式，参与社会救助。 《辽宁省志愿服务条例》（2018年2月1日起施行） 第三十三条　国家鼓励企业事业单位、基层群众性自治组织和其他组织为开展志愿服务提供场所和其他便利条件。 《辽宁省奖励和保护见义勇为人员条例》（2013年11月1日起施行） 第四条　奖励和保护见义勇为人员，实行政府主导与社会参与相结合，精神鼓励、物质奖励与权益保护相结合，坚持及时、公开、公平、公正的原则。 鼓励采取合法、适当、有效的方式进行见义勇为。

续表

	《盘锦市文明行为促进条例（草案）》条款	法律、法规依据
鼓励的文明行为		《辽宁省实施〈中华人民共和国献血法〉办法》（2011年1月1日起施行） 第三条 依法实行无偿献血制度，提倡十八周岁至五十五周岁的健康公民自愿献血。 单位和个人应当积极参与无偿献血活动。 鼓励国家工作人员、现役军人和高等学校在校学生率先献血。 《国家旅游局办公室关于加快推进第三卫生间（家庭卫生间）建设的通知》（2017年2月2日发布） 第三卫生间（家庭卫生间）是在厕所中专门设置的、为行为障碍者或协助行动不能自理的亲人（尤其是异性）使用的卫生间。
重点治理	第十一条 禁止下列不文明行为： （一）破坏公共设施、城市公共绿地或绿化设施； （二）随意涂写、刻画、张贴、悬挂、展示、散发广告或其他宣传品； （三）出店经营、占道经营或占用公共区域堆放商品、杂物；超标排放大气污染物、水污染物或噪声； （四）在公共场所和公共交通工具内大声喧哗、吵闹或使用手机等便携式播放工具高声播放音乐、视频；进行文化、体育、健身、娱乐、培训以及声乐（乐器）练习等活动时，产生超标噪声，影响他人生活、工作、学习；在公众休息时间以及中考、高考等特殊期间，进行产生环境噪声污染的装修活动； （五）乘坐公共交通工具、电梯或者等候服务时，随意插队，扰乱公共场所秩序；	《中华人民共和国环境噪声污染防治法》（1997年3月1日起施行） 第二条 本法所称环境噪声，是指在工业生产、建筑施工、交通运输和社会生活中所产生的干扰周围生活环境的声音。 本法所称环境噪声污染，是指所产生的环境噪声超过国家规定的环境噪声排放标准，并干扰他人正常生活、工作和学习的现象。 第四十五条 禁止任何单位、个人在城市市区噪声敏感建设物集中区域内使用高音广播喇叭。 在城市市区街道、广场、公园等公共场所组织娱乐、集会等活动，使用音响器材可能产生干扰周围生活环境的过大音量的，必须遵守当地公安机关的规定。

续表

	《盘锦市文明行为促进条例（草案）》条款	法律、法规依据
重点治理	（六）未成年人的监护人或陪同的成年人没有约束未成年人遵守公共秩序，损害他人合法权益； （七）机动车违规、无序停放；未依法完成年审的机动车占用公共资源长期停放、车容破损并且无人管理；以摆放物品等方式侵占公共停车泊位；公共自行车、共享车辆随意停放、丢弃； （八）驾驶机动车未礼让行人；在禁止鸣喇叭的区域或路段鸣喇叭；违规使用远光灯；违规变更车道、掉头或停车； （九）客运出租汽车驾驶员欺诈乘客、中途甩客或拒载； （十）行人通过路口或者横过道路，不走人行横道或过街设施，不按交通信号灯指示通行； （十一）乘坐公共交通工具时滋扰驾驶员、乘务人员及其他乘客； （十二）霸占、抢占公共设施、公共座位或应对号入座的他人座位； （十三）在住宅小区内及出入口处停放机动车，妨碍公共道路、共有道路通行，占用、损坏绿地或小区设施，占用、堵塞消防车通道，堵塞他人车库门； （十四）在建筑物的阳台、窗户、屋顶、平台、走廊、楼梯、消防通道等空间，放置危害公共安全及妨碍他人正常生活的物品； （十五）饲养的宠物干扰他人正常生活；未为宠物注射必要的疫苗；携宠物出户时，未遵守相关规定，未采取必要的安全和卫生措施，未及时清理宠物排泄物；虐待、遗弃宠物，随意丢弃宠物尸体，宠物死亡后未做无害化处理； （十六）擅自引入外来物种；随意将动物放生至户外环境，危害生态系统或干扰周边单位和个人的正常生产、生活； （十七）未在依法禁止吸烟的场所设置明显的禁烟标志，对所管理、经营场所内的违规吸烟行为制止不力；在设置有禁烟标志的场所或区域内吸烟；	第四十六条　使用家用电器、乐器或者进行其他家庭室内娱乐活动时，应当控制音量或者采取其他有效措施，避免对周围居民造成环境噪声污染。 第四十七条　在已竣工交付使用的住宅楼进行室内装修活动，应当限制作业时间，并采取其他有效措施，以减轻、避免对周围居民造成环境噪声污染。 《声环境质量标准》（2008年10月1日起施行） 3.4 根据《中华人民共和国环境噪声污染防治法》，"昼间"是指6：00至22：00之间的时段；"夜间"是指22：00至次日6：00之间的时段。 县级以上人民政府为环境噪声污染防治的需要（如考虑时差、作息习惯差异等）而对昼间、夜间的划分另有规定的，应按其规定执行。 《中华人民共和国道路交通安全法》（2004年5月1日起施行） 第四十五条　机动车遇有前方车辆停车排队等候或者缓慢行驶时，不得借道超车或者占用对面车道，不得穿插等候的车辆。 在车道减少的路段、路口，或者在没有交通信号灯、交通标志、交通标线或者交通警察指挥的交叉路口遇到停车排队等候或者缓慢行驶时，机动车应当依次交替通行。 第四十七条　机动车行经人行横道时，应当减速行驶；遇行人正在通过人行横道，应当停车让行。 机动车行经没有交通信号的道路时，遇行人横过道路，应当避让。

续表

	《盘锦市文明行为促进条例（草案）》条款	法律、法规依据
重点治理	（十八）违规燃放烟花爆竹； （十九）进行包含有色情、暴力、低俗内容的网络聊天、网络宣传、网络直播； （二十）应当禁止的其他不文明行为。	第六十二条　行人通过路口或者横过道路，应当走人行横道或者过街设施；通过有交通信号灯的人行横道，应当按照交通信号灯指示通行；通过没有交通信号灯、人行横道的路口，或者在没有过街设施的路段横过道路，应当在确认安全后通过。 《中华人民共和国道路交通安全法实施条例》（2004年5月1日起施行） 第四十九条　机动车在有禁止掉头或者禁止左转弯标志、标线的地点以及在铁路道口、人行横道、桥梁、急弯、陡坡、隧道或者容易发生危险的路段，不得掉头。 机动车在没有禁止掉头或者没有禁止左转弯标志、标线的地点可以掉头，但不得妨碍正常行驶的其他车辆和行人的通行。 第五十九条　机动车在夜间通过急弯、坡路、拱桥、人行横道或者没有交通信号灯控制的路口时，应当交替使用远近光灯示意。 机动车驶近急弯、坡道顶端等影响安全视距的路段以及超车或者遇有紧急情况时，应当减速慢行，并鸣喇叭示意。 《辽宁省客运出租汽车管理条例》（2017年3月1日起施行） 第五十八条　违反本条例规定，出租汽车驾驶员有下列行为之一的，由道路运输管理机构责令改正，并按照下列规定予以处罚： （一）未随车携带道路运输证、从业资格证，或者未按照规定放置服务监督卡的，处一百元罚款； （二）未执行价格行政主管部门规定的运价和收费标准，或者未使用税务部门监制的车费票据的，处二百元罚款；

续表

《盘锦市文明行为促进条例（草案）》条款	法律、法规依据
重点治理	（三）位于车站、机场、码头等公共场所，未在指定区域停车候客、按序排队、顺序走车，或者离开驾驶座位招揽乘客的，处三百元罚款； （四）未按照规定开启巡游车电召服务标志或者暂停营运标志的，处三百元罚款； （五）绕道行驶的，处三百元罚款； （六）拒载乘客，或者未经乘客同意确认招揽他人合乘的，处五百元罚款； （七）违反规定开启计程计价设备空调模式或者夜间模式的，处五百元罚款；私改计程计价设备或者利用电子干扰设备作弊的，处一千元罚款； （八）固定线路营运、异地营运的，处五千元罚款； （九）驾驶网约车巡游揽客的，处五千元罚款； （十）发生一次死亡一人以上且负同等以上责任的交通事故的，吊销从业资格证。 有本条第五项、第六项、第七项、第八项、第九项所列行为，情节严重的，可以暂扣从业资格证一至六个月。 《城市市容和环境卫生管理条例》（1992年8月1日起施行） 第三十六条　有下列行为之一者，由城市人民政府市容环境卫生行政主管部门或者其委托的单位责令其停止违法行为，限期清理、拆除或者采取其他补救措施，并可处以罚款： （一）未经城市人民政府市容环境卫生行政主管部门同意，擅自设置大型户外广告，影响市容的； （二）未经城市人民政府市容环境卫生行政主管部门批准，擅自在街道两侧和公共场地堆放物料，搭建建筑物、构筑物或者其他设施，影响市容的；

续表

	《盘锦市文明行为促进条例（草案）》条款	法律、法规依据
重点治理		（三）未经批准擅自拆除环境卫生设施或者未按批准的拆迁方案进行拆迁的。 《中华人民共和国治安管理处罚法》（2006年3月1日起施行） 第二十三条 有下列行为之一的，处警告或者200元以下罚款；情节较重的，处5日以上10日以下拘留，可以并处500元以下罚款： （一）扰乱机关、团体、企业、事业单位秩序，致使工作、生产、营业、医疗、教学、科研不能正常进行，尚未造成严重损失的； （二）扰乱车站、港口、码头、机场、商场、公园、展览馆或者其他公共场所秩序的； （三）扰乱公共汽车、电车、火车、船舶、航空器或者其他公共交通工具上的秩序的； （四）非法拦截或者强登、扒乘机动车、船舶、航空器以及其他交通工具，影响交通工具正常行驶的； （五）破坏依法进行的选举秩序的。 聚众实施前款行为的，对首要分子处10日以上15日以下拘留，可以并处1000元以下罚款。 第七十五条 饲养动物，干扰他人正常生活的，处警告；警告后不改正的，或者放任动物恐吓他人的，处200元以上500元以下罚款。 驱使动物伤害他人的，依照本法第四十三条第一款的规定处罚。 《辽宁省环境保护条例》（2018年2月1日起施行） 第二十八条 各级人民政府对依法设立的各级自然保护区、风景名胜区、森林公园、湿地公园、地质公园、重要水源地、重要湿地以及世界文化自然遗产等特殊保护区域，依据法律、法规规定和相关规划，

续表

	《盘锦市文明行为促进条例（草案）》条款	法律、法规依据
重点治理		实施强制性保护措施。严禁从事不符合主体功能区定位的各类开发活动，控制人为因素破坏自然生态和文化自然遗产的原真性、完整性。在旅游资源开发时，应当同步建设完善污水、垃圾等收集清运设施。 第二十九条　各级人民政府应当加强本行政区域内自然资源开发活动的生态保护，明确治理责任，落实治理资金和治理措施，加强生物多样性保护，保护珍稀、濒危野生动植物。 对引进外来生物物种应当按照国家有关规定进行安全评估，加强进口检疫工作，防止有害生物物种进入和对生物多样性的破坏。发现有害生物物种入侵的，应当采取措施防止扩散、消除危害。 《辽宁省爱国卫生管理条例》（1999年9月1日起施行） 第十八条　除特别指定区域外，在医院、影剧院、车站、港口、机场、商场等公共场所的室内和公共交通工具内及其等候室禁止吸烟。 任何人不得在学校、托幼园所的教室、寝室、活动室、食堂和其他未成年人集中活动的室内吸烟。 禁止吸烟的场所应当设置明显的禁烟标志。 《盘锦市烟花爆竹燃放管理暂行规定》（2019年1月28日起施行） 第四条　全市域范围内实行烟花爆竹限时燃放，在每年农历腊月二十三、除夕至次年正月初五期间和正月十五、十六，可以燃放烟花爆竹。其余时间除按照本规定批准举办的焰火晚会外，任何单位和个人不得在任何地点燃放烟花爆竹。

续表

	《盘锦市文明行为促进条例（草案）》条款	法律、法规依据
重点治理		在重污染天气预警及启动应急预案后，禁止燃放烟花爆竹。市、县区政府应当通过新闻媒体及时发布重污染天气预警信息，并提示市民在此期间禁止燃放烟花爆竹。 第四十六条 使用家用电器、乐器或者进行其他家庭室内娱乐活动时，应当控制音量或者采取其他有效措施，避免对周围居民造成环境噪声污染。 第四十七条 在已竣工交付使用的住宅楼进行室内装修活动，应当限制作业时间，并采取其他有效措施，以减轻、避免对周围居民造成环境噪声污染。
	第三章 职责与保障	
文明行为促进日	第十二条 每年9月20日为市文明行为促进日。 市精神文明建设指导委员会负责确立每年文明行为促进日主题。 各部门、各单位应当围绕文明行为促进日主题开展相关活动。 （本条例首创。本条例是第一个在文明行为促进条例中设立文明行为促进日的。）	
人大监督	第十三条 各级人民代表大会常务委员会应当通过听取专项工作报告、开展执法检查等方式，对本级人民政府文明行为促进工作进行监督。	《中华人民共和国地方各级人民代表大会和地方各级人民政府组织法》（1979年7月1日起实施） 第四十四条 县级以上的地方各级人民代表大会常务委员会行使下列职权： （一）在本行政区域内，保证宪法、法律、行政法规和上级人民代表大会及其常务委员会决议的遵守和执行； （二）领导或者主持本级人民代表大会代表的选举；

续表

《盘锦市文明行为促进条例（草案）》条款	法律、法规依据
人大监督	（三）召集本级人民代表大会会议； （四）讨论、决定本行政区域内的政治、经济、教育、科学、文化、卫生、环境和资源保护、民政、民族等工作的重大事项； （五）根据本级人民政府的建议，决定对本行政区域内的国民经济和社会发展计划、预算的部分变更； （六）监督本级人民政府、人民法院和人民检察院的工作，联系本级人民代表大会代表，受理人民群众对上述机关和国家工作人员的申诉和意见； （七）撤销下一级人民代表大会及其常务委员会的不适当的决议； （八）撤销本级人民政府的不适当的决定和命令； （九）在本级人民代表大会闭会期间，决定副省长、自治区副主席、副市长、副州长、副县长、副区长的个别任免；在省长、自治区主席、市长、州长、县长、区长和人民法院院长、人民检察院检察长因故不能担任职务的时候，从本级人民政府、人民法院、人民检察院副职领导人员中决定代理的人选；决定代理检察长，须报上一级人民检察院和人民代表大会常务委员会备案； （十）根据省长、自治区主席、市长、州长、县长、区长的提名，决定本级人民政府秘书长、厅长、局长、委员会主任、科长的任免，报上一级人民政府备案； （十一）按照人民法院组织法和人民检察院组织法的规定，任免人民法院副院长、庭长、副庭长、审判委员会委员、审判员，任免人民检察院副检察长、检察委员会委员、检察员，批准任免下一级人民检察院检察长；省、自治区、直辖市的人民代表大会常务委员会根据主任会议的提名，决定在省、自治区内按

续表

	《盘锦市文明行为促进条例（草案）》条款	法律、法规依据
人大监督		地区设立的和在直辖市内设立的中级人民法院院长的任免，根据省、自治区、直辖市的人民检察院检察长的提名，决定人民检察院分院检察长的任免； （十二）在本级人民代表大会闭会期间，决定撤销个别副省长、自治区副主席、副市长、副州长、副县长、副区长的职务；决定撤销由它任命的本级人民政府其他组成人员和人民法院副院长、庭长、副庭长、审判委员会委员、审判员，人民检察院副检察长、检察委员会委员、检察员，中级人民法院院长，人民检察院分院检察长的职务； （十三）在本级人民代表大会闭会期间，补选上一级人民代表大会出缺的代表和罢免个别代表； （十四）决定授予地方的荣誉称号。
基础设施	第十四条 市、县（区）人民政府应当保障文明行为促进工作的基础设施投入，科学规划，积极建设，有效管理，建设完善的市政、交通、环境卫生、文化娱乐、公益广告等公共设施。	《中华人民共和国地方各级人民代表大会和地方各级人民政府组织法》（1979年7月1日起实施） 第五十九条 县级以上的地方各级人民政府行使下列职权： （一）执行本级人民代表大会及其常务委员会的决议，以及上级国家行政机关的决定和命令，规定行政措施，发布决定和命令； （二）领导所属各工作部门和下级人民政府的工作； （三）改变或者撤销所属各工作部门的不适当的命令、指示和下级人民政府的不适当的决定、命令； （四）依照法律的规定任免、培训、考核和奖惩国家行政机关工作人员；

续表

	《盘锦市文明行为促进条例（草案）》条款	法律、法规依据
基础设施		（五）执行国民经济和社会发展计划、预算，管理本行政区域内的经济、教育、科学、文化、卫生、体育事业、环境和资源保护、城乡建设事业和财政、民政、公安、民族事务、司法行政、监察、计划生育等行政工作； （六）保护社会主义的全民所有的财产和劳动群众集体所有的财产，保护公民私人所有的合法财产，维护社会秩序，保障公民的人身权利、民主权利和其他权利； （七）保护各种经济组织的合法权益； （八）保障少数民族的权利和尊重少数民族的风俗习惯，帮助本行政区域内各少数民族聚居的地方依照宪法和法律实行区域自治，帮助各少数民族发展政治、经济和文化的建设事业； （九）保障宪法和法律赋予妇女的男女平等、同工同酬和婚姻自由等各项权利； （十）办理上级国家行政机关交办的其他事项。
财政部门职责	第十五条　财政部门应当将文明行为促进工作专项资金规范管理，专项使用。	《中华人民共和国预算法》（1995年1月1日起施行） 第五十七条　各级政府财政部门必须依照法律、行政法规和国务院财政部门的规定，及时、足额地拨付预算支出资金，加强对预算支出的管理和监督。各级政府、各部门、各单位的支出必须按照预算执行，不得虚假列支。各级政府、各部门、各单位应当对预算支出情况开展绩效评价。

续表

	《盘锦市文明行为促进条例（草案）》条款	法律、法规依据
教育部门职责	第十六条　教育行政部门和教育机构应当建立校园文明行为规范，将文明行为规范纳入学校法治教育和德育范围。	《中华人民共和国教育法》（1995年9月1日起施行） 第六条　教育应当坚持立德树人，对受教育者加强社会主义核心价值观教育，增强受教育者的社会责任感、创新精神和实践能力。国家在受教育者中进行爱国主义、集体主义、中国特色社会主义的教育，进行理想、道德、纪律、法治、国防和民族团结的教育。 第七条　教育应当继承和弘扬中华民族优秀的历史文化传统，吸收人类文明发展的一切优秀成果。
公安机关职责	第十七条　公安机关应当依法及时止和查处违反社会治安管理、扰乱公共秩序的不文明行为。公安机关可以依法指定专门机构、派出机构协助其他行政执法部门开展执法活动，规制不文明行为。 公安机关交通管理部门应当实现城市道路交通管理执法的常态化，制止交通不文明行为，依法查处交通违法行为；应当加强道路交通法律、法规和安全知识宣传教育，引导文明出行。	《中华人民共和国人民警察法》（2013年1月1日起施行） 第六条　公安机关的人民警察按照职责分工，依法履行下列职责： （一）预防、制止和侦查违法犯罪活动； （二）维护社会治安秩序，制止危害社会治安秩序的行为； （三）维护交通安全和交通秩序，处理交通事故； （四）组织、实施消防工作，实行消防监督； （五）管理枪支弹药、管制刀具和易燃易爆、剧毒、放射性等危险物品； （六）对法律、法规规定的特种行业进行管理； （七）警卫国家规定的特定人员，守卫重要的场所和设施； （八）管理集会、游行、示威活动； （九）管理户政、国籍、入境出境事务和外国人在中国境内居留、旅行的有关事务； （十）维护国（边）境地区的治安秩序；

续表

《盘锦市文明行为促进条例（草案）》条款	法律、法规依据
公安机关职责	（十一）对被判处拘役、剥夺政治权利的罪犯执行刑罚； （十二）监督管理计算机信息系统的安全保护工作； （十三）指导和监督国家机关、社会团体、企业事业组织和重点建设工程的治安保卫工作，指导治安保卫委员会等群众性组织的治安防范工作； （十四）法律、法规规定的其他职责。
城市管理部门职责　第十八条　城市管理执法部门应当加强监管城市管理中的不文明行为，及时制止，依法查处。	《城市管理执法办法》（2017年5月1日起实施） 第八条　城市管理执法的行政处罚权范围依照法律法规和国务院有关规定确定，包括住房城乡建设领域法律法规规章规定的行政处罚权，以及环境保护管理、工商管理、交通管理、水务管理、食品药品监管方面与城市管理相关部分的行政处罚权。 第九条　需要集中行使的城市管理执法事项，应当同时具备下列条件： （一）与城市管理密切相关； （二）与群众生产生活密切相关、多头执法扰民问题突出； （三）执法频率高、专业技术要求适宜； （四）确实需要集中行使的。 第十条　城市管理执法主管部门依法相对集中行使行政处罚权的，可以实施法律法规规定的与行政处罚权相关的行政强制措施。

续表

	《盘锦市文明行为促进条例（草案）》条款	法律、法规依据
住建部门职责	第十九条　住房和城乡建设部门应当推行垃圾分类制度，建立垃圾分类投放、收集、运输、处理系统，全域布局、建设、实施，推动单位和个人养成垃圾分类习惯。	《生活垃圾分类制度实施方案》（2017年3月18日起施行）（《国务院办公厅关于转发国家发展改革委住房城乡建设部生活垃圾分类制度实施方案的通知》国办发〔2017〕26号） 第三项　城市人民政府可结合实际制定居民生活垃圾分类指南，引导居民自觉、科学地开展生活垃圾分类。前述对有关单位和企业实施生活垃圾强制分类的城市，应选择不同类型的社区开展居民生活垃圾强制分类示范试点，并根据试点情况完善地方性法规，逐步扩大生活垃圾强制分类的实施范围。本方案发布前已制定地方性法规、对居民生活垃圾分类提出强制要求的，从其规定。
交通部门职责	第二十条　交通运输部门应当加强对公共交通工具运营单位的监督管理，提高从业者的职业道德修养和文明素质，提升文明服务水平。	《中华人民共和国道路运输条例》（2004年7月1日起施行） 第七条　国务院交通主管部门主管全国道路运输管理工作。 县级以上地方人民政府交通主管部门负责组织领导本行政区域的道路运输管理工作。 县级以上道路运输管理机构负责具体实施道路运输管理工作。
民政部门职责	第二十一条　民政部门应当建立健全志愿服务登记注册、服务记录等机制，加强志愿服务管理，规范和促进志愿服务；应当加强宣传引导，推进文明祭祀，规范殡仪服务。	《殡葬管理条例》（1997年7月21日起施行） 第三条　国务院民政部门负责全国的殡葬管理工作。县级以上地方人民政府民政部门负责本行政区域内的殡葬管理工作。

续表

	《盘锦市文明行为促进条例（草案）》条款	法律、法规依据
网信部门职责	第二十二条 互联网信息管理部门应当加强对网络不文明行为的监管，净化网络环境，协同公安机关查处网络信息传播违法行为，倡导文明上网，推动网络文明建设。	《中华人民共和国网络安全法》（2017年6月1日起施行） 第八条 国家网信部门负责统筹协调网络安全工作和相关监督管理工作。国务院电信主管部门、公安部门和其他有关机关依照本法和有关法律、行政法规的规定，在各自职责范围内负责网络安全保护和监督管理工作。县级以上地方人民政府有关部门的网络安全保护和监督管理职责，按照国家有关规定确定。
发改等部门职责	第二十三条 发展改革、市场监管、金融监管、税务等部门应当加强社会信用体系建设，参与建立全市统一的信用信息共享机制。	
宣传等部门职责	第二十四条 宣传、文旅广电、司法、工信、城市管理等部门，应当推动报刊、广播电视、网络媒体、移动客户端、户外广告设施、建筑围挡等媒介及文艺团体宣传文明行为规范，传播文明行为先进事迹，批评和谴责不文明行为。	《公益广告促进和管理暂行办法》（2016年3月1日起施行） 第十条 有关部门和单位应当运用各类社会媒介刊播公益广告。 机场、车站、码头、影剧院、商场、宾馆、商业街区、城市社区、广场、公园、风景名胜区等公共场所的广告设施或者其他适当位置，公交车、地铁、长途客车、火车、飞机等公共交通工具的广告刊播介质或者其他适当位置，适当地段的建筑工地围挡、景观灯杆等构筑物，均有义务刊播公益广告通稿作品或者经主管部门审定的其他公益广告。此类场所公益广告的设置发布应当整齐、安全，与环境相协调，美化周边环境。 工商行政管理、住房城乡建设等部门鼓励、支持有关单位和个人在商品包装或者装潢、企业名称、商标标识、建筑设计、家具设计、服装设计等日常生活事物中，合理融入社会主流价值，传播中华文化，弘扬中国精神。

续表

	《盘锦市文明行为促进条例（草案）》条款	法律、法规依据
商务、旅游等部门职责	第二十五条　商务、营商、文旅广电、城市管理等部门，应当将文明服务纳入行业服务标准，督促、指导有关单位开展具有行业特色的文明行为促进活动。 文旅广电部门应当加强公共文化服务和旅游监督检查，规划、引导公共文化产品创作、推广、宣传，倡导健康、文明、环保旅游方式，规范旅游经营者、旅游从业人员的经营服务行为。	《辽宁省旅游条例》（2005年12月1日起施行） 第六条　省、市、县人民政府旅游行政管理部门负责本行政区域内旅游业的监督管理。其他有关部门应当按照各自职责，做好旅游业的管理与服务工作。
卫生部门职责	第二十六条　卫生健康部门和医疗机构应当推进医疗行业文明建设，将文明行医纳入医疗管理工作规范，优化服务流程，加强医患沟通，维护良好就医环境。	
执法合作	第二十七条　公安机关、城市管理、住房和城乡建设、交通运输、生态环境、卫生健康等部门应当建立针对违法不文明行为的证据采集、信息共享、执法合作机制。	《辽宁省行政执法条例》（2005年4月1日起施行） 第二十八条　行政执法机关对其他行政执法机关依法实施的行政执法活动，应当在法定职权范围内予以协助或者配合。
控烟	第二十八条　各单位应当将控制吸烟工作纳入本单位日常管理，依法依规划定吸烟区域，在禁止吸烟的场所设置明显的禁烟标志和举报电话号码标识。 禁止吸烟场所的经营者、管理者可以利用烟雾报警、浓度监测、视频图像采集等技术手段监控吸烟行为，加强对禁止吸烟场所的管理。	

续表

	《盘锦市文明行为促进条例（草案）》条款	法律、法规依据
群众自治	第二十九条 村（居）民委员会、业主委员会、行业协会等组织在依法制定村规民约、居民公约、管理规约、行业协会章程时，可以根据本条例规定，对文明行为相关内容予以具体约定。 村（居）民委员会可以通过建立村（居）民议事会、道德评议会、红白理事会、禁毒禁赌会等机制，开展创建文明村镇、文明社区、文明家庭等文明行为促进活动。	《中华人民共和国城市居民委员会组织法》（1990年1月1日起施行） 第十五条 居民公约由居民会议讨论制定，报不设区的市、市辖区的人民政府或者它的派出机关备案，由居民委员会监督执行。居民应当遵守居民会议的决议和居民公约。居民公约的内容不得与宪法、法律、法规和国家的政策相抵触。 《中华人民共和国城市村民委员会组织法》（1998年11月4日起施行） 第二十七条 村民会议可以制定和修改村民自治章程、村规民约，并报乡、民族乡、镇的人民政府备案。村民自治章程、村规民约以及村民会议或者村民代表会议的决定不得与宪法、法律、法规和国家的政策相抵触，不得有侵犯村民的人身权利、民主权利和合法财产权利的内容。 村民自治章程、村规民约以及村民会议或者村民代表会议的决定违反前款规定的，由乡、民族乡、镇的人民政府责令改正。
社会协助	第三十条 单位应当对其工作场所、营业场所或者服务区域范围内的不文明行为进行劝阻、制止；不服从劝阻、制止的，应当报告有关行政执法部门并协助取证。	
培训措施	第三十一条 单位应当制定文明行为规范引导措施，并将文明行为培训纳入任职培训、岗位培训内容。	《中华人民共和国劳动法》（1995年1月1日起施行） 第六十八条 用人单位应当建立职业培训制度，按照国家规定提取和使用职业培训经费，根据本单位实际，有计划地对劳动者进行职业培训。 从事技术工种的劳动者，上岗前必须经过培训。

续表

	《盘锦市文明行为促进条例（草案）》条款	法律、法规依据
志愿者保障	第三十二条　市、县（区）人民政府应当建立志愿服务激励和保障机制，维护志愿者和志愿服务组织的合法权益，并依照有关规定对表现突出的个人和组织给予表彰、奖励。 参加志愿服务活动的，有困难时可以申请优先获得志愿服务。 志愿者和志愿服务组织依照规定在公共场所开展志愿服务活动的，相关单位应当提供便利。 各级人民政府可以通过政府采购的方式，将部分公共服务事项和政府履行职责所需要的服务事项委托给志愿服务组织承担。 （本条例对第二章中所鼓励的文明行为均在本章中设定了保障或奖励规定。）	
见义勇为等保障	第三十三条　对见义勇为和紧急现场救护中表现突出的公民，相关部门应当给予表彰、奖励。 单位和个人对实施见义勇为的人员，在能力范围内应当予以救援和保护，协助提供证明材料。 见义勇为人员及其亲属依法享受相关优待。	
无偿献血等保障	第三十四条　无偿献血，捐献造血干细胞、遗体、人体器官（组织）的，本人及其直系亲属可以在临床用血、人体器官（组织）移植等方面，依法获得优先或者优惠待遇。	
导盲犬等保障	第三十五条　单位和个人应当为导盲犬等工作犬执行任务时提供方便，不干扰工作犬的工作，不拒绝或附加条件限制工作犬出入公共场所及搭乘交通工具。 （本条例在国内首次将为导盲犬等工作犬提供方便写入文明行为促进条例。）	《辽宁省养犬管理规定》（2015年1月1日起施行） 第三十五条　盲人自用导盲犬的，不受有关遛犬时间、地点、出入场所及交通工具的规定的限制，并免收养犬管理费。

续表

	《盘锦市文明行为促进条例（草案）》条款	法律、法规依据
表彰奖励	第三十六条　市、县（区）应当建立本级文明行为表彰、奖励制度，对在文明创建和文明践行方面表现突出的单位和个人进行表彰、奖励。	
招录聘用	第三十七条　单位在招录人员时，同等条件下应当优先录用或聘用获得各级文明行为表彰、奖励的公民。	《辽宁省志愿服务条例》（2018年2月1日起施行） 第三十五条　企业和社会组织可以在同等条件下优先招用有良好志愿服务记录的志愿者。 公务员考录、事业单位招聘可以将志愿服务情况纳入考察内容。
帮扶礼遇	第三十八条　市、县（区）人民政府及有关单位应当建立健全先进模范人物帮扶、礼遇制度。	《辽宁省奖励和保护见义勇为人员条例》（2013年11月1日起施行） 第十七条　对见义勇为死亡人员，依法被评定为烈士、属于因公牺牲或者视同工亡的，按照国家有关规定享受相应待遇。不属于上述情形的，补助金发放标准按照国家有关规定执行。 对见义勇为致残人员，符合享受工伤保险待遇条件的，按照《工伤保险条例》享受相应待遇；不符合享受工伤保险待遇条件的，按照《伤残抚恤管理办法》及有关规定，由民政部门评定伤残等级并落实相应待遇。 对见义勇为负伤人员不够评定伤残等级而又生活困难或者已享受见义勇为伤亡人员抚恤补助待遇仍有特殊生活困难的，当地县级人民政府应当采取措施给予帮扶。

续表

	《盘锦市文明行为促进条例（草案）》条款	法律、法规依据
意见反馈	第三十九条 任何单位和个人有权对文明行为促进工作提出意见和建议，对不文明行为进行劝阻、举报，对相关部门不履行职责的情况予以投诉、反映。 市、县（区）人民政府应当设立投诉举报平台并及时查处、反馈结果。受理投诉、举报的相关部门应当为投诉人、举报人保密。	
不文明行为曝光	第四十条 市、县（区）人民政府应当设立不文明行为曝光平台，制定相应管理制度。对违反本条例规定受到行政处罚、情节严重、社会影响恶劣的不文明行为人，通过电视、报纸、互联网、公共场所电子显示屏等载体依法予以曝光，但涉及未成年人个人信息、个人隐私、国家秘密、商业秘密以及法律规定不得公开的信息除外。 违反本条例规定，受到行政处罚的，行政执法部门可以将行政处罚决定告知行为人所在单位或者村（居）民委员会，单位或者村（居）民委员会应当对其进行教育。	
文明信用档案	第四十一条 市人民政府应当建立文明行为信用信息记录制度。个人参与本条例所鼓励的文明行为，应当获得相应文明行为信用积分；个人做出违反本条例规定并受到行政处罚的不文明行为，应当记入文明行为信用信息记录并扣除文明行为信用积分。 文明行为信用积分应当作为个人评先评优、获得各项政策优惠待遇的重要依据。 文明行为的信用信息记录期限，长期有效；不文明行为的信用信息记录期限为二年，自受到行政处罚之日起计算，超过二年的，应当予以删除。 市人民政府应当建立文明行为信用信息提供、使用、修改、删除机制，由具体工作机构按规定向相关部门和征信机构提供信用信息。	

续表

	《盘锦市文明行为促进条例（草案）》条款	法律、法规依据
文明信用档案	（本条例中的文明行为信用信息记录制度，较之各地文明行为促进条例，规定最为清晰明确。）	
第四章　法律责任			
责任衔接	第四十二条　违反本条例规定的违法行为，法律、法规已有处罚规定的，按照其规定进行处罚；情节严重构成犯罪的，依法追究刑事责任。	
由公安机关查处的不文明行为	第四十三条　有下列行为之一，不听劝阻的，由接到报警的公安机关给予警告；警告后不改正的，处二百元以上五百元以下罚款： （一）违反本条例第十一条第四项规定，每日二十一时至次日六时，进行文化、体育、健身、娱乐、培训以及声乐（乐器）练习等活动时，产生干扰周围生活环境的超标噪声的；十二时至十四时、二十时至次日八时以及中考、高考前十五日内和考试期间，在已竣工交付使用的居民住宅楼、商住综合楼内，进行产生环境噪声污染的装修活动的； （二）违反本条例第十一条第十五项规定，饲养宠物，干扰他人正常生活的；在建成区内携犬出户，未由成年人采用牵引带牵引、佩戴嘴套或嘴笼等方式约束犬只，并主动避让他人的；携带除工作犬之外的犬只出入公园、广场、绿地、车站、河堤、商场、医院、学校等人员密集的公共场所以及其他设有禁令标识的公共场所的；携带除工作犬之外的犬只搭乘公共交通工具的； （三）违反本条例第十一条第十六项规定，将动物放生至户外环境，危害生态系统或干扰周边单位和个人的正常生产、生活的； （四）违反本条例第十一条第十九项规定，进行包含有违法、违规内容的网络聊天、网络宣传、网络直播的。 （本条例中的处罚规定不设口袋条款，已有法律、法规有明确处罚规定的，亦不重复立法，同时针对问题突出且现有法律规制模糊、空白的不文明行为设立明确处罚。）	《中华人民共和国行政处罚法》（1996年10月1日起施行） 第十一条　地方性法规可以设定除限制人身自由、吊销企业营业执照以外的行政处罚。 法律、行政法规对违法行为已经作出行政处罚规定，地方性法规需要作出具体规定的，必须在法律、行政法规规定的给予行政处罚的行为、种类和幅度的范围内规定。

续表

	《盘锦市文明行为促进条例（草案）》条款	法律、法规依据
由城管部门查处的不文明行为	第四十四条　违反本条例第十一条第七项规定，机动车在城市道路路缘石以上不按标识指示停放的，由城市管理执法部门责令改正，并处一百元罚款。 违反本条例第十一条第七项规定，以摆放物品等方式侵占公共停车泊位的，由城市管理执法部门责令改正，并处五百元以上一千元以下罚款；在公共停车泊位停放二手车进行出售的，由城市管理执法部门责令改正，逾期未改正的，每辆次罚款一千元，总额最高不超过三万元。 违反本条例第十一条第七项规定，未依法完成年审的机动车占用公共资源长期停放、车容破损并且无人管理，由城市管理执法部门取证后告知机动车所有人在十五日内将机动车移出，机动车所有人逾期未予移出的，城市管理执法部门可以将机动车转移至指定停车场地，对机动车所有人处一千元罚款。机动车所有人无法查明的，城市管理执法部门应当将车辆信息及违法情况予以公告，限期要求机动车所有人认领，接受处罚；自公告之日起超过六个月无人认领的，收归国家所有，符合报废条件的，移交公安部门作报废处理。 违反本条例第十一条第七项规定，共享车辆经营单位未采取有效措施约束共享车辆使用人有序停放的，城市管理执法部门可以对共享车辆经营单位处每辆次五十元罚款。 违反本条例第十一条第二项规定，没有法律、法规的依据，随意刻画、涂写、喷涂、散发、悬挂、张贴、展示广告或其他宣传品的，由城市管理执法部门责令改正，对具体行为人可以并处一百元以上五百元以下罚款，对发布人可以并处两千元以上一万元以下罚款；上述广告或其他宣传品中标明其通信工具号码的，由城市管理执法部门经审查、核实后，书面通知电信企业予以停机。	《中华人民共和国行政处罚法》（1996年10月1日起施行） 第二十三条　行政机关实施行政处罚时，应当责令当事人改正或者限期改正违法行为。

续表

	《盘锦市文明行为促进条例（草案）》条款	法律、法规依据
由卫生部门查处的不文明行为	第四十五条 违反本条例第十一条第十七项规定，未在依法禁止吸烟的场所设置明显的禁烟标志，或者对所管理、经营场所内的违规吸烟行为制止不力的，由卫生健康部门责令改正，拒不改正，处两千元以上五千元以下罚款。 违反本条例第十一条第十七项规定，在设置有禁烟标志的场所或区域内吸烟的，由卫生健康部门给予警告；警告后不改正的，处五十元罚款。	
执法协查	第四十六条 行政执法人员查处违法的不文明行为时，有权要求行为人提供姓名、住址及联系方式等信息，并出示有关身份证明文件证实其身份；行为人拒不提供或出示的，行政执法人员可以通知公安机关进行现场查验。	《中华人民共和国行政处罚法》（1996年10月1日起施行） 第三十七条 行政机关在调查或者进行检查时，执法人员不得少于两人，并应当向当事人或者有关人员出示证件。当事人或者有关人员应当如实回答询问，并协助调查或者检查，不得阻挠。询问或者检查应当制作笔录。 行政机关在收集证据时，可以采取抽样取证的方法；在证据可能灭失或者以后难以取得的情况下，经行政机关负责人批准，可以先行登记保存，并应当在七日内及时作出处理决定，在此期间，当事人或者有关人员不得销毁或者转移证据。 执法人员与当事人有直接利害关系的，应当回避。
从重处罚	第四十七条 不文明行为实施人有下列情形之一的，应当在法定范围内从重给予处罚： （一）有较严重后果的； （二）对报案人、投诉人、举报人、证人、劝阻人打击报复的； （三）阻碍执法人员依法执行公务的； （四）六个月内曾因违反本条例受过行政处罚的； （五）其他依法应当从重给予行政处罚的。	《中华人民共和国治安管理处罚法》（2006年3月1日起施行） 第二十条 违反治安管理有下列情形之一的，从重处罚： （一）有较严重后果的； （二）教唆、胁迫、诱骗他人违反治安管理的； （三）对报案人、控告人、举报人、证人打击报复的； （四）六个月内曾受过治安管理处罚的。

续表

	《盘锦市文明行为促进条例（草案）》条款	法律、法规依据
处罚记录	第四十八条　行政执法部门对不文明行为人作出处罚的，应当按照规定将处罚情况录入文明行为信用信息系统。	
社会服务	第四十九条　违反本条例规定，应当受到罚款行政处罚的行为人，可以申请参加社会服务。行为人完成相应社会服务的，经相关主管部门认定，可以依法从轻、减轻或者不予罚款处罚，并免于记入文明行为信用信息记录。 社会服务的具体办法，由市人民政府制定。	
执法监督	第五十条　行政执法部门怠于履行职责或者滥用职权、玩忽职守、徇私舞弊的，由相应机关对直接负责的主管人员和其他直接责任人员依法予以处分；构成犯罪的，依法追究刑事责任。	《中华人民共和国行政处罚法》（1996年10月1日起施行） 第六十二条　执法人员玩忽职守，对应当予以制止和处罚的违法行为不予制止、处罚，致使公民、法人或者其他组织的合法权益、公共利益和社会秩序遭受损害的，对直接负责的主管人员和其他直接责任人员依法给予行政处分；情节严重构成犯罪的，依法追究刑事责任。
第五章　附则		
施行日期	第五十一条　本条例自2020年5月1日起施行。	

附录二 《盘锦市文明行为促进条例》（省人大批准稿）

（说明：由笔者执笔起草，省、市两级人大审议通过并颁布实施的《盘锦市文明行为促进条例》）

《盘锦市文明行为促进条例》

（2019年11月27日盘锦市第八届人民代表大会常务委员会第十六次会议通过，2020年3月30日辽宁省第十三届人民代表大会常务委员会第十七次会议批准。）

目　录

第一章　总则
第二章　倡导与规范
第三章　职责与保障
第四章　法律责任
第五章　附则

第一章　总则

第一条　为了培育和践行社会主义核心价值观，规范和促进文明行为，提升城乡居民文明素质和社会文明程度，根据有关法律、法规，结合本市实际，制定本条例。

第二条　本市行政区域内的文明行为促进工作，适用本条例。

第三条　本条例所称文明行为，是指遵守宪法和法律、法规规定，符合社会主义道德要求，体现社会主义核心价值观，维护公序良俗，引领社会风尚，推动新时代社会文明进步的行为。

第四条　文明行为促进工作遵循法治与德治相结合、他律与自律相结合、问题导向与奖惩适度相结合的原则，推进社会公德、职业道德、家庭美德和个人品德建设，构建党委统一领导、政府组织实施、各方分工负责、全社会积极参与的长效机制。

第五条　市、县（区）精神文明建设指导委员会统筹推进本行政区域内的文明行为促进工作。

市、县（区）精神文明建设工作机构具体负责本行政区域内的文明行为促进工作，履行以下职责：

（一）拟定文明行为促进工作相关规划和计划；

（二）指导、协调相关单位开展文明行为促进工作；

（三）督促、检查文明行为促进工作落实情况；

（四）组织成员单位定期召开联席会议，协调解决相关重大问题，通报工作情况；

（五）指导、协调新闻媒体开展文明行为促进工作新闻宣传和舆论监督；

（六）其他有关文明行为促进工作。

市、县（区）人民政府及其工作部门、人民团体、具有管理公共事务职能的组织，应当按照各自职责做好文明行为促进工作。

镇人民政府、街道办事处应当按照有关要求，做好本辖区内的文明行为促进工作。

村（居）民委员会应当加强文明行为宣传和引导，协助做好文明行为促进工作。

第六条　市、县（区）人民政府应当将文明行为促进工作纳入本级国民经济和社会发展规划，将文明行为促进工作所需经费列入本级年度财政预算。

第七条　国家机关、人民团体、企事业单位、其他社会组织（以下简称单位）和个人，应当积极参与文明行为促进工作。

国家工作人员、教育工作者、社会公众人物等应当在文明行为促进工作中起表率作用。

未成年人的监护人和教育机构应当教育、引导未成年人遵守文明行为规范。

第二章　倡导与规范

第八条　单位和个人应当遵守宪法和法律、法规，遵守市民文明公约、村规民约、行业规范、学生守则及其他行为规范，自觉践行文明行为。

第九条　倡导下列文明行为：

（一）维护国家形象，维护社会稳定，接受爱国主义教育，抵制不良思想和腐朽文化；

（二）尊重、关怀、礼遇军人、退役军人、军属及英雄烈士遗属；

（三）维护城乡容貌和公共卫生，爱护园林、绿地和水体；

（四）保护辽河口国家级自然保护区等湿地资源，保护辽河等河流水系，保护丹顶鹤、黑嘴鸥和斑海豹等野生动物的繁殖、栖息地和迁徙洄游通道；

（五）选择绿色环保低碳生活方式，节约能源，节约用水，使用有利于环境和资源保护的产品，优先选择公共交通工具出行，主动减少生活废弃物对环境造成的损害；

（六）科学合理使用肥料、农药、兽药和饲料添加剂等投入品，对秸秆、畜禽粪污、病死畜禽、农膜和农药包装等农业废弃物做无害化处理；

（七）文明出行，文明使用公共交通资源，乘坐公共交通工具时，先下后上，主动为老、弱、病、残、孕、幼和怀抱婴儿的乘客让座；

（八）文明旅游，文明观看体育比赛和文艺演出，在博物馆、图书馆、美术馆、科学馆和纪念馆等场所参观或者学习时，保持安静，遵守秩序；

（九）文明就医，尊重医护人员，维护医疗机构正常医疗秩序，通过合法途径、方式和程序解决医疗纠纷；

（十）文明施工，加强施工现场安全管理，设置防护设施、安全标志和警示标志，防止扬尘、渣土和污水等影响城乡环境卫生；

（十一）在职业活动或者工作中诚实守信、廉洁自律、爱岗敬业、乐于奉献；

（十二）家庭成员之间和睦相处、互敬互爱、相互支持、相互照顾；

（十三）帮助、关心老年人，为居家的老年人提供生活照料、紧急救援、医疗护理、精神慰藉、心理咨询；

（十四）关心、爱护未成年人，开展多种形式的有利于未成年人健康成长的社会活动；

（十五）移风易俗，文明节俭操办婚丧喜庆事宜；

（十六）节地生态安葬，以鲜花祭奠、植树祭奠、网络祭奠、清扫墓碑、诵读祭文等方式开展文明祭祀；

（十七）邻里之间团结和睦，爱护和合理使用公共空间、设施设备，主动参与楼院、社区的绿化、美化活动；

（十八）遵守公共礼仪，用语礼貌，着装得体，举止文明，尊重他人权利，尊重当地风俗习惯和生活禁忌；

（十九）尊重知识产权，购买、使用正版软件、书籍和音像作品；

（二十）其他引领社会风尚的文明行为。

第十条　鼓励下列文明行为：

（一）参与救灾、抢险、扶贫、济困、助残、救孤等社会公益或者慈善活动；

（二）参与志愿服务活动；

（三）见义勇为；

（四）按照操作规范对需要急救的人员实施紧急现场救护或者拨打急救电话并提供必要帮助；

（五）无偿献血，捐献造血干细胞、人体器官（组织）、遗体；

（六）利用自有场所、设施设立公益服务点；

（七）向社会免费开放单位内部厕所；

（八）在公共场所配备相对独立的母婴室、第三卫生间等公共设施，设置自动体外除颤器等急救设备；

（九）其他推动社会进步的文明行为。

第十一条　禁止下列不文明行为：

（一）破坏市政工程、园林绿化、环境卫生等公共设施；

（二）随意涂写、刻画、张贴、悬挂、展示、散发广告或者其他宣传品；

（三）在公共场所和公共交通工具内大声喧哗、吵闹或者使用手机等便携式播放工具高声播放音频、视频；

（四）每日二十二时至次日六时及中考、高考考试期间，在进行文化、体育、健身、娱乐、培训及声乐（乐器）练习等活动时产生超标噪声影响他人生活、工作和学习，或者在已竣工交付使用的住宅楼内进行产生环境噪声污染的装修活动；

（五）乘坐公共交通工具、电梯或者等候服务时，随意插队以致扰乱公共场所秩序；

（六）出店经营、占道经营或者占用公共区域堆放商品、杂物，在经营活动中超标排放大气污染物、水污染物、固体废物或者噪声；

（七）在禁止的时段和区域内露天烧烤食品或者为露天烧烤食品提供场地；

（八）驾驶机动车未礼让行人，在禁止鸣喇叭的区域或者路段鸣喇叭，违规使用远光灯，违规变更车道、掉头或者停车；

（九）客运出租汽车驾驶员欺诈乘客、中途甩客、空车待租拒载、不按计价器收费或者强行拼客；

（十）行人通过路口或者横过道路，不走人行横道或者过街设施，不按交通信号灯指示通行；

（十一）乘坐公共交通工具时滋扰驾驶员、乘务人员及其他乘客；

（十二）霸占、抢占公共座位或者应对号入座的他人座位；

（十三）在住宅小区内及出入口处停放机动车，妨碍公共道路、共有道路通行，占用、损坏绿地或者小区设施，占用、堵塞消防车通道，堵塞他人车库门；

（十四）在建筑物的阳台、窗户、屋顶、平台、走廊、楼梯、消防通道等空间，放置危害公共安全及妨碍他人正常生活的物品；

（十五）饲养宠物干扰他人正常生活，未为宠物注射必要的疫苗，携宠物出户时未采取必要的安全和卫生措施并及时清理宠物排泄物，虐待、遗弃宠物，宠物死亡后未做无害化处理；

（十六）在建成区内携犬出户，未由完全民事行为能力人采用束犬链牵领或者陪伴牵领并主动避让他人，携带除法定工作犬之外的犬只出入公园、广场、车站、商场、饭店、医院和学校等人员密集的公共场所或者搭乘公共交通工具；

（十七）在禁止吸烟的场所或者区域内吸烟；

（十八）违规燃放烟花爆竹；

（十九）进行包含有色情、暴力或者低俗内容的网络聊天、网络宣传、网络直播；

（二十）监护人或者陪同的成年人没有约束未成年人遵守公共秩序以致损害他人合法权益；

（二十一）其他严重违反社会公德的不文明行为。

第三章　职责与保障

第十二条　每年9月20日为市文明行为促进日。

市精神文明建设指导委员会负责确立每年文明行为促进日主题。

各单位应当围绕文明行为促进日主题开展相关活动。

第十三条　市、县（区）人民政府及有关部门应当科学规划、合理布局下列公共服务设施，保障文明行为促进工作的实施：

（一）道路、桥梁和交通标志标线等交通设施；

（二）人行横道、过街天桥、地下通道、绿化照明和停车泊位等市政设施；

（三）盲道、坡道和电梯等无障碍设施；

（四）商场、超市、农贸市场和集贸市场等生活设施；

（五）公共厕所、垃圾中转站和污水处理厂等环卫设施；

（六）体育场（馆）、图书馆和影剧院等公共文化设施；

（七）公园、广场等休闲娱乐设施；

（八）居住小区、街道、楼宇和门牌等地名指位设施；

（九）广告栏、宣传栏等广告宣传设施；

（十）消防设施；

（十一）其他与文明行为促进有关的设施。

前款规定的设施，管理单位应当加强日常检查，保证设施完好、运行正常、整洁有序。

第十四条 市、县（区）人民政府有关部门应当明确责任，着重加强履行以下职责：

（一）财政部门应当在公共财政支出中统筹安排资金保障各类文明建设；

（二）教育行政部门应当将文明行为规范纳入学校法治教育和思想道德教育范围；

（三）公安机关交通管理部门应当加强道路交通法律法规和安全知识宣传教育，引导文明出行；

（四）城市管理执法部门应当将文明行为促进工作要求纳入岗位工作规范，文明执法，对城市管理中带有普遍性、经常性、习惯性的不文明行为加强监管，及时劝阻，有效制止，依法处罚违法行为；

（五）住房和城乡建设主管部门应当加强城市基础设施建设及管理工作，推行垃圾分类制度并形成长效机制，指导相关公用行业完善文明服务规范；

（六）交通主管部门应当加强对公共交通工具运营单位的监督管理，提高从业者的职业道德修养和文明素质，提升文明服务水平；

（七）民政部门应当建立健全志愿服务登记注册、服务记录等机制，加强志愿服务管理，规范和促进志愿服务，应当加强宣传引导，推进文明祭祀，规范殡仪服务；

（八）互联网信息主管部门应当完善互联网信息内容管理和监督机制，加强对网络不文明行为的监测，净化网络环境；

（九）商务、营商环境建设等主管部门，应当将文明服务纳入行业服务标准，督促、指导有关单位开展具有行业特色的文明行为促进活动；

（十）文旅广电主管部门应当加强公共文化服务和旅游监督检查，规划、引导公共文化产品创作、推广、宣传，倡导健康、文明、环保旅游方式，规范旅游经营者、旅游从业人员的经营服务行为；

（十一）卫生健康主管部门应当推进医疗行业文明建设，将文明行医纳入医疗管理工作规范，优化服务流程，加强医患沟通，促进医疗机构、医疗场所的文明行为。

第十五条　承担文明行为促进工作职责的有关部门，可以聘请文明行为劝导员、监督员，协助做好文明行为的宣传、引导和不文明行为的劝阻、制止等工作。

第十六条　发展改革、市场监管、金融监管、税务等主管部门应当加强社会信用体系建设，参与建立全市统一的信用信息共享机制。

第十七条　公安机关、城市管理执法部门和交通、生态环境、卫生、住房和城乡建设等主管部门应当建立针对违法不文明行为的证据采集、信息共享、执法合作机制。

第十八条　市、县（区）人民政府及有关部门、医疗机构、金融机构和公共服务企业等，应当完善办事流程，简化办事程序，推进网上预约、网上办理等信息化、大数据技术应用，提供便捷高效服务。

第十九条　村（居）民委员会、业主委员会、行业协会等组织在依法制定村规民约、居民公约、管理规约、行业协会章程时，可以根据本条例规定，对文明行为相关内容予以具体约定。

村（居）民委员会可以通过建立村（居）民议事会、道德评议会、红白理事会、禁毒禁赌会等机制，开展各类文明创建活动。

第二十条　单位应当对其工作场所、营业场所或者服务区域范围内的不文明行为进行劝阻、制止；不服从劝阻、制止的，应当报告有关行政执法部门并协助取证。

第二十一条　单位应当将控制吸烟工作纳入其日常管理，依法依规划定吸烟区域，在禁止吸烟的场所设置明显的禁烟标志和举报电话号码标识。

第二十二条　单位应当制定文明行为规范引导措施，并将文明行为培训纳入任职培训、岗位培训内容。

第二十三条　市、县（区）人民政府应当建立志愿服务激励和保障机制，维护志愿者和志愿服务组织的合法权益，并依照有关规定对表现突出的个人和组织给予表彰奖励。

参加志愿服务活动的个人，有困难时可以申请优先获得志愿服务。

志愿者和志愿服务组织依照规定在公共场所开展志愿服务活动的，相关单位应当提供便利。

市、县（区）人民政府可以通过政府采购的方式，将部分公共服务事项和政府履行职责所需要的服务事项委托给志愿服务组织承担。

第二十四条　对见义勇为和紧急现场救护中表现突出的人员，相关部门应当给予表彰奖励。

单位和个人对实施见义勇为和紧急现场救护的人员，在能力范围内应当予以救援和保护，协助提供证明材料。

见义勇为人员及其近亲属依法享受相关权益保护。

第二十五条　无偿献血，捐献造血干细胞、人体器官（组织）、遗体的，本人及其配偶、直系亲属可以在临床用血、人体器官（组织）移植等方面，依法获得优先或者优惠待遇。

第二十六条　在导盲犬、导听犬等工作犬执行任务时，单位和个人应当提供方便，不对其进行干扰，不拒绝或者附加条件限制其出入公共场所、搭乘公共交通工具。

第二十七条　市、县（区）人民政府及有关部门和单位应当建立健全文明行为表彰奖励制度和先进人物礼遇、困难帮扶制度。

第二十八条　单位在招录人员时，同等条件下可以优先录用或者聘用获得各级文明实践行为表彰奖励的个人。

第二十九条　单位和个人有权利用手机、行车记录仪等电子设备，录制、拍摄不文明行为，并向有关部门投诉、举报。

市、县（区）人民政府应当设立投诉、举报平台并及时查处、反馈结果。受理投诉、举报的相关部门应当为投诉人、举报人保密。

第三十条　市、县（区）人民政府应当设立不文明行为曝光平台。对违反本条例规定受到行政处罚且社会影响恶劣、群众反映集中的不文明行为，依法予以曝光，但涉及未成年人个人信息、个人隐私、国家秘密、商业秘密以及其他法律规定不得公开的信息除外。

第三十一条　市人民政府应当建立文明行为信用信息记录制度。单位和个人参加志愿服务、慈善活动等文明行为的记录或者受到行政处罚等不文明行为的记录，应当按照信用信息管理有关规定录入信用信息档案，作为享受守信激励或者受到失信惩戒的依据。

市人民政府应当建立文明行为信用信息提供、使用、修改、删除机制，由具体工作机构按规定向相关部门和征信机构提供信用信息。

第四章　法律责任

第三十二条　违反本条例规定的行为，其他法律、法规对其法律责任已有规定的，从其规定。

第三十三条　违反本条例第十一条第四项规定，不听劝阻的，由接到报警的公安机关给予警告；警告后不改正的，处二百元以上五百元以下罚款。

第三十四条　违反本条例第十一条第七项规定，由城市管理执法部门责令改正，没收烧烤工具和违法所得，并处五百元以上二万元以下罚款。

第三十五条　行政执法部门对不文明行为人作出处罚的，应当按照有关规定将处罚情况录入文明行为信用信息系统。

第三十六条　违反本条例规定，应当受到罚款行政处罚的行为人，可以申请参加社会服务。行为人完成相应社会服务的，经相关主管部门认定，应当依法从轻、减轻罚款处罚，并免予记入文明行为信用信息记录。

社会服务的具体办法，由市人民政府制定。

第三十七条　行政执法部门怠于履行职责或者滥用职权、玩忽职守、徇私舞弊的，由相应机关对直接负责的主管人员和其他直接责任人员依法予以处分；构成犯罪的，依法追究刑事责任。

第五章　附则

第三十八条　本条例自2020年5月1日起施行。

附录三 已出台的各地文明行为促进立法名录

名称	颁布机关	批准时间	实施时间
《佛山市文明行为促进条例》	佛山市第十五届人民代表大会常务委员会	2022年1月16日	2022年3月1日
《南通市文明行为促进条例》	南通市第十五届人民代表大会常务委员会	2022年1月14日	2022年6月1日
《苏州市文明行为促进条例》	苏州市第十六届人民代表大会常务委员会	2022年1月14日	2022年5月1日
《拉萨市文明行为促进条例》	拉萨市第十一届人民代表大会常务委员会	2021年12月9日	2022年1月25日
《衡阳市文明行为促进条例》	衡阳市第十五届人民代表大会常务委员会	2021年12月3日	2022年3月1日
《常德市文明行为促进条例》	常德市第七届人民代表大会常务委员会	2021年12月3日	2022年1月1日
《汕尾市文明行为促进条例》	汕尾市第七届人民代表大会常务委员会	2021年12月1日	2022年1月1日
《郑州市文明行为促进条例》	郑州市第十四届人民代表大会常务委员会	2018年3月31日 2021年11月27日	2022年1月1日
《平顶山市文明行为促进条例》	平顶山市第十一届人民代表大会常务委员会	2021年11月27日	2022年3月1日
《宜昌市文明行为促进条例》	宜昌市第六届人民代表大会常务委员会	2021年11月26日	2021年12月31日
《安顺市文明行为促进条例》	安顺市第四届人民代表大会常务委员会	2021年11月26日	2022年1月10日
《六盘水市文明行为促进条例》	六盘水市第八届人民代表大会常务委员会	2021年11月26日	2022年1月10日

续表

名称	颁布机关	批准时间	实施时间
《贵州省文明行为促进条例》	贵州省第十二届人民代表大会常务委员会	2017年10月1日	2021年12月1日
《汉中市文明行为促进条例》	汉中市第五届人民代表大会常务委员会	2021年11月26日	2022年2月1日
《宝鸡市文明行为促进条例》	宝鸡市第十五届人民代表大会常务委员会	2021年11月26日	2022年5月1日
《渭南市文明行为促进条例》	渭南市第五届人民代表大会常务委员会	2021年11月26日	2022年3月1日
《松原市文明行为促进条例》	松原市第六届人民代表大会常务委员会	2021年11月25日	2021年12月1日
《延边朝鲜族自治州文明行为促进条例》	延边朝鲜族自治州第十五届人民代表大会常务委员会	2021年11月25日	2021年12月10日
《玉溪市文明行为促进条例》	玉溪市第五届人民代表大会常务委员会	2021年11月24日	2022年1月1日
《沧州市文明行为促进条例》	沧州市第十五届人民代表大会常务委员会	2021年11月23日	2021年12月1日
《承德市文明行为促进条例》	承德市第十五届人民代表大会常务委员会	2021年11月23日	2022年1月1日
《邢台市文明行为促进条例》	邢台市第十六届人民代表大会常务委员会	2021年11月23日	2022年1月1日
《咸阳市文明行为促进条例》	咸阳市第八届人民代表大会常务委员会	2021年9月29日	2022年1月1日
《荆门市文明行为促进条例》	荆门市第九届人民代表大会常务委员会	2021年9月29日	2022年3月1日
《长沙市文明行为促进条例》	长沙市第十五届人民代表大会	2019年3月28日 2021年9月29日	2021年10月20日
《娄底市文明行为促进条例》	娄底市第五届人民代表大会常务委员会	2021年9月29日	2021年11月20日
《抚顺市文明行为促进条例》	抚顺市第十六届人民代表大会常务委员会	2021年9月29日	2022年1月1日
《本溪市文明行为促进条例》	本溪市第十六届人民代表大会常务委员会	2021年9月29日	2022年1月1日
《鹰潭市文明行为促进条例》	鹰潭市第九届人民代表大会常务委员会	2021年9月29日	2022年3月1日

续表

名称	颁布机关	批准时间	实施时间
《内江市文明行为促进条例》	内江市第七届人民代表大会常务委员会	2021年9月29日	2021年11月1日
《雅安市文明行为促进条例》	雅安市第四届人民代表大会常务委员会	2021年9月29日	2021年12月1日
《吕梁市文明行为促进条例》	吕梁市第三届人民代表大会常务委员会	2021年9月29日	2021年10月1日
《佳木斯市文明行为促进条例》	佳木斯市第十六届人民代表大会常务委员会	2021年8月20日	2021年10月1日
《伊春市文明行为促进条例》	伊春市第十四届人民代表大会常务委员会	2021年8月20日	2021年9月1日
《牡丹江市文明行为促进条例》	牡丹江市第十六届人民代表大会常务委员会	2021年8月20日	2021年10月1日
《上饶市文明行为促进条例》	上饶市第四届人民代表大会常务委员会	2021年7月28日	2021年10月1日
《银川市文明行为促进条例》	银川市第十五届人民代表大会常务委员会	2018年9月14日 2021年7月30日	2021年8月2日
《广东省文明行为促进条例》	广东省第十三届人民代表大会常务委员会		2021年9月1日
《南阳市文明行为促进条例》	南阳市第六届人民代表大会常务委员会	2021年5月28日	2021年7月1日
《杭州市文明行为促进条例》	杭州市第十二届人民代表大会常务委员会	2015年12月30日 2021年5月28日	2021年7月1日
《海西蒙古族藏族自治州文明行为促进条例》	海西蒙古族藏族自治州第十四届人民代表大会常务委员会	2021年5月26日	2021年7月1日
《湘潭市文明行为促进条例》	湘潭市第十五届人民代表大会	2021年3月31日	2021年6月1日
《丹东市文明行为促进条例》	丹东市第十六届人民代表大会常务委员会	2021年3月31日	2021年6月1日
《长治市文明行为促进条例》	长治市第十四届人民代表大会常务委员会	2021年3月31日	2021年7月1日
《阳泉市文明行为促进条例》	阳泉市第十五届人民代表大会常务委员会	2021年3月31日	2021年5月1日
《朔州市文明行为促进条例》	朔州市第六届人民代表大会常务委员会	2021年3月31日	2021年5月1日

续表

名称	颁布机关	批准时间	实施时间
《益阳市文明行为促进条例》	益阳市第六届人民代表大会	2021年3月31日	2021年5月1日
《唐山市文明行为促进条例》	唐山市第十五届人民代表大会常务委员会	2019年7月25日 2021年3月31日	2021年4月6日
《毕节市文明行为促进条例》	毕节市第二届人民代表大会常务委员会	2021年3月26日	2021年7月1日
《绵阳市文明行为促进条例》	绵阳市第七届人民代表大会常务委员会	2021年3月26日	2021年6月1日
《江门市文明行为促进条例》	江门市第十五届人民代表大会常务委员会	2021年3月18日	2021年5月1日
《德州市文明行为促进条例》	德州市第十八届人民代表大会常务委员会	2021年1月28日	2021年5月1日
《重庆市文明行为促进条例》	重庆市第五届人民代表大会	2021年1月25日	2021年3月1日
《珠海市文明行为条例》	珠海市第九届人民代表大会常务委员会	2021年1月20日	2021年3月1日
《徐州市文明行为促进条例》	徐州市第十六届人民代表大会常务委员会	2021年1月15日	2021年3月1日
《阜阳市文明行为促进条例》	阜阳市第五届人民代表大会常务委员会	2020年12月24日	2021年3月1日
《七台河市文明行为促进条例》	七台河市第十一届人民代表大会常务委员会	2020年12月24日	2021年3月5日
《金昌市文明行为促进条例》	金昌市第八届人民代表大会常务委员会	2020年12月3日	2021年3月1日
《周口市文明行为促进条例》	周口市第四届人民代表大会常务委员会	2020年11月28日	2021年1月1日
《邵阳市文明行为促进条例》	邵阳市第十六届人民代表大会常务委员会	2020年11月27日	2021年4月1日
《黄冈市文明行为促进条例》	黄冈市第五届人民代表大会常务委员会	2020年11月27日	2021年3月1日
《临汾市文明行为促进条例》	临汾市第四届人民代表大会常务委员会	2020年11月27日	2021年1月1日
《运城市文明行为促进条例》	运城市第四届人民代表大会常务委员会	2020年11月27日	2021年1月1日

续表

名称	颁布机关	批准时间	实施时间
《辽源市文明行为促进条例》	辽源市第八届人民代表大会常务委员会	2020年11月27日	2021年1月1日
《西安市文明行为促进条例》	西安市第十六届人民代表大会常务委员会	2018年5月31日 2020年11月26日	2021年1月18日
《呼和浩特市文明行为促进条例》	呼和浩特市第十五届人民代表大会常务委员会	2020年11月26日	2021年3月1日
《呼伦贝尔市文明行为促进条例》	呼伦贝尔市第四届人民代表大会常务委员会	2020年11月26日	2021年3月1日
《资阳市文明行为促进条例》	资阳市第四届人民代表大会常务委员会	2020年11月26日	2021年2月1日
《景德镇市文明行为促进条例》	景德镇市第十五届人民代表大会常务委员会	2020年11月25日	2021年1月1日
《宜春市文明行为促进条例》	宜春市第四届人民代表大会常务委员会	2020年11月25日	2021年1月1日
《鞍山市文明行为促进条例》	鞍山市第十六届人民代表大会常务委员会	2020年11月24日	2021年5月1日
《葫芦岛市文明行为促进条例》	葫芦岛市第六届人民代表大会常务委员会	2020年11月24日	2021年1月1日
《深圳经济特区文明行为条例》	深圳市第六届人民代表大会常务委员会	2020年4月29日 2020年10月29日	2020年11月5日
《海南省文明行为促进条例》	海南省第六届人民代表大会常务委员会	2020年9月30日	2021年1月1日
《六安市文明行为促进条例》	六安市第五届人民代表大会常务委员会	2020年9月29日	2020年11月1日
《黄山市文明行为促进条例》	黄山市第七届人民代表大会常务委员会	2020年9月29日	2020年12月1日
《淮北市文明行为促进条例》	淮北市第十六届人民代表大会常务委员会	2019年11月29日 2020年9月29日	2020年10月19日
《亳州市文明行为促进条例》	亳州市四届人民代表大会常务委员会	2020年9月29日	2021年1月1日
《三明市公共文明行为促进条例》	三明市第十三届人民代表大会常务委员会	2020年9月29日	2020年12月1日
《莆田市文明行为促进条例》	莆田市第七届人民代表大会常务委员会	2020年9月29日	2021年1月1日

续表

名称	颁布机关	批准时间	实施时间
《清远市文明行为促进条例》	清远市第七届人民代表大会常务委员会	2020年9月29日	2020年11月1日
《遂宁市文明行为促进条例》	遂宁市第七届人民代表大会常务委员会	2020年9月29日	2020年11月1日
《泸州市文明行为促进条例》	泸州市第八届人民代表大会常务委员会	2020年9月29日	2020年11月1日
《赣州市文明行为促进条例》	赣州市第五届人民代表大会常务委员会	2020年9月29日	2020年12月1日
《吉安市文明行为促进条例》	吉安市第四届人民代表大会常务委员会	2020年9月29日	2021年1月1日
《中卫市文明行为促进条例》	中卫市第四届人民代表大会常务委员会	2020年9月27日	2020年11月1日
《山南市文明行为促进条例》	山南市第一届人民代表大会常务委员会	2020年9月27日	2020年11月1日
《许昌市文明行为促进条例》	许昌市第七届人民代表大会常务委员会	2020年9月26日	2021年1月1日
《信阳市文明行为促进条例》	信阳市第五届人民代表大会常务委员会	2020年9月26日	2020年11月1日
《三门峡市文明行为促进条例》	三门峡市第七届人民代表大会常务委员会	2020年9月26日	2021年1月1日
《濮阳市文明行为促进条例》	濮阳市第八届人民代表大会常务委员会	2020年9月26日	2021年1月1日
《安阳市文明行为促进条例》	安阳市第十四届人民代表大会常务委员会	2020年9月26日	2021年1月1日
《郴州市文明行为促进条例》	郴州市第五届人民代表大会常务委员会	2020年9月25日	2021年1月1日
《岳阳市文明行为促进条例》	岳阳市第八届人民代表大会常务委员会	2020年9月25日	2020年12月1日
《十堰市文明行为促进条例》	十堰市第五届人民代表大会常务委员会	2020年9月24日	2021年1月1日
《内蒙古自治区文明行为促进条例》	内蒙古自治区第十三届人民代表大会常务委员会		2020年12月1日
《黑河市文明行为促进条例》	黑河市第六届人民代表大会常务委员会	2020年8月21日	2020年10月1日

续表

名称	颁布机关	批准时间	实施时间
《汕头经济特区文明行为促进条例》	汕头市第十四届人民代表大会常务委员会		2020年9月15日
《河南省文明行为促进条例》	河南省第十三届人民代表大会常务委员会		2021年1月1日
《大同市文明行为条例》	大同市第十五届人民代表大会常务委员会	2020年7月31日	2020年10月1日
《台州市文明行为促进条例》	2020年4月27日台州市第五届人民代表大会	2020年7月31日	2020年10月1日
《丽水市文明行为促进条例》	丽水市第四届人民代表大会常务委员会	2020年7月31日	2020年11月1日
《金华市文明行为促进条例》	金华市第七届人民代表大会	2019年3月28日 2020年7月31日	2020年8月12日
《达州市文明行为促进条例》	达州市第四届人民代表大会常务委员会	2020年7月31日	2020年9月1日
《眉山市文明行为促进条例》	眉山市第四届人民代表大会常务委员会	2020年7月31日	2020年8月7日
《德阳市文明行为促进条例》	德阳市第八届人民代表大会常务委员会	2020年7月31日	2020年8月10日
《南京市文明行为促进条例》	南京市第十六届人民代表大会常务委员会	2020年7月31日	2020年8月20日
《镇江市文明行为促进条例》	镇江市第八届人民代表大会常务委员会	2020年7月31日	2020年9月1日
《合肥市文明行为促进条例》	合肥市第十六届人民代表大会常务委员会	2020年7月31日	2020年10月1日
《芜湖市文明行为促进条例》	芜湖市第十六届人民代表大会常务委员会	2020年7月31日	2020年12月1日
《池州市文明行为促进条例》	池州市第四届人民代表大会常务委员会	2020年7月31日	2020年9月1日
《吉林市文明行为促进条例》	吉林市第十六届人民代表大会常务委员会	2020年7月30日	2020年8月7日
《铜川市文明行为促进条例》	铜川市第十六届人民代表大会常务委员会	2020年7月30日	2020年8月11日
《广州市文明行为促进条例》	广州市第十五届人民代表大会常务委员会	2020年7月29日	2020年10月1日

续表

名称	颁布机关	批准时间	实施时间
《韶关市文明行为促进条例》	韶关市第十四届人民代表大会常务委员会	2020年7月29日	2020年10月1日
《丽江市文明行为促进条例》	丽江市第四届人民代表大会常务委员会	2020年7月29日	2020年9月1日
《九江市文明行为促进条例》	九江市第十五届人民代表大会常务委员会	2020年7月24日	2020年10月1日
《萍乡市文明行为促进条例》	萍乡市第十五届人民代表大会常务委员会	2020年7月24日	2020年9月1日
《福州市文明行为促进条例》	福州市第十五届人民代表大会常务委员会	2020年7月24日	2020年10月1日
《黄石市文明行为促进条例》	黄石市第十四届人民代表大会常务委员会	2020年7月24日	2020年10月1日
《烟台市文明行为促进条例》	烟台市第十七届人民代表大会常务委员会	2020年7月24日	2020年9月1日
《蚌埠市文明行为促进条例》	蚌埠市第十六届人民代表大会常务委员会	2020年7月1日	2020年8月1日
《铜陵市文明行为促进条例》	铜陵市第十六届人民代表大会常务委员会	2020年7月1日	2020年9月1日
《宿州市文明行为促进条例》	宿州市第五届人民代表大会常务委员会	2020年7月1日	2020年8月1日
《巴中市文明行为促进条例》	巴中市第四届人民代表大会常务委员会	2020年6月12日	2020年8月1日
《宜宾市文明行为促进条例》	宜宾市第五届人民代表大会常务委员会	2020年6月12日	2020年8月1日
《木垒哈萨克自治县文明行为促进条例》	木垒哈萨克自治县第十七届人民代表大会	2020年5月14日	2020年7月1日
《北京市文明行为促进条例》	北京市第十五届人民代表大会常务委员会		2020年6月1日
《甘肃省文明行为促进条例》	甘肃省第十三届人民代表大会常务委员会		2020年6月1日
《吐鲁番市文明行为促进条例》	吐鲁番市第一届人民代表大会常务委员会	2020年3月31日	2020年6月1日
《沈阳市文明行为促进条例》	沈阳市第十六届人民代表大会常务委员会	2020年3月30日	2020年5月1日

续表

名称	颁布机关	批准时间	实施时间
《盘锦市文明行为促进条例》	盘锦市第八届人民代表大会常务委员会	2020年3月30日	2020年5月1日
《白城市文明行为促进条例》	白城市第六届人民代表大会常务委员会	2020年3月24日	2020年3月26日日
《长春市文明行为促进条例》	长春市第十五届人民代表大会常务委员会	2020年3月24日	2020年5月1日
《宿迁市文明行为促进条例》	宿迁市第五届人民代表大会常务委员会	2020年3月3日	2020年7月1日
《常州市文明行为促进条例》	常州市第十六届人民代表大会常务委员会	2020年1月9日	2020年5月1日
《滁州市文明行为促进条例》	滁州市第六届人民代表大会常务委员会	2019年12月21日	2020年2月1日
《哈尔滨市文明行为促进条例》	哈尔滨市第十五届人民代表大会常务委员会	2019年12月18日	2020年3月1日
《漯河市文明行为促进条例》	漯河市第七届人民代表大会常务委员会	2019年11月29日	2020年3月1日
《菏泽市文明行为促进条例》	菏泽市第十九届人民代表大会常务委员会	2019年11月29日	2020年1月1日
《聊城市文明行为促进条例》	聊城市第十七届人民代表大会常务委员会	2019年11月29日	2020年1月1日
《泰安市文明行为促进条例》	泰安市第十七届人民代表大会常务委员会	2019年11月29日	2020年3月1日
《肇庆市文明行为促进条例》	肇庆市第十三届人民代表大会常务委员会	2019年11月29日	2020年1月1日
《晋中市文明行为促进条例》	晋中市第四届人民代表大会常务委员会	2019年11月29日	2020年1月1日
《扬州市文明行为促进条例》	扬州市第八届人民代表大会常务委员会	2019年11月29日	2020年2月1日
《石嘴山市文明行为促进条例》	石嘴山市第十四届人民代表大会常务委员会	2019年11月29日	2020年1月1日
《鄂尔多斯市文明行为促进条例》	鄂尔多斯市第四届人民代表大会常务委员会	2019年11月28日	2020年3月1日
《张家界市文明行为促进条例》	张家界市第七届人民代表大会常务委员会	2019年11月28日	2020年3月1日

续表

名称	颁布机关	批准时间	实施时间
《曲靖市文明行为促进条例》	曲靖市第五届人民代表大会常务委员会	2019年9月28日	2019年11月1日
《商丘市文明行为促进条例》	商丘市第五届人民代表大会常务委员会	2019年9月27日	2019年12月1日
《鹤壁市文明行为促进条例》	鹤壁市第十一届人民代表大会常务委员会	2019年9月27日	2019年12月1日
《大连市文明行为促进条例》	大连市第十六届人民代表大会常务委员会	2019年9月27日	2020年1月1日
《马鞍山市文明行为促进条例》	马鞍山市第十六届人民代表大会常务委员会	2019年9月27日	2020年1月1日
《忻州市文明行为促进条例》	忻州市第四届人民代表大会常务委员会	2019年9月27日	2019年10月15日
《吴忠市文明行为促进条例》	吴忠市第五届人民代表大会常务委员会	2019年9月27日	2019年11月1日
《嘉兴市文明行为促进条例》	嘉兴市第八届人民代表大会常务委员会	2019年9月27日	2020年1月1日
《泰州市文明行为条例》	泰州市第五届人民代表大会常务委员会	2019年9月27日	2020年1月1日
《淄博市文明行为促进条例》	淄博市第十五届人民代表大会常务委员会	2019年9月27日	2019年11月1日
《自贡市文明行为促进条例》	自贡市第十七届人民代表大会常务委员会	2019年9月26日	2020年1月1日
《西宁市文明行为促进条例》	西宁市第十六届人民代表大会常务委员会	2019年7月31日	2019年10月1日
《锦州市文明行为促进条例》	锦州市第十六届人民代表大会常务委员会	2019年7月30日	2019年9月1日
《枣庄市文明行为促进条例》	枣庄市第十六届人民代表大会常务委员会	2019年7月26日	2019年10月1日
《济宁市文明行为促进条例》	济宁市第十七届人民代表大会常务委员会	2019年7月26日	2019年9月20日
《廊坊市文明行为促进条例》	廊坊市第七届人民代表大会常务委员会	2019年7月25日	2019年10月1日
《广西壮族自治区文明行为促进条例》	广西壮族自治区第十三届人民代表大会常务委员会		2019年9月1日

续表

名称	颁布机关	批准时间	实施时间
《营口市文明行为促进条例》	营口市第十六届人民代表大会常务委员会	2019年5月30日	公布之日
《盐城市文明行为促进条例》	盐城市第八届人民代表大会常务委员会	2019年5月30日	2019年7月1日
《河北省文明行为促进条例》	河北省第十三届人民代表大会常务委员会		2019年9月1日
《天津市文明行为促进条例》	天津市第十七届人民代表大会常务委员会		2019年5月1日
《金华市文明行为促进条例》	金华市第七届人民代表大会	2019年3月28日	2019年5月1日
《长沙市文明行为促进条例》	长沙市第十五届人民代表大会	2019年3月28日	2019年5月1日
《济南市文明行为促进条例》	济南市第十六届人民代表大会常务委员会	2019年2月12日	2019年3月1日
《温州市文明行为促进条例》	温州市第十三届人民代表大会常务委员会	2018年11月30日	2019年1月1日
《东营市文明行为促进条例》	东营市第八届人民代表大会常务委员会	2018年11月30日	2019年1月1日
《日照市文明行为促进条例》	日照市第十八届人民代表大会常务委员会	2018年11月30日	2019年1月1日
《无锡市文明行为促进条例》	无锡市第十六届人民代表大会常务委员会	2018年11月23日	2019年3月5日
《襄阳市文明行为促进条例》	襄阳市第十七届人民代表大会常务委员会	2018年11月19日	2019年3月1日
《南昌市文明行为促进条例》	南昌市第十五届人民代表大会常务委员会	2018年9月30日	2019年1月1日
《龙岩市文明行为促进条例》	龙岩市第五届人民代表大会常务委员会	2018年9月30日	2019年1月1日
《晋城市文明行为促进条例》	晋城市第七届人民代表大会常务委员会	2018年9月30日	2018年10月1日
《宣城市文明行为促进条例》	宣城市第四届人民代表大会常务委员会	2018年9月29日	2019年1月1日
《昆明市文明行为促进条例》	昆明市第十四届人民代表大会常务委员会	2018年9月21日	2018年12月1日

续表

名称	颁布机关	批准时间	实施时间
《威海市文明行为促进条例》	威海市第十七届人民代表大会常务委员会	2018年9月21日	2019年1月1日
《临沂市文明行为促进条例》	临沂市第十九届人民代表大会常务委员会	2018年9月21日	2019年1月1日
《莱芜市文明行为促进条例》（已失效）	莱芜市第十八届人民代表大会常务委员会	2018年9月21日	2018年10月1日
《湖州市文明行为促进条例》	湖州市第八届人民代表大会常务委员会	2018年7月27日	2018年10月1日
《淮安市文明行为促进条例》	淮安市第八届人民代表大会常务委员会	2018年7月27日	2018年10月1日
《连云港市文明行为促进条例》	连云港市第十四届人民代表大会常务委员会	2018年7月27日	2018年10月1日
《石家庄市公共文明行为条例》	石家庄市第十四届人民代表大会常务委员会	2018年5月31日	2018年7月1日
《抚州市文明行为促进条例》	抚州市第四届人民代表大会常务委员会	2018年4月2日	2018年6月1日
《郑州市文明行为促进条例》	郑州市第十四届人民代表大会常务委员会	2018年3月31日	2018年7月1日
《太原市文明行为促进条例》	太原市第十四届人民代表大会常务委员会	2017年12月1日	2018年3月1日
《辽阳市文明行为促进条例》	辽阳市第十五届人民代表大会常务委员会	2017年11月30日	2017年12月20日
《舟山市文明行为促进条例》	舟山市第七届人民代表大会常务委员会	2017年11月30日	2018年3月1日
《绍兴市文明行为促进条例》	绍兴市第八届人民代表大会常务委员会	2017年9月30日	2017年12月1日
《荆州市文明行为促进条例》	荆州市第五届人民代表大会常务委员会	2017年9月29日	2018年1月1日
《鄂州市文明行为促进条例》	鄂州市第八届人民代表大会常务委员会	2017年9月29日	2017年12月20日
《厦门经济特区促进社会文明若干规定》	厦门市十五届人大常委会		2017年10月1日
《贵州省文明行为促进条例》	贵州省第十二届人民代表大会常务委员会		2017年10月1日 2021年12月1日

续表

名称	颁布机关	批准时间	实施时间
《滨州市文明行为促进条例》	经滨州市第十一届人民代表大会常务委员会	2017年7月28日	2017年10月1日
《淮南市文明行为促进条例》	淮南市第十五届人民代表大会常务委员会	2017年3月31日	2017年5月1日
《宁波市文明行为促进条例》	宁波市第十四届人民代表大会常务委员会	2017年3月30日	2017年7月1日
《乌鲁木齐市公共文明行为条例》	乌鲁木齐市第十五届人民代表大会常务委员会	2017年1月3日	2017年3月1日
《青岛市文明行为促进条例》	青岛市第十五届人民代表大会常务委员会	2016年11月26日	2017年1月1日
《杭州市文明行为促进条例》	杭州市第十二届人民代表大会常务委员会	2015年12月30日	2016年3月1日
《武汉市文明行为促进条例》	武汉市第十三届人民代表大会常务委员会	2015年11月26日	2016年2月1日
《深圳经济特区文明行为促进条例》（已失效）	深圳市第五届人民代表大会常务委员会		2013年3月1日

参考文献

书籍：

（西周）《尚书》，中华书局 2016 年版。
（春秋）老子：《道德经》，中华书局 2021 年版。
（春秋）管仲：《管子》，中华书局 2016 年版。
（春秋）孔子：《论语》，陈晓译注，中华书局 2016 年版。
（春秋）《孔子家语》，中华书局 2016 年版。
（战国）左丘明：《左传》，中华书局 2016 年版。
（战国）庄周：《庄子》，中华书局 2016 年版。
（战国）孟轲：《孟子》，中华书局 2010 年版。
（战国）李悝：《法经》，江苏广陵古籍刻印社 1984 年版。
（战国）商鞅：《商君书》，中华书局 2018 年版。
（战国）荀况：《荀子》，燕山出版社 1995 年版。
（战国）韩非：《韩非子》，中华书局 2010 年版。
（战国）司马迁：《史记》，中华书局 2016 年版。
（战国）董仲舒：《春秋繁露》，中华书局 2018 年版。
（战国）戴乐：《礼记》，中华书局 2017 年版。
（战国）班固：《汉书》，现代教育出版社 2011 年版。
（唐）长孙无忌等：《唐律疏议》，法律出版社 1999 年版。
（唐）白居易：《策林》，上海古籍出版社 2012 年版。
（北宋）苏辙：《老子解》，新华出版社 2022 年版。
（北宋）宋敏求：《唐大诏令集》，商务印书馆 1959 年版。

（南宋）朱熹：《论语集注》，郭万金编校，商务印书馆 2015 年版。

（南宋）朱熹：《四书集注》，商务印书馆 2016 年版。

习近平：《习近平谈治国理政》（第 1 卷），外文出版社 2018 年版。

习近平：《习近平谈治国理政》（第 2 卷），外文出版社 2017 年版。

《中共中央关于党的百年奋斗重大成就和历史经验的决议》，人民出版社 2021 年版。

中宣部：《习近平新时代中国特色社会主义思想学习纲要》，学习出版社、人民出版社 2019 年版。

周东白：《最新大理院判决例大全》（卷下），大通书局 1927 年版。

施沛生等：《中国民事习惯大全》，广益书局 1924 年版。

梁启超：《梁启超全集》，北京出版社 1999 年版。

梁启超：《先秦政治思想史》，东方出版社 1996 年版。

鲁迅：《而已集》，人民文学出版社 2022 年版。

睡虎地秦墓竹简整理小组：《睡虎地秦墓竹简》，文物出版社 1978 年版。

杨柳桥：《荀子诂译》，齐鲁书社 1985 年版。

胡朴安：《中华全国风俗志》，河北人民出版社 1988 年版。

陈奇猷：《韩非子新校注》，上海古籍出版社 2000 年版。

陈鼓应：《老子注译及评价》，中华书局 2009 年版。

法学教材编辑部：《西方法律思想史资料选编》，北京大学出版社 1983 年版。

梁治平：《清代习惯法：社会与国家》，中国政法大学出版社 1996 年版。

张晋藩：《清代民法综论》，中国政法大学出版社 1998 年版。

李荣添：《历史的理性：黑格尔历史哲学导论述析》，学生书局 1993 年版。

梁漱溟：《中国文化要义》，上海人民出版社 2018 年版。

［古希腊］亚里士多德：《政治学》，吴寿彭译，商务印书馆 1995 年版。

［古希腊］亚里士多德：《尼各马可伦理学》，廖申白译注，商务印书馆 2003 年版。

［古罗马］苏维托尼乌斯：《罗马十二帝王传》，张竹明等译，商务印书馆 1995 年版。

［古罗马］奥卢斯·革利乌斯：《阿提卡之夜》，周维明等译，中国法制出版社 2014 年版。

［意大利］托马斯·阿奎那：《论法律》，杨天江译，商务印书馆 2016 年版。

［法］孟德斯鸠：《论法的精神》，欧启明译，译林出版社 2016 年版。

［法］卢梭：《社会契约论》，商务印书馆 2012 年版。

［德］康德：《道德形而上学奠基》，杨云飞译，人民出版社 2013 年版。

［英］边沁：《道德与立法原理导论》，商务印书馆 2000 年版。

《马克思恩格斯全集》（第 1 卷），人民出版社 1995 年版。

《马克思恩格斯文集》（第 2 卷），人民出版社 2009 年版。

［德］恩格斯：《家庭、私有制和国家的起源》，人民出版社 2019 年版。

［法］艾田蒲：《中国之欧洲》，许钧、钱林森译，河南人民出版社 1994 年版。

［德］伯恩·魏德士：《法理学》，丁晓春、吴越译，法律出版社 2013 年版。

［美］罗尔斯：《正义论》，何怀宏等译，中国社会科学出版社 2009 年版。

［美］罗斯科·庞德：《法律与道德》，陈林林译，中国政法大学出版社 2003 年版。

［日］穗积陈重：《法律进化论》，黄尊三、萨孟武、陶汇曾等译，中国政法大学出版社 1997 年版。

［美］富勒：《法律的道德性》，郑戈译，商务印书馆 2005 年版。

［德］马克斯·韦伯：《社会学的基本概念》，胡景北译，上海世纪出版集团 2005 年版。

［德］马克斯·韦伯：《韦伯文集》，中国广播电视出版社 2000 年版。

［德］卢曼：《社会的法律》，郑伊倩译，人民出版社 2009 年版。

［美］戴维·伊斯顿：《政治生活的系统分析》，王浦劬译，人民出版社 2012 年版。

论文：

习近平：《坚持和完善中国特色社会主义制度推进国家治理体系和治理能力现代化》，《求是》2020 年第 1 期。

梁启超：《过渡时代论》，《清议报》1901 年 6 月 26 日。

张文显：《法治与国家治理现代化》，《中国法学》2014 年第 4 期。

王淑芹：《道德法律化正当性的法哲学分析》，《哲学动态》2007 年第 9 期。

崔永东：《〈王杖十简〉与〈王杖诏书令册〉法律思想研究——兼及"不道"罪考辨》，《法学研究》1999 年第 2 期。

李平：《先秦礼法之争新诠》，《清华法学》2016 年第 4 期。

汤云：《权力、道德与社会秩序：法家论道德的主体性》，《四川大学学报》（哲学社会科学版）2020 年第 2 期。

杨雪冬、黄小钫：《人民民主的百年探索及启示》，《光明日报》2021 年 3 月 10 日。

张天培：《全过程人民民主的生动诠释》，《人民日报》2021 年 10 月 10 日。

孙春牛：《地方立法别搞"景观化"》，《人民日报》2013 年 9 月 30 日第 5 版。

文献：

《中共中央关于全面推进依法治国若干重大问题的决定》，《人民日报》2014 年 10 月 29 日第 1 版。

胡锦涛：《坚定不移沿着中国特色社会主义道路前进 为全面建成小康社会而奋斗——在中国共产党第十八次全国代表大会上的报告》，《人民日报》2012 年 11 月 18 日第 1 版。

后　　记

　　本书的写作历时一年有余，原以为有《盘锦市文明行为促进条例》立法起草实践在先，写作一部研究文明行为促进立法主题的学术专著应不是太大问题，然而具体的写作工作一经启动，才发现事情原来并不简单。文明行为促进立法的侧重点在于民意的汲取和立法技术的运用，在于立法的合法性和民主性、科学性，但研究文明行为促进立法，则需要更多的理论加持。文明行为促进法规在篇幅上和一般的地方法规大体相当，各地间略有差异，看似在法律规范体系上体量不大，却堪称是一部百科全书式的立法。文明行为促进立法几乎涵盖日常社会生活的各个领域，且涉及十数个甚至更多部门法的法理问题，每一座城市的文明行为促进立法都和这个城市中每个人的利益息息相关，不可不仔细，不可不认真。立法尚且如此，研究其立法，虽不必像立法中那样调研几十万社会成员，却仍需下极大的功夫，查阅和考证不计其数的资料，逐一在更多的学科中耐下心来深耕和思考。

　　写作本书的同时，笔者作为一名高校教师，有着大量的本职工作任务，又加上新冠肺炎疫情肆虐，压力自不待说，但幸而有来自各方的支持使得本书得以顺利告竣，更令笔者欣慰的是，这段时间的教学和科研工作亦能高质量地完成，在疫情期间充分践行了自己教书育人的职责。此中并无诀窍，无外高效利用时间和狠下心来牺牲休息时间，支撑着笔者信念的是学术研究的热忱和开拓性研究的使命感。疫情阻断了许多线下的学术交流，却也令笔者心无旁骛，闭关潜心，利用一切有效时间开展研究和写作。由于这一年多来大连数次暴发新冠肺炎疫情，大量工作转入线上，笔者常常连续数日不出书房，须发皆长而浑然不觉，书稿完成之日，一时间如释重负，欣喜无以言表。

笔者于 2020 年 10 月由大连理工大学人文与社会科学学部转入马克思主义学院工作，院长洪晓楠教授、党委书记陈晓晖教授以及学院的诸位领导、同事给予了热情的关怀与帮助。2021 年 8 月由中共大连市委办公室、大连市社科联和大连理工大学三方共建的大连市党内法规研究基地成立，笔者作为基地研究员，在本书的写作中得到了基地的充分支持。本书的出版还得到大连理工大学马克思主义学院全国重点马克思主义学院建设经费的资助。在本书的写作中及至初稿完成后，大连理工大学马克思主义学院副院长陈光教授、党建研究所赵大千副教授一直给予笔者学术上的帮助，组织了十余场专门的学术研讨，提出了诸多深刻的修改建议，使本书蓬间生辉。承担本书编辑工作的许琳女士在具体的编辑校对过程中，也提出了诸多有益的建议，为本书增色了许多。本书的写作，源自两年前本人率领项目团队进行的《盘锦市文明行为促进条例》立法起草工作，在此感谢团队负责人之一的大连理工大学海洋科学与技术学院办公室任毅主任对立法项目和本书的贡献，同时感谢团队成员的工作与对本书写作带来的帮助，并特别感谢盘锦市宣传部和文明办的各位领导和同志们，并感谢在《盘锦市文明行为促进条例》起草过程中予以协助和积极参与的盘锦市各机关单位。

本书由于以文明行为促进立法研究为主题，在写作时参阅了大量立法和研究资料，也在书中融入了诸多学界前辈与同仁的思想和见解，其明确文献之出处，已在书中逐一引注，但由于写作时兴之所至，多年的阅读积累在头脑中火花碰撞，落笔时不免一气呵成洋洋洒洒写下去，使得与学界诸贤相通相似的诸多观点直接化入文中，未能出处尽表，在此无法一一致谢，唯求今后有更多面谈交流机缘，另求赐教。

本书成稿总计二十万字，自 2021 年初动笔写作以来，约修改审校二十余次，但笔者不敢言谬误无存，还望读者见谅并一一指正。本书中所展现的笔者学术观点，仅为学术探讨，不涉及评判定性，更非批判批评，其本意乃是在于与理论和实务界诸专家时贤师友以及对本书主题感兴趣的所有读者共同探寻完善文明行为促进立法乃至我国德治、法治之路，因此，书中若有商榷之处，仍企盼读者宽以待之。

邵 慧 峰
2022 年 2 月 1 日于大连西山湖北岸两一斋